4차 산업혁명시대
기업의 생존 전략

4차 산업혁명시대 **기업의 생존 전략**

초판 1쇄 인쇄 2017년 12월 10일
초판 1쇄 발행 2017년 12월 20일
　2쇄 발행 2022년 3월 20일

지은이　|　김준호
펴낸이　|　전익균, 김대성

기　획　|　권태형
마케팅　|　조양제, 정우진
교　정　|　허　강
디자인　|　김　정
행　사　|　새빛컴스

펴낸곳　|　도서출판 새빛
전　화　|　02)2203-1996　팩스 | 02)417-2622
출판문의 및 원고투고 이메일_svedu@daum.net
홈페이지　|　www.bookclass.co.kr
등록번호　|　제215-92-61832호　등록일자 | 2010. 7. 12

값 16,000원
978-89-92454-31-5(13320)

※ 도서출판 새빛은 새빛에듀넷, 새빛북스, 에이원북스, 북클래스 브랜드를 운영하고 있습니다.
※ 파본은 구입처에서 교환해 드리며, 관련 법령에 따라 환불해 드립니다.
　 다만, 제품 훼손 시에는 환불이 불가능합니다.

새빛은 출판, 언론홍보, 행사 등을 하나의 시스템으로 구축하여 저자분들의 여러 마케팅효과를 극대화하기 위한 프로그램을 진행중입니다. 새빛은 저자분들을 각 분야의 주인공으로 만들기 위해 최선을 다하고 있습니다.

이 도서의 국립중앙도서관 출판시도서목록(CIP)은 서지정보유통지원시스템 홈페이지(http://seoji.nl.go.kr)와 국가자료공동목록시스템(http://www.nl.go.kr/kolisnet)에서 이용하실 수 있습니다. (CIP제어번호.CIP2017030110)

| 4차 산업
| 혁명의
| 주인공은
| 기업이다

4차 산업혁명시대
기업의 생존 전략

저자 김준호

프롤로그

"인터넷이라는 파도(환경)를 경험하지 못하면 다른 파도가 왔을 때 적응하지 못하고 도태될 것이라는 생각에 삼성화재를 그만두고 도전했다."

3D프린터로 전기자동차를 만드는 미국의 로컬모터스(Local Motors)란 기업을 처음 접하고 소름이 끼쳤다. '3D프린터로 전기자동차를 만든다고?' '그런 일이 가능할까?' 라는 의문을 가지고 로컬모터스에 대해 알아보기 시작했다. 로컬모터스에 대해 알면 알수록 무릎을 치고 감탄 할 수밖에 없게 되었다. 로컬모터스는 이제까지 내가 가지고 있던 기존 사고를 완전히 깨는 비즈니스모델을 가지고 있었다.

나는 1989년 삼성화재로 사회생활을 처음 시작했다. 삼성화재에서 근무하던 1999년 인터넷이 급속히 보급되면서 '테헤란밸리'라는 단어가 생기면서 소위 말하는 '벤처붐'이 일어났다. 당시 많은 사람들이 인터넷시장에 비즈니스모델을 가지고 도전하였다. 삼성도 e-삼성이라는 조직을 만들고 다양한 비즈니스모델로 도전하였다. 하지만 나는 반대로 직접 사업에 도전하는 것이 아니라 금융비즈니스모델을 가지고 온라인시장에 도전하는 인터넷기업과 제휴하여 새로운 온라인 금융환경(생태계)을 만들고자 했다. 그래서 삼성화재에서 TFT을 만들어 강남에 사무실을 내고 테헤란밸리에 나가게 되었다. 처음 의도와 달리 온라인시장에 직접 도전하게 된 계기는 인터넷이란 도구로 인해 전혀 생각해보지 못한 환경이 만들어지고 다양한 비즈니스모델이 생기는 것을 목격하고 새로운 파도를 경험하지 못하면 다른 파도가 왔을 때 적응하지 못하고 도태될 것이라는 생각을 가지게 되었다. 비록 성공하지 못해도 금융환경에서 온라인, 오프라인 경험을 모두 가진 경력은 흔치 않을 것이며 금융시장은 온라인인력을 반드시 필요할 것이라는 확신을 가지고 삼성화재를 그만두고 인터넷이라는 새로운 파도에 도전하게 되었다.

"금융플랫폼 비즈니스모델로 도전한 2000년은 시기상조였다."

2000년 삼성화재를 그만두고 '노튼힐(Notenhill)'이라는 금융포털사이트를 운영하였다. 노튼힐의 비즈니스모델은 주식정보제공사이트인 '스탁노트(Stock Note)'를 중심으로 한 금융포털(Portal)이면서 플랫폼(Plotform)이었다. 노튼힐은 고객맞춤 금융서비스제공을 위한 다양한 비즈니스모델로 도전하였으나 실패하였다. 실패한 가장 큰 이유는 수익모델의 부재였다. 기업이 생존하기 위해서는 수익모델이 있어야 하는데 시스템개발에 치중하다 수익구조를 악화시키게 되었다. 다른 이유는 콘텐츠의 부족이다. 콘텐츠가 부족했던 이유는 두 가지인데 한가지는 당시 좋은 하드웨어가 콘텐츠를 만들어 줄 것이라는 오해를 가지고 있었고 다른 이유는 기술력의 부족이다. 당시 고민했던 콘텐츠는 현재 인공지능, 빅데이터 등 기술혁신으로 가능하게 되었지만 당시에는 매우 어려운 기술이었다. 당시 고민하고 만들었던 비즈니스모델이 지금 준비되고 있고 진행되고 있다. 당시로써는 앞서간 비즈니스모델이었다.

이후 2004년부터 금융(보험)업에 복귀하여 동부화재와 한화손해보험에서 근무를 하였고 현재는 솜포컨설팅코리아(Sompo Consulting Korea, 일본 손해보험사 한국중개법인)에서 고문으로 근무하고 있다. 보험분야에서는 주로 신성장개발 부서를 맡고 관련 업무를 진행하였다. 또한, 4차 산업분야에서는 3D프린터로 무인자율주행전기자동차를 생산하기 위한 제주모터스를 설립하여 운영하고 있다. 보험분야 업무과정을 통해 얻은 금융시장의 변화와 4차 산업기술(IT온라인)분야에서의 사업경험이 4차 산업혁명시대의 미래를 고민하고 기업의 생존전략에 대한 대안을 제시하게 되었다.

"4차 산업혁명은 말 그대로 혁명이다. 혁명은 패러다임을 바꾸는 것이다."

4차 산업혁명이라는 단어는 2016년 다보스포럼 세계경제포럼(WEF, World Economic Forum) 보고서에서 처음 사용되었다. 4차 산업혁명이라는 단어가 쓰여진 이유는 발전하는 기술혁신이 일자리에 어떤 영향을 끼치게 되는지에 대한 화두로 시작되었는데 이는 기술혁신이 사회의 패러다임을 변화시킬 정도로 영향을 미칠것이라는 것을 의미한다.

혁명은 기존 사회의 근간을 변화시킨다. 산업혁명 역시 기술혁신을 통해 일상생활, 경제활동 등 사회가 가지고 있는 패러다임을 근본적으로 바꾸는 것이다. 인류는 1차, 2차, 3차 산업혁명을 통해 기술혁신이 사회의 패러다임을 바꾸는 경험을 가지고 있다. **4차 산업혁명 역시 4차 산업기술혁신을 통해 우리의 생활을 변화시키는 것이다.** 4차 산업시대에는 서로 자원을 공유하는 공유경제, 고용의 다양성, 다품종소량생산체계로의 제조공장 방식의 변화, 3D프린터가 가지고 올 유통·물류의 변화, 도면을 사고 파는 시장구조의 변화 등 우리가 생각하는 것 이상으로 패러다임의 변화가 가속화

될 것이다.

 4차 산업시대는 기업뿐 아니라 개인의 패러다임도 변화시키게 된다. 개인이 변화할 수밖에 없는 이유는 기술혁신과 다양한 고객의 요구는 제품(서비스)의 생명주기를 단축시키고 이는 사람들에게 새로운 기술을 배우도록 요구할 것이기 때문이다. 이런 변화는 새로운 기술과 능력을 지속적으로 요구하게 될 것이고 이런 기술과 능력은 개인이 혼자서 감당하기는 불가능한 구조로 변화할 것이다. 이런 변화에 국가가 참여해야 한다. 그리고 국가가 책임을 져야 한다. 국가는 직장인에게 안식년을 주게 하고 안식년을 통해 새로운 기술과 능력을 학습할 수 있는 교육제도를 만들 것을 제언한다.

"패러다임을 바꾸는 4차 산업시대 기업을 위한 키워드(Key Word)"

 4차 산업혁명시대를 단적으로 얘기하면 기술혁신이 끊임없이 일어나는 시대이다. 하나의 기술(시스템)이나 제품(서비스)이 시장을 지배하는 것이 아니라 매년 아니 매일 다양하고 새로운 기술 이나 제품이 나타나서 시장과 사회를 변화시키는 것이다. 새로운 기술 또는 제품이 삶의 패러다임을 변화시키는 4차 산업시대에 **기업을 위한 키워드를 제시하면 '파괴' '재편' '하이브리드**(융·복합)**' '창조'이다.** 기존에 가졌던 개념, 방식, 상식 등은 모두 부셔서 없애버려야 하고 가지고 있는 자원을 다시 재편해야 한다. 그리고 기술, 시스템, 사고까지 하이브리드해서 새롭게 창조해야 한다. 창조는 없는 것을 만들어내는 것이 아니라 있는 것을 새롭게 만들어 내는 것이다.

 기업은 기존 업(業)의 본질(비즈니스모델)로는 생존할 수 없기 때문에 새로운 비즈니스모델을 만들어야 한다. 4차 산업시대는 하나의 기업이 독자적 기술이나 제품으로 생존할 수 없다. 이유는 다양한 4차 산업기술을 하나의 기업이 독자적으로 개발할 수도 없고 만들 수도 없기 때문이다. 결국 기업은 자기가 가진 것을 다른 사람, 기업 등과 함께 하고 이를 발전시켜야 한다. 이는 독자 기술(시스템)로는 의미가 없다는 것이다. 의미가 없다기 보다 시장에서 요구하는 비즈니스모델을 만들 수가 없다는 것이다. 예를 들어 장난감에도 음성인식기술, 인공지능기술 등 다양한 기술이 결합하는데 어떻게 기업의 독자 기술만으로 시장을 지속할 수 있겠는가 하는 것이다.

"4차 산업혁명기술은 하나가 아니다."

4차 산업혁명이라고 하면 4차 산업기술이 있어야 한다. 과거 1차, 2차, 3차 산업혁명기술은 증기기관, 전기에너지, 정보기술 등 기술이 한정적이었던 반면 4차 산업기술은 인공지능(AI, Artificial Intelligence), 사물인터넷(IoT, Internet of Things), 자율주행자동차(Autonomous Vehicles), 3D프린터(3D Printer), 빅데이터(Big Data), 로봇공학(Robotics), 정보통신기술(ICT, Information and Communication Technology) 등 이루 헤아릴 수조차 없을 정도로 다양하다. 이런 4차 산업기술은 단순히 하나의 기술로 존재하는 것이 아니라 인공지능과 사물인터넷이 결합하여 새로운 기술 또는 제품을 만들어 내고, 빅데이터와 로봇이 결합하여 새로운 기술을 만들어내는 등 **기술, 시스템, 프로세스 등이 유기적으로 연계하여 새로운 기술로 재탄생하는 특징을 가지고 있다.** 이렇게 발전하고 있는 4차 산업기술은 이제까지 우리가 상상하지 못한 기술, 시스템, 프로세스로 발전, 진화하고 있고 이런 기술혁신은 우리 삶을 풍족하고 편리하게 만들 것이다.

"기술혁신은 제조업에만 국한되는 것이 아니라 금융·서비스업 등 모든 산업에 적용된다"

나는 금융분야에서 25년 이상의 경력을 가지고 있다. 온라인 금융시장이 태동하던 1999년부터 현재까지 온라인 금융시장의 변화 과정에 대해 누구보다 잘 안다고 할 수 있다. 하지만 2017년 상황은 당시와는 큰 차이가 있다. 얼마 전 인터넷전문은행의 등장으로 모든 은행들이 수수료를 내리는 등 법석을 떨고 있는데 이런 식의 정책은 금융산업에 아무런 도움이 되지 않는 전략이고 도리어 장기적으로 수익구조를 악화시키는 결과로 나타날 수 있다. 이렇기 때문에 4차 산업시대에는 기업이 가지고 있는 업의 본질을 기반으로 기술혁신을 통해 명확한 수익모델이 나올 수 있는 비즈니스모델의 방향과 전략을 세워야 한다.

기술혁신은 산업간 진입장벽을 낮추는 결과로 나타나고 있다. 예를 들어 금융시장에서는 다양한 금융상품이 나오고 있는데 이런 금융상품은 인공지능, 빅데이터 등 4차 산업기술을 기반으로 만들어 지고 있다. 이런 금융상품의 기반이 되는 기술은 금융기업의 업의 본질이 아닌 IT기업의 업의 본질이다. 이렇기 때문에 향후 금융시장을 좌지우지할 기업은 금융기업이 아닌 IT기업이 될 수 있다. 이런 금융상품의 출시는 금융상품 기술개발을 더욱 중요하게 만들고 인력구조와 사업구조를 금융상품 기술개발에 맞는 구조로 변화시킬 수밖에 없는 것도 현실이다. 세계적인 투자은행(Investment Bank) 겸 증권회사인 골드만삭스가 IT기업이라고 선언한 것도 이런 맥락에서이며 그렇기 때문에 기술혁신은 제조업에만 국한되어지지 않고 모든 산업구조에 적용되는 것이다.

"4차 산업혁명의 주인공은 기업이다."

4차 산업시대의 주인공은 기업이다. 4차 산업시대를 주도할 기업은 많이 있다. 애플, 구글 같은 글로벌거대기업도 있지만 앤트파이낸셜(AntFinancial), Face++(페이스플러스플러스), 엔비디아(Envidia) 등 기술이나 제품은 뛰어나지만 아직 인지도가 떨어지는 스타트업(Start up)기업들도 상당수 있다. 이들이 스타트업 기업이라고 하지만 시장에서 주목 받고 있고 거액의 투자자금이 유입되어 시장에서의 경쟁력은 강화되고 있다. 이런 **4차 산업시대를 선도할 기업은 대부분 자신의 기술을 기반으로 하는 기술혁신 환경(생태계)을 구축하고 있다.** 이렇게 구축된 환경에서 다양한 기술개발과 비즈니스모델을 만들고 있는데 이런 기술혁신 환경을 플랫폼이라 한다. 플랫폼은 새로운 비즈니스모델을 만들고 기술혁신을 하는데 중요한 기회를 제공하는 장(場)이 되는 것이다.

"슈퍼스타기업도 사라질 수 있다."

4차 산업시대에 모든 기업이 생존할 수는 없다. 이는 반대로 많은 기업이 사라지게 된다는 것이다. 이유는 세계시장의 국경은 낮아지고 거대기업이 세계시장을 독점하는 경향이 두드러지고 있기 때문이다. 이런 시장 현상을 슈퍼스타마켓(Super Star Market)이라 한다. 스마트폰 제조시장은 애플/삼성전자, 정보검색시장은 구글, SNS시장은 페이스북, PC 운영체계는 마이크로소프트, 스마트폰 운영체계는 iOS/Android(안드로이드) 등 세계 시장을 소수의 기업이 독점하는 구조로 진화되고 있는데 이런 구조는 더욱 심화될 것이다.

세계시장을 주도하는 기업을 슈퍼스타기업이라고 한다. 하지만 슈퍼스타기업도 경계해야 할 것이 있는데 그것은 '혁신가의 딜레마(The Innovator's Dilemma)'이다. 혁신가의 딜레마란 시장을 선도하는 거대기업이 제품의 성능개선에만 만족하고 새로운 기술혁신을 하지 않거나 새로운 기술을 가진 시장은 조만간 나타나지 않을 것이라는 기대감에 더 이상 기술혁신을 하지 못한다면 시장에 새로운 기술이나 환경이 나타났을 때 제대로 대응하지 못하고 무너지는 것이다. 이런 혁신가의 딜레마를 보여준 사례가 '노키아(NOKIA)'이다. 노키아는 2007년 세계휴대전화 시장의 점유율이 40%에 달할 정도였고 스마트폰 관련기술도 가지고 있었음에도 결국 스마트폰시장이 생기지 않을 것이라는 기대감과 휴대전화의 제품성능개선에만 매달려 스마트폰이라는 새로운 기술혁신을 이루지 못해 시장에서 도태되었다.

"비즈니스모델은 보호받아야 한다."

기업은 기술(시스템)이나 제품(서비스)을 보호 받기 위해서는 특허를 활용해야 한다. 특허는 순기능, 역기능 모두 존재하지만 기업은 일단 특허 등록을 통한 안전장치를 가질 필요가 있다. 특허의 순기능과 역기능을 보여준 사례로는 테슬라(Tesla)가 보유한 특허에 대해 사용을 허락한 사례에서 볼 수 있다. 테슬라는 특허로 인해 발전하지 못하는 전기자동차시장에 자신이 보유한 특허를 사용하게 하므로 시장형성에 방점을 두고 먼저 시장이 활성화되게 하는 방법을 선택하였다. 이는 매우 현명하고 바른 판단이다.

특허는 기술특허뿐 아니라 다양한 특허가 있다. 그 중에서 비즈니스모델 특허(BM, Business Model 특허)도 있다. BM특허는 정보시스템이 결합된 비즈니스모델 특허로 다양한 비즈니스모델이 나오는 4차 산업시대에서는 이에 대한 모방이 쉽게 되는 구조여서 BM특허등록이 더욱 중요하게 된다. 예를 들어 4차 산업시대에는 전자상거래시장에서 현물을 사고 파는 구조가 아닌 도면을 사고 파는 구조가 생기게 된다. 이런 구조의 변화는 도면거래시스템을 도입하게 할 수 밖에 없는데 이런 **도면을 사고 파는 도면거래시스템도 국내에 특허로 등록**(특허등록번호: 10-170785, 10-1400875, 발명인/특허권자: 김현재)**되어 있다.**

"4차 산업시대 기업의 생존을 위한 롤모델 로컬모터스(Local Motors)"

나는 로컬모터스를 처음 접하고 알게 되면서 4차 산업시대의 비즈니스모델로 탁월하다고 판단했고 접촉을 시작하였다. 로컬모터스는 4차 산업기술을 기반으로 4차 산업기술을 아우르는 비즈니스모델을 만들었다. 이렇듯 로컬모터스는 4차 산업기술과 시스템을 도입하고 새롭게 만들어서 어느 기업도 상상하지 못하는 비즈니스모델을 만든 것이다. 이런 비즈니스모델을 국내에 도입하고자 제주모터스와 로컬모터스는 2016년 6월 MOU를 체결하였다.

내가 로컬모터스와 일을 추진하면서 느끼게 된 로컬모터스의 경쟁력은 4차 산업혁명시대 기업이 가져야 할 경쟁력이라 확신한다. 이런 로컬모터스의 경쟁력은 첫째 마이크로팩토리이다. 마이크로팩토리는 기존 공장의 개념을 바꾸는 공장의 형태로 3D프린터를 생산도구로 하여 분산제조시스템(Distributed Manufacturing)의 개념을 도입하였다. 둘째 플랫폼이다. 플랫폼은 로컬모터스를 단순히 전기자동차회사가 아닌 새로운 형태의 기업으로 변화할 수 있게 하는 기반이다. 셋째 FORTH(포스)이다. 크라우드 소싱 커뮤니티인 포스는 다양한 기술과 기업들과 공유하며 협업하는 Co-creation(공동창조) 시스템을 구축한 것이다. 넷째 인공지능 무인자율주행 올리(Olli)이다. 올리는 IBM의 인공지능 왓슨을 탑재한 최고 수준(Level 4수준)의 자율주행 전기버스이다. 다섯째 3D프린터로 만든 전기자동차이다. 이는 말 그대로 전기자동차를 3D프린터로 만들었다. 이런 로컬모터스의 경쟁력과 비즈니스모델은 기존 공장, 제조업의 패러다임의 변화뿐 아니라 금융업, 서비스업 등 전 산업 분야에 적용 가능한 개념이자 비즈니스모델이기도 하다.

"사업가가 보는 기업의 생존전략"

나는 금융포털플랫폼 '노튼힐'과 3D프린터로 무인자율주행전기자동차 생산을 준비하는 '제주모터스(Jeju Motors)'을 운영하면서 얻은 노하우를 가지고 4차 산업혁명시대 기업의 생존전략을 고민했고 대안을 제시하게 되었다.

4차 산업시대 기업의 생존여부에 대해서는 어느 누구도 장담하기 어려울 정도로 불확실성이 크다. 기업은 불확실성에 준비하고 대응하여야 한다. 하지만 이런 준비가 수월치 않다. 기업이 불확실성에 준비하고 대응하지 못하는 이유로는 새로운 시장은 오지 않을 것이라는 막연한 기대감, 나에게는 해당되지 않을 것이라는 회피 심리 등이 있는데 이렇게 준비하고 대응하기 보다 회피하려고 한다면 이런 기업은 5년, 10년 내에 사라지게 되는 결과로 나타날 것이다.

4차 산업시대에는 산업의 구분이 사라진다. **IT기업이 금융기업이 되고 금융기업이 제조업을 해야 하고 서비스기업이 IT기업이 되야 하는 시대가 된다. 이를 두려워하거나 거부해서는 안 된다.** 기업이 생존하기 위한 변화는 중국 IT기업인 알리바바가 어떤 비즈니스모델로 세계 금융시장에 진출하는지를 보면 답을 알 수 있을 것이다.

4차 산업혁명시대는 하나의 기업이 모든 것을 해결하기는 불가능하다. 이것을 해결하는 솔루션은 '공유'이다. 공유는 단순히 같이 소유하고 있는 것이 아니고 공유를 통해 발전시키고 진화시켜야 하는 것이다. 이런 공유를 바탕으로 비즈니스 환경을 구축해야 한다.

"기업은 명확한 생존전략을 가져야 한다."

4차 산업시대 기업이 생존하기 위해서는 비즈니스모델을 명확히 가져야 한다. 기존 비즈니스모델이 아무리 뛰어나고 난공불락(難攻不落)같이 보여도 4차 산업시대에는 다시 새롭게 준비해야 한다. 이를 위해서는 기업이 가져야 할 전략 4가지를 제시한다. ① '플랫폼을 가져라', ② '시장을 선점하라' ③ '공유하라', ④ '세계화'이다. ① '플랫폼을 가져라'는 4차 산업시대 가장 중요한 키워드로 한 기업이 기술, 시스템, 제품, 서비스 등을 만들어도 다수의 사용자와 공급자가 있는 플랫폼에 비해 경쟁력을 가질 수 없다. 결국 기업은 자기 기술을 기반으로 공급자와 수요자가 모여 새로운 기술과 시스템을 만드는 환경을 구축하고 제공해야 하는 것이다. ② 시장을 선점하라는 것은 사용자는 자기가 경험한 기술(시스템)이나 제품(서비스)에 만족했던 경험을 가지게 되면 쉽게 이동하지 않는다는 점을 비즈니스모델에 적용하라는 것이다. 이는 **시장 선점을 통해 만족하는 경험을 제공할 경우 시장을 장악하게 되는 것을 말한다.** ③ 공유는 기업이 가지고 있는 기술이나 시스템을 공개하고 공유하여 이를 기반으로 다수의 사용자나 공급자가 다양하고 새로운 기술로 발전시킬 수 있도록 해야 한다. 그리고 이를 다시 공유하고 사용하므로 기업은 공유를 통해 새로운 기술개발에 필요한 비용과 시간의 한계를 극복하고 새로운 시장을 만들 수 있게 되는 것이다. ④ 4차 산업시대는 소수의 기업이 세계시장을 독점하게 되는 슈퍼스타마켓이다. 이는 세계화를 의미한다. 처음부터 세계화를 염두에 두지 않고 시작하면 글로벌 기업에게 시장을 뺏기게 된다.

"사업가가 바라보는 비즈니스모델"

기술혁신이 4차 산업혁명을 촉발한 것은 사실이다. 하지만 기업이 생존하기 위해서는 기술혁신도 중요하지만 이보다 중요한 것은 아이디어와 비즈니스모델이다. 기술혁신이 중요한 것은 사실이지만 기술혁신은 새로운 기술이 나오거나 진보된 기술혁신이 나타났을 때 현재 기술은 아무 소용이 없기 때문이다. 그래서 아이디어와 비즈니스모델이 중요한 것이다. 4차 산업시대의 아이디어와 비즈니스모델은 쉽게 모방이 가능하지만 시장을 선점했을 때 다른 산업과 달리 후발주자가 쉽게 진입하기 어려운 특징이 있어 **아이디어와 비즈니스모델을 가지고 시장을 선점하는 것은 매우 중요하다.**

나는 3D프린터로 무인자율주행전기자동차를 제작하는 미국의 로컬모터스와 일을 하면서 4차 산업혁명시대에 꼭 필요한 핵심역량에 대해 파악할 수 있게 되었고 새로운 패러다임을 만드는 과정을 함께 하면서 4차 산업의 핵심역량을 다른 기업과 공유하고 발전할 수 있다는 확신을 가지게 되었다.

4차 산업시대 비즈니스모델을 제안하면 첫째 금융포털플랫폼(Potal Plotform)

이다. 금융포털플랫폼은 다양한 금융기업과 금융상품이 있어야 하고 고객을 위한 맞춤서비스가 제공되어야 한다. 둘째 마이크로팩토리이다. 마이크로팩토리는 3D프린터를 이용한 다품종 소량생산체계의 공장이다. 마이크로팩토리는 공장의 패러다임을 바꿀 것이다. 셋째 도면거래 시스템이다. 4차 산업시대는 공급자가 물건을 생산하는 것이 아니라 구매자가 수요자인 동시에 생산자가 되는 시대이다. 이를 위한 도면거래 시스템이다.

"더 이상 금융기업으로 생존 할 순 없다."

4차 산업시대 금융기업이 생존하기 위해서는 금융산업의 다양한 상품을 금융시장에 제공해야 한다. 이런 금융상품을 하나의 금융기업이 제공하는 것은 의미가 없고 다수의 금융기업과 금융상품이 제공되어야 하는데 이것을 실현할 수 있는 것이 바로 '금융포털플랫폼'이다. 금융포털플랫폼에서는 다양한 금융상품이 제공되어야 하는데 이런 상품은 고객의 성향, 재산 상태 등을 고려한 고객맞춤 금융상품이어야 한다. 금융플랫폼에서 가장 중요한 점은 하나의 금융기업을 위한 플랫폼이 아닌 모든 분야의 금융기업과 금융상품을 아우르는 플랫폼이어야 한다. 그렇지 않으면 시장은 하나의 금융기업을 위한 마케팅 플랫폼정도로만 인정하려고 할 것이기 때문이다. 이처럼 금융포털플랫폼은 은행, 보험, 증권, 투자자문 등 분야별 금융기업들이 참여해야 하고 다양한 금융상품이 제공되어야 하며 이에 대한 정보가 투명하게 공개되어야 한다. 플랫폼의 본질인 다수의 사용자와 공급자가 있는 커뮤니티를 만들어야 한다. 이런 금융플랫폼 없이 금융기업은 생존할 수 없다.

금융기업이 금융시장에서 생존하기 위해서는 금융기업에서 벗어나야 한다. 왜냐하면 금융시장을 더 이상 금융기업으로 한정하는 것은 의미가 없어졌기 때문이다. 금융시장은 IT기술이 기반이 되어 다양한 금융상품을 제공하기 때문에 금융기업이라는 구분은 의미가 없어지게 된 것이다. 고객은 기업의 성격이나 구분이 중요한 것이 아니고 고객이 요구하는 금융상품을 적시에 제공하는 기업만 있으면 그 기업을 이용할 것이다. 이렇듯 고객이 요구하는 금융상품을 적시에 제공하는 기업이 금융시장을 장악할 것이다. 이런 금융시장을 장악할 비즈니스모델이 플랫폼이다. 플랫폼은 IT기술이 기반이 되는 것이고 IT기업에게 유리한 것이 사실이다. 이렇듯 4차 산업시대에는 IT기업이 금융시장을 장악하게 될 가능성이 크다. 더 이상 금융시장은 금융전문가들이 만들어가는 시장이 아님을 인정해야 한다.

"제조업도 패러다임의 변화를 인정해야 한다."

제조업을 기반으로 하는 기업도 비즈니스모델에 명확한 방향을 가져야 한다. 4차 산업시대 공장의 패러다임은 다양하게 바뀌게 되는데 이에 대한 대비 없이 기업은 생존할 수 없다. 이런 패러다임의 변화는 4차 산업시대에는 필연이다. 공장의 패러다임변화는 ① '다품종 소량생산체계'이다. 이는 기존 공장시스템의 본질인 소품종 대량생산체계에 반대되는 구조로 기존 공장의 구조와 시스템을 변화시키는 것이다 ② '분산제조시스템(Distributed Manufacturing)의 마이크로팩토리(Micro Factory)'이다. 이는 다품종소량생산체계 시스템을 뒷받침할 수 있는 구조이며 제조, 유통, 물류, 판매시스템을 변화시켜 새로운 패러다임을 만들게 된다. ③ '도면이 거래되는 시장'이다. 이는 현물이 거래되는 구조에서 도면이 거래되는 구조로 변화하는 것을 의미한다. 제조업 기반이 제조/생산 구조에서 설계/디자인 기반의 기업으로 업의 본질이 변하게 되는 것이다. 이렇듯 4차 산업시대 제조업의 패러다임 변화는 업의 본질이 바뀌게 되는 매우 중요한 구조 변화가 오게 된다.

마이크로팩토리는 작은 공장이 아니다. 마이크로팩토리는 분산제조시스템 개념의 공장형태로 생산자와 구매자를 직접 연결하는 시스템이다. 여기에 3D프린터라는 생산도구를 접목하면 장소에 구애받지 않고 어디서든지 공장이 가능하도록 하게 한다. 그리고 마이크로팩토리는 한 업종 또는 한가지 제품만을 생산하는 공장이 아닌 다른 업종의 제품을 포함한 다품종 소량체계를 구현하는 공장이다.

4차 산업시대는 도면을 사고 파는 시대이다. 인터넷의 발전으로 온라인시장이 생겼을 때 많은 사람들은 반신반의 했다. 하지만 온라인시장의 규모는 오프라인시장을 넘어선지 오래되었다. 그럼에도 온라인시장이나 오프라인시장 모두 현물을 거래하는 시장이다. 온라인시장의 출현으로 제조기업은 유통에서의 영향력은 적어졌지만 제조업이라는 기업이 본질인 제품 생산이 변화한 것은 아니었다. 그런데 도면을 거래하는 4차 산업시대에는 상황이 다르다. 도면을 거래하게 되면 공급자가 굳이 생산을 할 필요가 없게 된다. 이는 공급자가 생산을 하는 것이 아니라 구매자가 구매자이면서 생산자가 되는 것이다. 이것은 제조업의 생산이라는 본질을 완전히 뒤엎는 변화이다.

"내가 이 책을 쓰는 이유는 생존하기 위해서이다."

4차 산업시대는 시작됐고 진행 중이다. 4차 산업시대의 기술(시스템)혁신은 누구도 예상할 수 없을 정도로 우리 사회의 패러다임을 변화시키고 있다. 이런 변화에 기업과 개인은 생존을 위해 준비해야 하고 대비해야 한다. 4차 산업시대는 어떤 변화의 속도보다 빠르게 진행 된다. 지금이라고 생각하는 시점은 과거가 되는 것이 4차 산업혁명시대이다.

　내가 이 책을 쓰는 이유는 개인의 생존도 중요하지만 기업의 생존을 위해서이다. 기업의 생존 없이는 개인의 생존도 없기 때문이다. 4차 산업시대는 시작되었고 기업의 환경도 변화하기 시작하였다. 하지만 많은 의사결정권을 가지는 경영자들이 4차 산업시대는 내가 은퇴한 후 일이라고 생각하고 대응하기 보다 그냥 넘어가기를 기대하는 것 같아 안타깝다. 기업의 생존을 고민하면서 가장 걱정되는 분야가 금융분야이다. 이에 비해 금융분야는 4차 산업혁명에 대해 무관심한 것 같다.

　4차 산업시대는 산업간 구분이 허물어지고 어떤 비즈니스모델이 4차 산업혁명을 선도하고 중심이 될지 모른다. 하지만 중요한 것은 4차 산업의 본질을 이해하고 준비한다면 기업은 생존할 것이고 그렇지 않은 기업은 생존하지 못할 것이다. 4차 산업시대가 시작되면서 **나의 경험과 제언은 기업이 생존하는데 분명히 도움이 될 것이며 내가 제안한 비즈니스모델은 4차 산업혁명을 선도하고 중심이 되는 기업이 될 수 있도록 일조할 것이다.**

목 차
4차 산업혁명시대 기업의 생존 전략

프롤로그 04

| Chapter 1 | **4차 산업혁명은 무엇인가?**

1) **4차 산업혁명이 주는 패러다임의 변화** 29
   - 4차 산업혁명은 제조업, 금융업, 서비스업 등 모든 분야의 패러다임을 변화시킨다. 33
   - 골드만삭스는 IT기업이다. 기업의 구분은 없어진다. 37
   - 4차 산업혁명과 인더스트리 4.0(Industry 4.0)은 같은가? 다른가? 39
   - 사는 것이 이익일까? 공유하는 것이 이익일까? 42
2) **고용 형태도 변화한다** 48
   - 나도 예전에 잘 나가던 전문가인데. 52
   - 기업의 구조가 변함에 따라 고용의 형태도 변화한다. 55
   - 고용은 법에 의해 보호 받지만 국가, 기업, 개인 모두 상생해야 한다. 61
3) **패러다임을 바꾸는 Key Word(키워드)** 64
   - 지금 있는 구조는 의미가 없다. 모두 파괴하라. 64
   - 가지고 있는 자원을 재편하라. 그러지 않으면 있는 것도 사라진다. 66
   - 한가지로 되는 것은 없다. 하이브리드 해라. 67
   - 창조는 기존 자원에서 출발한다. 70

| Chapter 2 | **4차 산업혁명의 기술은 무엇인가?**

1) **산업혁명이라고 할 정도의 기술혁신은 무엇인가?** 76
   - 무인자율주행자동차가 나온다고 해서 산업혁명이면 매년 산업혁명이 일어난다. 77
   - 4차 산업혁명에 핵심기술은 없다. 79
2) **4차 산업혁명에서 패러다임을 변화시킬 기술** 80
   - 인공지능(AI, artificial intelligence) 82
   - 사물인터넷(IoT, Internet of Things) 88

나노기술(Nano Technology)	93
3D 프린터(3D Printer)	94
무인자율주행자동차(Autonomous Vehicles)	107
빅데이터(Big Data)	116
로봇공학(Robotics)	121
정보통신기술(ICT, Information and Communication Technology)	128
양자컴퓨터(Quantum computing)	129
블록체인(The Blockchain, Blockchain Security Technology)	131

| Chapter 3 | 4차 산업혁명의 주인공은 기업이다

1) 기술혁신은 기업이 하고 기업이 세상을 바꾼다	143
4차 산업혁명 시대 금융업을 선도할 Ant Financial(앤트파이낸셜)	149
얼굴이 지갑이고 통역사가 사라진다. Face++, Goolgle, iFlytek	159
인공지능 등 4차 산업기술을 구현할 수 있게 하는 GPU: Envidia(엔비디아)	165
2) 기업에도 슈퍼스타가 있다.	167
3) "혁신가의 딜레마"가 기업 혁신의 적이다	169
4) 특허로 사업보호가 우선인가? 특허 공유로 시장형성이 우선인가?	173
5) 3D프린터로 무인자율주행전기자동차를 만드는 기업 : 로컬모터스(Local Motors)	179
로컬모터스의 경쟁력 1: 마이크로팩토리(Micro-factory)	184
로컬모터스의 경쟁력 2: 플랫폼	190
로컬모터스의 경쟁력 3: 포스(FORTH) 시스템	193
로컬모터스의 경쟁력 4: 인공지능 무인자율주행자동차 올리(Olli)	198
로컬모터스의 경쟁력 5: 3D전기자동차(Strati, Swim)	204

**4차 산업혁명시대
기업의 생존 전략**

| Chapter 4 | 기업은 살아남아야 한다

1) 비즈니스모델 방향은 고객과 시장 중심이어야 한다.   215
    고객을 위하지 않으면 실패한다.   218
    시장은 기업을 위해 존재하지 않는다.   222
    수익모델 없이 기업은 존재할 수 없다.   227
2) 기업의 생존전략   230
    생존전략 1: 플랫폼을 가져라   233
    생존전략 2: 시장을 선점하라   246
    생존전략 3: 공유하라   249
    생존전략 4: 세계화   252
3) 4차 산업기술이 제시하는 기업의 방향   255
    인터넷뱅킹은 지는 산업이고 인터넷뱅크(Internet Bank)는 뜨는 산업인가?   258
    냉장고도 인간형로봇이 될 수 있다.   259
    제주도에도 자동차공장을 만들 수 있다.   262

| Chapter 5 | 4차 산업혁명시대 비즈니스모델

1) 금융업의 비즈니스 모델   270
    과거가 미래를 예측한다.   274
    금융포털플랫폼을 구축하라.   277
    과거가 미래를 예측한다.   274
    금융포털플랫폼을 구축하라.   277
    금융상품쇼핑몰이 있어야 한다.   283
    고객맞춤형 포트폴리오(Portfolio)를 제공하라.   287
2) 새로운 개념의 공장 마이크로팩토리   290
3) 업의 본질을 바꾼다: 도면을 사고 파는 시대이다   296

에필로그   303

Chapter

1

4차 산업혁명은 무엇인가?

4차 산업혁명은 무엇인가?

✱ ✱ ✱
✱✱✱✱✱✱

"4차 산업혁명은 기술혁신을 통한 패러다임(Paradiam)의 변화이다."

나는 길에서 스마트워치가 알려주는 알람을 통해 메일을 수신하고 스마트폰으로 확인하고 연락을 한다. 이러한 일은 얼마 전까지만 해도 영화나 만화 속 상상에서나 볼 수 있는 광경이었다. 하지만 이제 이런 일은 당연하고 평범한 일상이 되고 있다. 이렇게 당연하고 평범한 일상은 기술혁신을 통해 우리 삶의 변화를 가져오게 한 것이다. 기술혁신이 사회변화에 영향을 끼친 사례는 수 없이 많다. 가장 최근에 일어난 대표적인 사례는 온라인이라고 할 수 있다. 온라인은 컴퓨터를 인터넷이라는 정보통신 네트워크를 이용해서 개인간 실시간 소통하는 네트워크를 의미한다. 온라인시장은 이런 온라인을 통해 형성된 시장이다. 이를 다시 말하면 온라인에서 수요자와 공급자를 연결시키는 장소인 것이다. 온라인시장은 수요자가 온라인기기를 통해 물건을 구입하고 공급자는 전자상거래를 통해 주문된 내용으로 공급을 하게 되는데 이는 과거 직접 현물을 거래하는 오프라인 시장과 달

| Chapter 1 | 4차 산업혁명은 무엇인가?

리 시간, 장소에 제약 없이 거래를 가능하게 하여 그로 인한 생활의 변화를 가져온 것이다. 또한 주로 의사소통을 목적으로 했던 휴대전화가 정보통신기술의 발전으로 인터넷 기능이 탑재되어 이동하면서도 다양한 기능을 수행하게 되는 생활의 변화를 가져왔다. 이는 단순히 생활의 변화뿐 아니라 사회 전반에 걸쳐 패러다임의 변화를 가져온 것이기도 하다.

    4차 산업혁명시대는 시작되었다. 4차 산업시대 시작은 지금은 너무나 일상이 되어버린 스마트 폰의 원조인 아이폰(iPhone)이 출시된 연도인 2007년이라 하겠다. 왜냐하면 스마트폰 출현이 사회의 패러다임을 바꾼 계기가 된다는 점이다. 2007년 애플은 휴대전화, GPS(위성항법시스템), 무선인터넷 기능 등을 합친 휴대전화를 만들었는데 이것이 아이폰이다. 이후 아이폰을 비롯하여 삼성의 갤럭시시리즈 등 수많은 스마트폰이 생겼고 이를 사용하는 사용자는 급속히 늘어나게 되었다. 글로벌 시장조사업체인 스트래티지 애널리틱스(Stratege Analytics)에서 발표한 2017년 스마트폰 사용인구비율은 세계인구의 약 43.8%로 예상하였다. 이는 세계인구 약 75억 명(2017년 6월 기준, Worldometers 발표) 중 약 33억 명이 사용한다는 것이다. 33억 명이 사용한다는 것은 세계경제인구 대부분이 사용한다고 해도 과언이 아닌데 이렇듯 짧은 시간에 세계경제인구 대부분이 사용한다는 것은 역사상 초유의 일이라 할 수 있고 그만큼 사회에 변화를 가져왔다는 점에서 4차 산업 혁명의 시작이라 하겠다.

    이제 우리는 스마트폰을 손에서 때고 생활하기는 불가능에 가깝다. 스마트폰이 사용된 지 10여년이 되지 않았는데도 세계경제인구의 대부분이 사용하고 마치 오래 전부터 사용해온 것처럼 보편화되어 있다. 컴퓨터가 인류 생활을 획기적으로 변화하게 한 것은 사실이다. 하지만 컴퓨터는 유선

통신을 기반으로 시작하였고 노트북으로 휴대성에 확장을 가져온 것은 사실이나 휴대전화에 무선통신기능과 인터넷기능을 합친 스마트폰의 출현이 우리생활의 패러다임에 더 큰 변화를 만들었다는 것에는 논란의 여지가 없는 것이 사실이다.

"혁명은 기존 사회의 근간을 변화시키는 것이다."

혁명은 말 그대로 기존 제도, 일상생활, 경제활동 등 모든 사회를 근본적으로 변화시키는 것이다. 4차 산업혁명도 기술혁신이 이루어짐에 따라 우리 사회를 근본적으로 변화시킨다는 의미이다. 1차, 2차, 3차 산업혁명뿐 아니라 기술혁신이 혁명을 가져온 사례는 많다. 구석기시대에 신석기시대로 오면서 잉여 농산물이 나오고 그에 따라 이집트왕조 같은 국가가 탄생되었다. 이후 청동기시대와 철기 시대를 거치면서 전쟁을 통해 지배세력이 사회를 지배하고 지배세력이 변화하였다. 산업혁명으로 경제적 부를 가진 상공인들이 나타났고 이런 신흥세력이 봉건제도를 없애는 기반이 되었다. 이렇듯 기술혁신을 통해 많은 사회변화와 패러다임의 변화가 나왔듯이 4차 산업혁명 역시 다른 산업혁명처럼 사회 근간을 변화시키는 과정이 나타나게 된다.

"기술혁신이 있어도 그로 인해 사회상(社會相), 생각, 가치 등이 변화하지 않으면 산업혁명이라 할 수 없다"

4차 산업혁명에서 기술혁신이 사람의 생활과 패러다임을 어떻게 변화시

Chapter 1 4차 산업혁명은 무엇인가?

킬지 궁금하다. 만약 기술혁신이 우리 삶이나 패러다임을 변화시키지 못한다면 산업혁명이라는 단어는 맞지 않게 된다. 국어사전에서 패러다임은 '어떤 한 시대의 사람들의 견해나 사고를 근본적으로 규정하고 있는 테두리로서 인식의 체계 또는 사물에 대한 이론적인 틀이나 체계'라고 설명한다. 예를 들어 '어떤 인물에 대한 이해는 그가 살았던 시대의 패러다임 안에서 이루어져야 한다'라고 했다. 이 말은 패러다임이라고 하는 것은 그 시대의 사회상, 사고, 가치 등을 아우르는 말이라고 할 수 있다. 그래서 과거의 패러다임, 현재의 패러다임, 미래의 패러다임은 다를 수 밖에 없다. 패러다임은 미국의 Thomas Kuhn(토마스 쿤)이 그의 저서 '과학혁명의 구조(The Structure of Scientific Revolutions)에서 처음 사용했다. 토마스 쿤은 패러다임을 정상과학과 과학혁명과의 관계로 설명 했는데 정상과학은 새로운 발견을 지향하거나 추구하는 혁신적인 활동이 아닌 반면 과학혁명은 정상과학에서 새로운 과학이 출현하는 것이라고 했다. 정상과학과 과학혁명이 충돌하면서 정상과학에서 이해하기 힘든 패러다임이 새로운 패러다임으로 설명이 된다면 패러다임의 변화로 본다는 것이다. 패러다임은 과학의 발전을 보는 새로운 관점을 제공했으며 사회, 경제, 정치 전반의 변화를 이해하는 틀을 제공했다. 이렇듯 패러다임은 모든 면에서 그 시대에 적용되고 인지되는 기본 체계라 할 수 있다. 아무리 **기술혁신이 있어도 그로 인해 사회상, 생각, 가치 등이 변화하지 않으면 산업혁명이라 할 수 없는 것이다.**

"4차 산업시대에는 공유경제, 고용의 다양성, 제조공장 방식의 변화, 유통·물류의 변화, 시장구조의 변화 등 다양한 패러다임의 변화가 나타난다."

4차 산업시대에는 다양한 변화가 나타난다. 이런 변화는 오랫동안 지속된 관습이나 방법들을 변화시키고 그로 인한 인류의 생활에도 영향을 끼치게 될 것이다. 인류는 오랫동안 소유하고자 하는 욕구가 컸다. 하지만 이런 소유의 욕구는 공유라는 시스템을 통해 변화하고 있다. 특히 4차 산업기술을 기반으로 한 '공유경제' 개념을 가진 비즈니스모델이 나타나므로 이에 대한 변화를 가속화하고 있다. 그리고 최소의 자원으로 최대의 효과를 나타나게 하는 기술혁신은 기업으로 하여금 다양한 고용형태를 갖게 할 것이며 공장의 패러다임도 변화를 시키게 된다. 기존 공장은 대량생산체계 방식인데 비해 4차 산업시대의 공장은 다품종(이(異) 업종) 소량생산체계로 변화할 것이다. 이런 공장의 패러다임 변화에는 3D프린터 등 4차 산업기술이 기반이 되는 도구로 인해 생산방식의 변화뿐 아니라 유통·물류 등에 까지 변화를 가져 올 것이다. 또한 현물이 거래되는 방식이 아닌 도면이 거래되는 변화도 나타나게 되는데 이런 변화는 제조업의 본질이 제조·생산이 아닌 디자인·설계로의 변화를 의미한다.

1) 4차 산업혁명이 주는 패러다임의 변화

"기술혁신은 풍요로운 삶을 지향하고 이는 패러다임의 변화를 동반한다."

4차 산업혁명은 기술혁신으로 많이 알려져 있다. 분명 4차 산업혁명의 주요 내용은 기술혁신이 맞다. 하지만 기술혁신이 4차 산업혁명의 모든 것을 의미하는 것은 아니다. 기술혁신은 인류의 진화와 궤를 같이 하고 있고 지금도 꾸준히 이루어지고 있다. 인류가 도구를 처음 사용하기 시작한 구

Chapter 1 4차 산업혁명은 무엇인가?

석기 시대는 약 70만 년 전이라 하고 그보다 진보된 문명인 신석기 시대는 약 1만 년 전이라고 한다. 그 이후 청동기, 철기시대 등으로 진보되어 왔다. 이렇듯 인류는 오랜 시간에 걸쳐 기술혁신을 하고 진화하고자 노력했다. 구석기시대에서 신석기시대로 넘어가는 석기형태의 변화는 몇 십 만년이 걸렸지만 단순히 시간적 개념을 떠나 끊임없이 개발하고 고민하면서 석기 형태를 변형하여 사용한 것으로 당시로는 최고의 기술혁신이었다. 구석기 시대와 신석기시대는 석기를 다듬는 기법에 따라 구분한다고 하지만 현대를 사는 우리에게는 모두 비슷한 수준의 석기로 밖에 보이지 않는 것도 사실이다. 석기시대부터 인류가 지속적으로 기술개발을 하는 것은 단순히 불편함을 해소하고자 하는 것도 있지만 인류의 지적 호기심을 해소하고자 하는 것도 있다. 이러한 기술개발은 사회 변화에 큰 영향을 주기도 하는데 어떠한 이유로든 인류는 꾸준히 기술개발을 통해 좀 더 풍요롭고 발전된 사회를 만들고자 한 것은 명백한 사실이고 이는 패러다임의 변화를 동반하는 것이다.

"'제3의 물결(The Third Wave)'이나 '4차 산업혁명(The Fourth Industrial Revolution)'이나 단순한 기술 혁신이 아닌 사회 전반을 바꾼 변화이다."

많은 학자들은 경제시대를 구분하고 있다. 그 중 대표적인 것이 '제3의 물결'과 '4차 산업혁명'이라 할 수 있다. 나름 타당성이 있고 맞는 주장이라고 본다. 그래서 시대를 구분하는 것을 살펴보고 이러한 변화가 사회에 어떤 변화를 주었는지 알아보는 것도 매우 의미 있다고 하겠다.

앨빈 토플러(Alvin Toffler)는 그의 저서 '제3의 물결'에서 인류의 변화를 물결에 비유하여 설명하였다. 여기서 '제1의 물결'은 1만여 년 전 농경시대를 말하고 있는데 이 시기 인류는 신석기 시대로 식량을 자급자족할 수 있게 되었고 농업기술 혁신을 통해 인류가 비약적인 발전을 이루게 되는 시기를 말하고 있다. '제2의 물결'은 증기기관의 발명으로 대표되는 산업혁명으로 정의하였다. '제2의 물결'의 가장 큰 의미는 농경생활에서는 거의 모든 동력을 사람이나 가축이 제공한데 비해 산업혁명시대는 기계를 움직이는 동력의 에너지가 석탄 등으로 변화된 것이다. 이러한 변화는 공장을 나타나게 하는 계기가 되었다. 공장의 등장은 사회적으로 사람에게 일자리를 제공하게 되었고 사람들은 일자리를 찾아 공장이 있는 도시로 몰려들게 되었다. 사람들이 대도시로 몰려듬에 따라 대도시를 형성하게 되었고 공장의 등장으로 인해 제품 공급이 본격화되면서 산업화 시대를 열게 되었다. 이는 단순히 기술혁신으로 인한 공장의 변화만 있었던 것이 아니라 도시화, 봉건제도의 붕괴 등 많은 사회적, 정치적 변화를 가지고 오는 계기가 되기도 하였다. '제3의 물결'은 지식혁명을 말하며 오늘날 정보화시대를 의미하는데 제3의 물결의 바탕에는 컴퓨터가 있어 정보화를 이루는 도구가 등장하면서부터 라고 할 수 있다.

4차 산업혁명이란 말이 처음 사용된 것은 다보스포럼에서이다. 다보스포럼은 매년 스위스 다보스에서 열리는 세계경제포럼(World Economic Forum)을 말하는 것으로 세계 경제 이슈를 논하고 대책을 제시하는 자리이기도 하다. 2016년 다보스포럼에서 4차 산업혁명이 이슈가 된 이유는 기술혁신이 인류사회에 어떠한 영향을 미치게 될지에 대한 이슈에서 출발하였다. 세계경제포럼 리포트에서 4차 산업시대에서는 절대적으로 일자리수가 줄어든다는 것을 화두로 던졌고 이에 대한 대비를 해야 한다는 것이 논지였다. 이처

Chapter 1 4차 산업혁명은 무엇인가?

럼 4차 산업혁명이라는 화두가 던져졌다고 하는 것은 그에 앞서 1차, 2차, 3차 산업혁명이 존재한다는 것을 의미한다. 세계경제포럼은 산업혁명에서 지금까지 경제 변화를 4차례의 산업혁명으로 구분하였다. 세계경제포럼에서 구분한 1차 산업혁명은 1784년 증기기관의 발명으로 시작된 산업의 기계화를 얘기하며 2차 산업혁명은 1807년 전기를 에너지원으로 하여 대량생산체계를 갖추게 된 것을 말한다. 3차 산업혁명은 1970년대 이후 컴퓨터를 기반으로 정보화와 자동화를 통한 지식정보 시대라고 할 수 있다. 4차 산업혁명은 3차 산업혁명의 지식정보기술에 정보통신기술이 더해져 발전하는 기술혁신이라 하였다. 하지만 4차 산업혁명은 단순히 개별 기술혁신이 아닌 다양한 기술혁신과 지식정보기술을 하이브리드(융·복합)하여 사회, 경제 등 모든 분야에 영향을 주고 변화시키는 단계라고 할 수 있다.

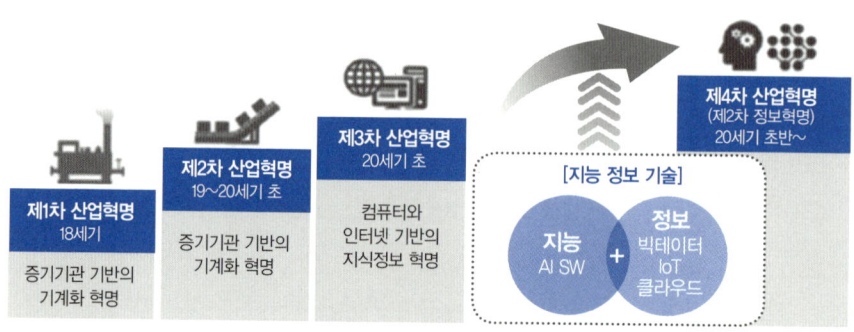

〈출처: 과학기술정보통신부 블로그〉

4차 산업혁명은 제조업, 금융업, 서비스업 등 모든 분야의 패러다임을 변화시킨다.

"4차 산업혁명은 변화에서 시작된다"

 4차 산업혁명은 단순히 기술혁신이 아니다. 기술혁신이 기술변화에 한정되고 패러다임의 변화가 일어나지 않는다면 기술혁신에 불과하지 혁명이라고 할 수 없다. 4차 산업혁명은 과연 어느 수준까지 패러다임의 변화를 가지고 올 것인가에 대한 궁금증이 생긴다. 4차 산업혁명은 시작되었고 진행 중이다. 이 말은 패러다임이 변화하기 시작했고 변화하고 있고 변화할 것이라는 것을 의미한다. 이러한 변화의 근거는 스마트폰으로 기존 IT기술에 통신기술을 접목한 상징적인 제품이기 때문이다. IT기술에 통신기술이 접목된 사례가 스마트폰 하나인가? 그렇지 않다. IT기술의 정점인 인터넷 역시 통신기술 없이는 이루어 질 수 없고 무선으로 인터넷이 가능한 제품인 노트북, 테블릿 PC 등도 있다. 하지만 이런 제품의 한계는 휴대성에 있다. 스마트폰 이전의 제품은 휴대성이 용이하지 않다. 와이파이 등 무선통신기술이 발전하면서 노트북의 사용이 편리해지고 휴대성이 용이해진 것은 사실이나 노트북은 PC를 대체하는 용도이고 아무리 가벼운 노트북도 1kg내외, 크기는 13inch 내외로 자유롭게 휴대하는데 한계가 있다. 노트북과 스마트폰 사이에 테블릿PC가 있는데 이는 사용 용도가 애매하여 스마트폰이나 노트북만큼 활성화 되지 않았다. 결국 이런 한계를 극복하고 삶의 패러다임을 변화시킨 제품이 스마트폰이다. 스마트폰은 생활을 시간과 공간에 상관없이 영위할 수 있도록 변화시킨 것이다.
 인류 삶에 가장 중요한 생활이 경제생활이다. 경제생활은 사람이 살아가

Chapter 1   4차 산업혁명은 무엇인가?

는데 필요한 재화나 용역을 생산하고 소비하는 모든 활동을 말한다. 우리는 하루하루 변화되는 삶을 살고 있지만 느끼지 못하고 지나가는 것도 사실이다. 하지만 변화되는 과정을 되새겨보면 단순히 기술혁신이 기술에 국한되지 않고 경제생활에 변화와 영향을 주는 것을 알 수 있다. 4차 산업혁명은 경제생활뿐 아니라 다양한 일상생활에도 변화를 가져 온다. 예를 들면 사회에서 가장 보수적인 곳 중 하나가 학교이다. 학교에서는 선생님이 학생들에게 지식을 전달하고 인성을 함양시키는 장소이다. 과거 학교는 교재나 면대면(Face-to-Face)을 통해 지식을 전달하고 인성을 가르치며 소통을 하였다. 하지만 이제는 교재나 면대면뿐 아니라 정보통신기술이 사용되어 학교생활을 변화시키고 있다. 먼저 전달사항을 SNS나 문자를 통해 전달되고 성적표, 알림장 등 소통은 온라인을 통해 이루어 지고 있다. 교재도 종이로 된 교과서뿐 아니라 다양한 콘텐츠가 활용되고 있고 여기에 통신기술이 더해져 PC 등을 이용하고 활용하고 있다. 이렇듯 일상생활의 변화는 일어났고 진행하고 있고 발전될 것이다.

4차 산업시대에 경제활동·일상생활 등 모든 생활의 패러다임에 변화를 가져오게 되고 이런 변화는 기업에도 절대적인 영향을 주게 되고 기업의 생존과도 직결될 수 밖에 없다. **이런 변화는 4차 산업혁명을 단순히 제조업뿐 아니라 금융업·서비스업 등 전 산업을 변화시키게 하는 것이다.**

"기업을 변화시키는 것이 4차 산업기술이다."

4차 산업혁명을 기술혁신으로 보는 관점이 많다. 그래서 4차 산업혁명은 제조업이 큰 영향을 받지 금융·서비스산업은 영향이 덜 할 것이라고 생각하는 사람들도 있다. 하지만 4차 산업혁명은 제조업보다 금융・서비스산업에 더 큰 변화와 영향을 미치게 된다. 4차 산업혁명이 금융업에 더 큰 파장이 진행되고 예상되는 이유는 컴퓨터(인공지능 알고리즘 등 모든 경우)가 사람보다 훨씬 수리적 능력이 뛰어나기 때문이다. 금융산업은 통상 수학을 기초로 하여 금융상품(서비스)을 만든다. 은행, 보험, 증권 등 거의 모든 금융상품은 수학을 기반으로 모델링하여 수익을 만들어 내는 구조이다. 이런 구조에서 뛰어난 수리적 능력을 가진 컴퓨터는 사람을 대신하여 업무를 하는데 전혀 지장이 없고 다양한 데이터를 처리하는데 훨씬 빨리 처리할 수 있는 능력을 가지고 있다.

금융・서비스업에 영향이 큰 이유는 비용이다. 컴퓨터는 인건비에 비해 고정비가 적게 든다. 한번 구입한 컴퓨터는 특별한 사유가 발생하지 않으면 지속적으로 사용하는 데 무리가 없고 노사 문제, 휴가 등 대체할 인력이 필요하지도 않는다. 특히 고임금 구조로 되어있는 금융산업에서 컴퓨터가 업무를 대체하는 것은 비용 면에서 훨씬 효율적이다.

옥스포드대학교와 BOA(Bank of America)에 따르면 10년 내 사라질 직업을 확률로 발표했는데 1위가 99%로 서비스업인 텔레마케터이다. 나머지 직업도 대부분 서비스업 관련 직업이라고 발표되었다. 만약 이런 예측이 맞는다면 해당 직종에 종사하는 사람들은 자신의 직업이 없어지게 됨에 따라 생존의 문제가 달려 있고 기업은 기업의 지속가능여부가 달려 있는 큰 문제가 아닐 수 없다. 텔레마케터는 고객과 기업이 면대면으로 소통하는 대신 전화를 통해 소통하는 직업이다. 기업들은 고객만족 차원을 떠나 고객 감동을 외치고 고객접점인 텔레마케터의 중요성을 부각하는데 10년 내 99%가 사라진다는 것에 의아해 할 것이다. 텔레마케터가 사라진다는 것은 기계(컴퓨터,

Chapter 1 4차 산업혁명은 무엇인가?

프로그램 등)가 그 일을 대신할 수 있다는 것이다. 보통 텔러마케터가 사라지면 그 일은 음성서비스가 맡을 것이라고 생각한다. 우리가 생각하는 기업의 음성서비스는 쌍방이 불가능한 일방의 서비스만 생각하게 된다. 예를 들어 무슨 업무는 1번, 다른 업무 2번 이런 식의 일방적 음성서비스만을 생각한다. 하지만 인공지능기술, 음성인식기술 등은 기계와 사람간 쌍방대화가 가능하게 하는 기술로 발전하고 있고 이는 텔레마케터 업무를 기계가 충분히 대신할 수 있게 만드는 것이다.

여기서 발표된 다른 직업은 운전기사이다. 운전기사는 자동차 운전을 업으로 하는 사람이다. 이런 운전기사가 10년 내 사라질 직업으로 발표되었다. 이에 대해서는 많은 사람들이 동의할 것이다. 최근 자율주행자동차기술에 대한 많은 자료가 발표되고 있다. 이런 자료를 근거해서 보면 구글, 우버, 현대자동차 등 자동차메이커뿐 아니라 글로벌 거대기업들이 자율주행자동차에 관심을 가지고 개발하는 것을 알 수 있다. 자율주행자동차는 결국 운전자의 조작 없이 자동차가 주행하는 기술인데 이렇게 되면 운전자는 필요 없게 되는 것이다. 결국 운전자가 필요 없게 된다는 것은 운전기사라는 직업을 사라지게 하는 것이기도 하다.

이렇듯 4차 산업기술은 다양한 곳에서 변화를 만들어 낸다. 이렇게 기술혁신은 일자리의 변화를 넘어 기업의 생존과 개인의 직업을 사라지게 까지 하는 것이다.

골드만삭스는 IT기업이다. 기업의 구분은 없어진다.

"'골드만삭스는 IT기업이다'라고 선언했다."

1869년 설립된 골드만삭스는 투자은행(Investment Bank) 겸 증권회사로 2016년 말 기준 자산규모가 8,800억 달러(한화 약 1,012조원)인 세계 최대 금융기업이다. 이런 골드만삭스가 IT기업이라고 하면 많은 사람들은 고개를 갸우뚱하게 된다. 하지만 세계최대의 금융기업인 골드만삭스를 IT기업이라고 한 사람은 다른 아닌 골드만삭스의 CEO인 로이드 블랭크페인(Lloyd Blankfein)이다. 로이드 블랭크페인은 **'골드만삭스는 IT 기업이다'**라고 선언했는데 이렇게 선언하게 된 배경에는 IT기술이 빠른 속도로 금융상품(서비스)을 제공함에 따라 회사구조가 변화하였기 때문이다. 회사의 구조변화는 전체 임직원 35,000여명 중 테크놀러지부서 인력이 9,000명 이상 차지하고 600명 이상이었던 주식매매 트레이더가 2명으로 줄어들고 신규인력의 50%이상을 IT인력이 충원되는 등 인력구조의 변화와 금융상품에 IT기술이 도입되어 새로운 금융상품을 제공하는 등 **업의 본질이 금융기술에서 IT기술로의 변화이다.**

대표적인 금융기업인 골드만삭스의 선언은 선언이상의 의미를 가지고 있다. 골드만삭스의 IT기업으로의 선언을 보면 2가지 의미가 있는데 첫째는 기업간 구분이 없다는 것이다. 이는 금융기업이 금융시장에 있든 IT기업이 금융시장에 있든 문제가 되지 않는다는 것이다. 이는 서비스업에 금융기업이 있을 수도 있고 IT기업이 있을 수도 있다는 것이다. 이를 달리 말하면 어떤 기업이라도 어떤 시장에 참여할 수 있다는 것이다. 둘째는 기업구조의 변화이다. 기업구조의 변화는 인력구조뿐 아니라 업의 본질에도 변화

Chapter 1 4차 산업혁명은 무엇인가?

를 가져오게 된다. 골드만삭스 인력구조도 금융전문가에서 IT인력 중심으로 이동하였고 금융상품도 4차 산업기술을 통해 제공될 수 있게 변화되고 있다. 이렇듯 과거 금융기업의 업의 본질이 금융기술 중심이었다면 4차 산업시대에는 금융보다 IT기술 중심으로 변화된다는 것이다. 제조업에서도 마찬가지로 변화가 나타나는데 제품중심에서 디자인 중심으로 변화된다는 것을 의미한다. 이것이 4차 산업시대가 기업에게 알려주는 시사점이다.

"기업의 업(業)의 본질이 변화하고 있다."

골드만삭스가 금융기업이 아니고 IT기업이라고 선언 했다고 해서 변화된 것은 없다. 변화된 것이 없는 것이 아니고 고객은 변화를 느끼지 못한다는 것이다. 골드만삭스가 IT기업으로 선언했다고 해서 고객에게 제공되는 상품(서비스)은 변화되지 않았다. 그래서 고객은 변화를 느끼지 못한다는 것이다. 다만 고객은 변화를 느끼지 못하지만 금융기업의 본질은 변화되기 시작했다. 금융기업의 변화는 IT기술이 차지하는 비중이 높아졌다는 것이다. 이런 금융기업에 IT기술 비중이 높아진다는 것은 결국 업의 본질을 변화시킨다는 것이다. 알리바바는 금융기업이 아닌 전자상거래 IT기업이다. 그럼에도 금융기업이라고 하는 것은 알리바바의 비즈니스모델이 금융기업으로 변화하기 때문이다. 알리바바는 앤트파이낸셜을 중심으로 금융을 사업구조의 한 축으로 하여 금융시장에 참여하였다. 그리고 IT기술을 기반으로 다양한 4차 산업기술을 금융상품(서비스)에 도입하여 금융 비즈니스모델을 만들고 이를 통해 금융서비스를 제공하고 있다. 이는 알리바바가 금융기업으로 변화하고 있는 것이다. 이렇듯 골드만삭스가 IT기업으로 선언하고 알리바바가 금융기업으로 변화하는 것은 기업의 미래에 대해 시사하는 바가 매우 크다. 여기서 시사하는 바는 기업의 미래는 현재 가지고 있는 업(業)의 본질은 아무 의미가 없다는 것이다. 기업은 언제든지 변할 수 있어야 한다는 것이다. 변할 수 있다는 것이 아니라 변해야 한다는 것이다. IT기업이 금융기업으로, 금융기업이 IT기업으로 변화되는 것이 4차 산업혁명시대이다.

4차 산업혁명과 인더스트리 4.0(Industry 4.0)은 같은가? 다른가?

"인더스트리 4.0(Industry 4.0)은 독일정부에서 시작한 제조업 성장 전략이다."

인더스트리 4.0은 2010년 독일에서 시작한 제조업 성장전략이다. 인더스트리 4.0은 사물인터넷을 도입해 생산기기와 생산품간 정보교환을 통해 완전한 자동생산체계 구축 및 생산과정의 최적화를 이루고자 하는 것이다. 결국 공장을 IT시스템과 결합한 스마트공장으로 발전시키려는 전략이다. 이는 공장의 모든 설비에 정보통신기술을 결합해 기존 공장시스템보다 발전된 상태로 운영하고자 하는 전략이다. 그럼 독일은 왜 이런 인더스트리 4.0을 추진하게 된 것인가? 인더스트리 4.0은 제조업 경쟁력 강화 전략이다. 제조업의 경쟁력은 결국 최소의 자원으로 최대의 효과를 내기 위한 것이다. 최소의 자원으로 최대의 효과란 가장 적은 투자로 가장 극대화된 가치를 만들겠다는 것이다.

인더스트리 4.0 전략이 추진될 수 있는 요인은 2가지이다. 첫째는 IT기술의 발전이다. 인더스트리 4.0의 핵심전략은 공장의 설비, 기계, 생산 과

Chapter 1 4차 산업혁명은 무엇인가?

정, 유통 프로세스 등 모든 과정에 ICT(정보통신기술)기술을 도입하는 것이다. 이는 기존 대량생산체제에서 과거 경험치를 바탕으로 예측할 수 있는 오류를 최소화하는 것이다. 과거 경험치를 바탕으로 오류를 최소화 한다는 의미는 가지고 있는 자원을 최대한 활용하고자 하는 것인데 예를 들어 불량률을 최소화 한다거나 투입되는 자원을 최적화하여 낭비를 없애는 것들이다. 둘째는 공급과잉이다. 2차 산업혁명 이후 인류는 끊임없는 기술 혁신을 통해 지속적으로 공급을 확대하였다. 이런 공급확대는 공급과잉을 초래하게 되었고 공급과잉은 제조업의 경쟁력을 약화시키는 자원 낭비, 고정비 발생, 재고 등의 문제를 나타나게 하였다. 이런 문제를 시스템적으로 해결하고자 하는 전략이 인더스트리 4.0 이다.

"인터스트리 4.0 은 스마트공장(Smart Factory)를 통한 제조업 경쟁력 강화이다"

스마트공장은 제조과정에 정보통신기술을 통합관리 하여 생산시스템을 최적화하는 맞춤형 공장이다. 이는 기획부터 유통에 이르기까지 모든 과정을 시스템화하여 최적의 생산 시스템을 구축하는 것으로 최소의 자원으로 최대의 효과를 얻고자 하는 것이다. 과거에는 상상할 수 없는 IT기술을 공장에 도입하여 경쟁력을 강화하고자 하는 것이다.

스마트공장 사례를 보면 지멘스(Siemens) 독일공장은 스마트기술을 생산시스템과 결합한 스마트공장을 운영하고 있는데 자동화 설비와 관리시스템을 연동하여 다품종, 고수율 생산 시스템을 구현하였다. 이 공장에서는 1년에 약 1천 가지 제품 1,200만개를 생산하는데 수율이 99.9988%(불량률 12ppm)로 효율성을 극대화 하였다. 다른 사례는 미국의 자동차회사 포드(Ford)로 시제품 생산에 3D프린터와 스캐너 등 3D기술을 도입하여 기존 4개월에 50만 달러가 소요되던 것을 4일, 3천 달러로 줄일 수 있게 되었다. 이는 시제품 제작기간과 비용을 줄일 수 있게 기획, 설계를 스마트화한 사례인 것이다. 그리고 미국의 솔즈(Sols)는 스마트폰 애플리케이션과 3D프린터를 이용하여 개인별 맞춤형 깔창을 제작하여 제품에 대한 경쟁력을 확보하게 되었다. 이렇듯 많은 기업들이 다양한 시스템 도입을 통해 스마트공장을 구축한 사례인 것이다. 결국 **스마트 공장은 공장의 효율성을 극대화 시키고자 하는 것이다.**

스마트공장을 장난감 공장에 적용하면 먼저 빅데이터를 활용해서 어떤 종류의 장난감이 어느 시기에 어느 지역에서 수요가 있는지 파악하고 원료를 가장 최적의 시간에 제공하고 이를 최적의 시스템으로 불량을 최소화하고 생산하는 시스템을 갖추게 된다. 또한 유통망과 물류비용을 최적화하여 재고를 최소화하고 단기간에 유통하고 판매할 수 있도록 하는 것이다. 이는 과거데이터를 바탕으로 상품을 기획하고 수요를 예측하고 스마트공장은 IT기술을 통해 최적의 상품을 적기에 생산, 공급하여 재고 없이 공장을 운영하는 전략이 '인더스트리 4.0'이다.

"인더스트리 4.0과 4차 산업혁명은 같으면서도 다르다."

인더스트리 4.0과 4차 산업혁명은 같은가? 다른가? 이에 대한 답은 단순하다. 같으면서도 다르다. 이런 대답은 마치 노래 가사에 있는 '니꺼인 듯 니꺼 아닌 니꺼 같은' 같이 모호하다고 생각할 수 있다. 하지만 결코 모호하지 않다. 인더스트리 4.0은 기술혁신을 통한 제조업 경쟁력강화가 목적인

Chapter 1 | 4차 산업혁명은 무엇인가?

것이다. 이는 제조업, 특히 공장의 최적화를 목적으로 하는 것으로 4차 산업혁명의 기술혁신과는 궤를 같이 한다고 할 수 있다. 이런 면에서 4차 산업혁명과는 같다고 할 수 있다. 하지만 인더스트리 4.0은 제조업 중심의 기술혁신인데 반해 4차 산업혁명은 패러다임을 변화시키는 것이기 때문에 다르다는 것이다. 만약 인더스트리 4.0도 기술 혁신을 통해 패러다임을 변화시킬 수 있다면 같다고 할 수 있지만 그렇지 못한 점이 다른 점이다.

사는 것이 이익일까? 공유하는 것이 이익일까?

"4차 산업시대에 중요한 패러다임의 변화는 '공유경제'이다.

4차 산업시대에 중요한 패러다임의 변화는 소비자의 인식변화이다. 사람은 오랜 세월 물건에 대한 소유 욕구가 강했다. 사람이 물건을 소유를 하게 된 이유는 필요할 때 필요한 곳에서 사용할 수 있어야 하지만 소유하지 않으면 사용할 수 없었기 때문이다. 소유가 필요했던 이유는 생활이 일정 지역으로 한정되어 있어 한정된 공간에서 경제활동을 하기 위해 사용할 수 있는 자원이 적었기 때문이기도 하다. 최근 이동수단의 발달과 정보통신기술의 발달로 이러한 한계가 무너지기 시작함에 따라 공유경제가 시작되고 있다. 주택, 자동차가 가장 소유를 하려고 하는 물건이라고 생각한다. 사람은 한 지역에서 경제활동을 하고 그 지역을 기반으로 생활한다. 그러기 위해 주택이 필요하다. 그리고 특별한 경우가 아니면 한 평생을 그 지역을 중심으로 생활하고 활동하고 있다. 그래서 주택이 필요하고 소유하고자 한다. 자동차 역시 마찬가지이다. 아무리 대중교통수단이 발달되어 있다고 해도 자기가 필요한 시간에 이동하기 위해서는 자동차를 소유하는 것이 편하기 때문이다.

　최근 지역간 이동하는 경우가 많이 발생하고 있다. 과거 주택에 거주하는 시간보다 최근에는 여행, 출장 등으로 한 주택에 거주하는 시간이 훨씬 적을 것이다. 그리고 그 기간도 단기간 보다 한달, 두 달, 1년, 2년 등 장기간인 경우가 많이 발생하는 것도 사실이다. 어떤 지인은 벨기에에서 학교를 졸업하고 인턴은 파리에서 하고 직장은 독일에서 하는 것을 본적이 있다. 다른 지인은 한국에서 학교를 졸업하고 홍콩과 독일에서 근무하기도 하였다. 이는 성인에게만 해당되는 것이 아니다. 부모가 이동을 하게 되면 자녀도 같이 이동하게 된다. 최근 이런 사례는 한 사람의 개인적인 사정이 아닌 많은 사람들에게 일어나는 보통의 사례가 되었다. 예를 들어 내가 미국에서 1개월 정도 일을 위해 가야 한다고 가정하면 이때 고민이 발생한다. 현재 있는 집을 남에게 빌려주고 나는 미국에 가서 렌트를 해야 하는 것이다. 이는 번거롭기도 하고 불편하기도 하다. 특히 이주에 따른 많은 가구, 짐들에 대한 걱정이 먼저 나오게 된다. 하지만 이런 고민을 해결할 수 있는 것이 에어비앤비 같은 공유 플랫폼이다. 에어비앤비는 최초 자기가 가지고 있는 집에 빈방을 해결하고자 일종의 민박과 같은 역할로 시작 했지만 현재는 호텔을 대신한 숙박수단으로 각광 받고 있는 것이다. 이것이 가능한 이유는 누구나 공급자와 수요자의 역할을 할 수 있기 때문이다. 주거도 마찬가지이다. 결국 기간의 문제일 뿐 개념은 동일하다고 할 수 있다. 과거에도 사용이 가능한 주택은 있었다. 하지만 그 주택을 필요한 시기에 필요한 사람에게 연결시켜주는 것이 어려워 수요자가 소유를 통해 이를 해결하고자 했던 것

Chapter 1 　4차 산업혁명은 무엇인가?

이다. 이제 이런 문제는 정보통신의 발달로 충분히 해결할 수 있다.

　자동차를 부의 상징이나 마니아의 귀중한 자산으로 생각하여 소유하고자 하는 경우도 있겠지만 단순히 이동수단으로 인식하는 경우도 많이 생기고 있다. 이렇게 이동수단으로 생각할 경우 합리적 소비를 하고자 하는 사람들에게 변화가 생기기 시작했는데 이것이 바로 '공유경제'이다. 이는 굳이 소유하지 않아도 소유한 것처럼 사용이 가능하다면 소유하지 않을 것이다. 이것을 가능하게 하는 것은 4차 산업기술이 있기 때문이다. 여기서 중요한 사회적변화가 나타나는데 **4차 산업기술이 '공유경제'로 변화를 시작시켰다는 것이다.**

"'공유경제'를 통해 효율성의 극대화를 이룬다."

　자동차는 소유의 개념보다 공유의 개념으로 빠르게 진행되고 있다. 이런 차량공유의 시작은 우버(Uber)이다. 우버는 자동차 소유주를 자동차를 사용하려는 사람에게 연결하는 플랫폼이다. 쉽게 얘기해서 택시인 것이다. 택시와의 차이는 택시는 타려는 사람이 지나가는 빈 택시를 타거나 전화 등을 통해 택시를 이용하는 것인데 반해 우버는 플랫폼을 이용하는 것이다. 사용자는 어떤걸 이용하든지 일정 금액을 주고 이용하는 것이다. 여기에 중요한 차이 두 가지가 있다. 이 두 가지 이유로 택시업계가 우버에게 시장을 급속히 잠식당하고 있는 것이다. 첫째 사용자와 공급자의 가교(다리) 즉, 플랫폼이라는 것이다. 택시는 회사 자체 홈페이지나 시스템을 가지고 만들 수는 있지만 회사 규모에 비해 수요자가 많을 수 없어 효용성이 떨어진다는 것이다. 그렇다면 택시 회사가 모여서 하나의 사이트를 만들면 가능하지 않느냐 하는 것이다. 당연히 가능하다 그렇게 되면 경쟁력을 가지게 된다. 하지만 이것은 해당지역에 한정되는 것이다. 지역의 한계성은 사용자가 다른 지역으로 이동하면 다시 그 지역의 택시 사이트를 다시 깔고 사용해야 한다는 것이다. 이럴 경우 사용방식이나 결제방식들이 달라 사용자는 불편함을 느끼고 지역에 상관없이 이용 가능한 방식인 우버를 사용하게 되는 것이다. 그럼 국가단위로 택시 회사가 사이트를 만드는 것은 가능하지 않는가 하는 질문이다. 가능하다. 하지만 이미 기회는 지났고 시장은 고착화되어 버렸다. 그나마 우리나라는 우버에 대해서는 법률로 보호를 받아 가능 할 수 있으나 시장은 카카오 택시에게 이미 잠식 당한 상태이다. 만약 택시회사가 지금 있는 우버시스템을 도입하게 되면 택시회사는 서비스를 제공하는 제공자의 역할로 한정되고 우버는 서비스 제공을 연결하는 플랫폼 역할을 하는 것이다. 결론은 재주는 곰이 부리고 돈은 누가 번다는 식이 되는 것이다.

 자동차의 공유경제로 변화는 우버로 끝나는 것인가? 아니다. 우버 방식보다 근본적인 해결책을 제시한 것이 카쉐어링(Car Sharing)이다. 카쉐어링은 자동차를 소유하지 않고 다른 차를 공유하는 것이다, 다른 차를 공유한다는 의미는 내가 소유한 차를 공유하는 것이 아니라 남의 차를 내 차처럼 이용한다는 것이다. 예를 들어 광화문에서 수원시청까지 가는데 이용할 수 있는 수단은 많이 있다. 자가용으로 가는 방법, 택시로 가는 방법, 서울역까지 이동해서 기차로 수원역에 도착하고 다시 수원시청으로 가는 방법, 렌트카를 이용하는 방법 등이 있다. 이렇게 다양한 이동수단 중에서 이동수단을 결정하는 요소는 시간과 비용이다. 가장 빠르고 가장 싼 이동수단을 선택하게 되는 것이다. 이런 고민의 해결책이 카쉐어링이다. 카쉐어링

| Chapter 1 | 4차 산업혁명은 무엇인가?

은 마치 내 차처럼 이용할 수 있기 때문이다. 카쉐어링에서 중요한 요소는 장소와 시간이다. 내가 원하는 시간에 원하는 장소에서 사용이 가능해야 하는 것이다. 이런 문제를 해결해 준 것이 플랫폼이다. 플랫폼은 사용자가 원하는 장소, 시간에 사용 가능한 차량을 연결시켜줄 수 있기 때문이다. 또한 빅데이터를 이용하여 가장 많이 사용하는 시간, 장소에 차량을 대기시키고 이를 사용할 수 있게 하여 이용의 효용성을 극대화 이룰 수 있게 되는 것이다. 이런 기술들은 구현되고 있고 구현 가능한 기술이기도 하다.

"자동차의 95%는 폐기 처분 되어야 한다."

공유경제에서 중요한 것은 효용성이다. 합리적 소비를 한다는 것을 전제로 하고 소유하지 않고도 공유를 통해 소유한 것처럼 이용이 가능하다면 사람들의 선택은 '공유'가 당연할 것이다. "센스 메이킹"의 저자 크리스티안 마두스베르크(컨설팅업체 레두어소시에이츠 창업자)는 포드의 조사결과를 인용해 "고객의 자동차 중 95%는 어딘가에 주차되어 있다."라고 했다. 이는 자동차가 하루에 5%만 운행하고 있다는 것이다. 여기에서 공유경제가 가능한 이유가 나오게 된다. 만약 모든 시스템이 완비되어 차량 운행을 극대화 할 수 있다면 지구상에 있는 자동차의 95%는 필요가 없게 되는 것이다. 즉 5%만 가지고 차량이 운행되어도 문제가 없다는 것이기도 한 것이다. 이는 가정일 뿐 불가능에 가까운 것이다. 하지만 운행하고 있다는 차량 5%의 10배인 50%만 제대로 운행한다고 가정해도 최고의 효율성은 가능할 수 있지 않을까 생각해 볼 수 있다. 그렇다면 현재 자동차의 반이 줄어든다는 것이고 차량의 50%가 줄어들면 도로, 에너지 등 엄청난 자원을 절약하고 자동차로 인한

공해 등의 문제를 해결하는데 기여할 것은 당연하다.

　차량공유에서 중요한 것은 원하는 시간과 장소에서 사용이 가능 하느냐의 문제이다. 이를 가능하게 하는 것은 빅데이터 기술, 플랫폼 등 4차 산업 기술이 있기 때문이다. 먼저 수요자와 공급자를 연결하는 플랫폼이 필요하다. 이 플랫폼은 기존에 있는 플랫폼과 크게 차이가 없다. 단지 공급자와 수요자의 숫자가 많으면 많을수록 효과가 극대화 되는 것이다. 다음은 빅데이터기술을 통한 차량 공급이다. 차량 이동경로와 시간을 데이터화 하는 것이 중요하다. 김씨가 아침 8시에 도곡동 집에서 출발해서 9시에 광화문 사무실에 도착하고 12시에 점심식사 하러 여의도에 갔다가 1시에 귀사하고 6시에 퇴근해서 7시에 집에 귀가한다. 이러한 데이터가 축적되면 언제 어디에 차량수요가 있고 어떻게 이동되는지 예측이 가능하게 된다. 이런 데이터를 기준으로 차량을 관리한다면 최소의 차량으로 최대의 효과를 낼 수 있게 되는 것이다. 이럴 경우 많은 사람들은 '이론적으로 가능하지만 데이터를 어떻게 모을 수 있나?' '데이터가 있다고 100% 예측이 가능한 가?' 등의 의문을 제시할 수 있다. 우리나라에는 이런 차량운행 데이터를 모을 수 있는 방법은 여러가지가 있다. 보험사는 고객의 운행기록을 보험료에 반영하고자 OBD(운행기록자기진단장치)를 보급한 적이 있다. 이를 보험사가 아니고 자동차 회사가 신차에 부착하고 나온다면 데이터 수집은 훨씬 수월할 수 있다. 수집된 데이터를 무선으로 받는다면 고객은 전혀 불편함 없이 데이터는 모을 수 있다. 여기에 카드사의 카드 사용 내용을 같이 분석한다면 필요한 차량의 종류도 예측이 가능하다.

　플랫폼과 빅데이터 기술 등은 4차 산업의 주요 기술이기도 하다. 현재 개발이 진행되고 있는 자율주행기술과 인공지능기술 등이 더해지면 차량공

Chapter 1   4차 산업혁명은 무엇인가?

유는 급속히 증가할 것이다. 자율주행기술이 더해지면 우버나 카쉐어링처럼 누군가는 차량을 이동시키고 일정장소에 가져가야 하는 일을 지율주행기술이 대신해줌으로 현재 차량공유시스템이 가지고 있는 문제를 해결할 수 있다. 이런 문제가 해결되면 차량공유의 확대는 당연하다.

2) 고용 형태도 변화한다

"4차 산업혁명의 화두는 일자리이다."

2016년 1월 세계경제포럼은 'Global Challenge Insight Report'에서 'The Future of Jobs – Employment, Skills and Workforce Strategy for the Fourth Industrial Revolution-'라고 근로자의 일자리에 대한 화두를 던졌다. 이 보고서에서는 2020년까지 조사대상 15개국의 일자리 중 710만개가 줄고 반대로 200만개의 일자리가 생겨 총 510만개의 일자리가 줄어든다고 예측했다. 이에 대한 원인으로 '기술혁신'을 꼽았다. 이런 기술혁신에 해당하는 기술을 4차 산업기술이라고 할 수 있는데 이런 기술은 인공지능, 사물인터넷, 빅데이터, 정보통신기술, 3D프린터, 로봇 등 다양하다. 이런 기술혁신이 우리 생활에 변화를 가져온다고 예상했다. 보고서 초반에 현재 어린이가 성장하여 직업을 가져야 하는 나이가 되었을 때 65%는 현재 존재하고 있지 않는 새로운 직업을 가지게 될 것이라고 지적했다. 이런 지적은 지금의 기술이 어린이들이 직업을 갖게 되는 시기(10년~15년 후 추정)까지 지속되지 않는다는 것을 의미한다고 할 수 있다. 세계경제포럼이 예측한 2020년

까지 예측을 보면 사무관리직 일자리가 475만개가 감소하고 제조업 일자리가 160만개 줄어든다고 예측했다. 세계경제포럼이 예측한 감소하는 일자리의 특징은 기계 또는 인공지능 등으로 대체가 가능한 일자리이다.

  4차 산업혁명은 패러다임의 변화를 가져온다. 이런 변화에는 긍정적인 변화뿐 아니라 부정적 변화도 포함되어있다. 일자리 문제가 바로 부정적 변화이다. 과거 산업혁명 당시 증기기관차가 도입되고 자동차가 개발 되면서 이동수단이 마차, 수레에서 자동차, 기차 등 동력기계로 변화한 적이 있다. 당시 많은 기존 산업에서 반발이 있었고 많은 사람들의 일자리가 없어지는 부작용이 나타났다. 하지만 반대로 자동차 운전기사, 기차 기관사 등 새로운 직업들도 나타나게 되었다. 이렇듯 일자리가 없어지는 대신 새로운 일자리가 나타나고 사라지는 직업영역을 대신하게 되는 것이다. 하지만 **4차 산업혁명에서 나타나는 문제는 사라지는 일자리가 새로 생기는 일자리보다 절대적으로 많다는 것이 문제인 것이다.**

"4차 산업혁명 시대를 대비하는 일자리 솔류션(Solution)이 필요한 시기이다."

  세계경제포럼은 적절한 시기에 맞는 화두를 던졌다고 생각한다. 하지만 한국은 세계경제포럼이 던진 4차 산업혁명의 화두를 일자리 감소라는 측면보다 기술혁신에 관심을 두는 것 같은데 일자리 문제도 같이 고민해야 한다고 생각한다. 특히 일자리는 개인의 차원에서 고민되는 문제지만 고용의 형태는 기업에서 고민해야 할 내용이다. 이에 대한 고민 없이는 기업은 후유증을 겪게 될 것이다. 이에 대한 현명한 솔루션이 필요한 시기이다.

Chapter 1   4차 산업혁명은 무엇인가?

(출처: http://www3.weforum.org/docs/WEF_Future_of_Jobs.pdf)

"일자리 창출이 나날이 어려워진다."

최근 '청년실업', '고용 없는 성장' 등 일자리에 대한 사회적 고민이 심각한 것이 사실이다. 이런 일자리에 대한 사회적 고민은 일시적인 문제가 아닌, 과거의 문제가 아닌, 미래가 더 큰 고민이라는 것이 문제이다. 이런 문제가 발생하는 것은 기업구조, 기술구조가 점점 일자리 창출로 연계되지 않는다는 것이다. 기술혁신으로 경제는 성장하고 규모는 커지지만 일자리 증가와 비례하지 않는다는 것이다.

2017년에 경제전문가들은 세계경제의 불확실성을 얘기할 때 불확실성 이유 중 하나를 미국의 트럼프정부 출범으로 꼽았다. 미국 대통령선거에서 트럼프는 힐러리 후보와 접전할 것으로 예상되었으나 많은 선거인단 차이로 대통령으로 당선되었다. 대통령으로 당선된 트럼프의 선거공약 중 하나는 제조업공장의 미국으로 회귀였다. 이 공약의 주요 내용은 제조업 부흥을 통한 일자리 창출이라고 할 수 있다. 예를 들어 디트로이트는 자동차 중심의 제조업 도시인데 자동차기업이 멕시코 등 해외로 이전해 사라진 일자리를 디트로이트로 다시 자동차공장을 이전하게 하여 제조업 도시로 다시 환원시키겠다는 공약이었다. 정치분석가들은 이 선거공약이 미국 백인 노동자들을 중심으로 확산되어 트럼트를 대통령에 당선시켰다고 분석했다. 과연 제조업의 효과가 무엇이길래 트럼프를 대통령으로 만들었는가 하는 것이다. 일자리는 경제 활성화를 의미하기 때문이다. 모든 산업의 기반이 되는 것이 제조업이다. 또한 제조업은 많은 일자리를 창출하고 일자리를 얻은 노동자는 소비를 하고 소비된 재원은 다시 생산을 일으키는 순환구조를 가지게 되어 경제를 활성화시킨다. 하지만 여기서 트럼프가 간과 한 것은 미국의 제조업이 과연 일자리 창출로 이어질 수 있느냐 하는 것이다. 미국 노동자 임금은 어느 국가보다 높은 편이다. 이는 기업으로 하여금 공장을 미국에 건설하더라도 가격 경쟁력을 가지게 하기 위해서는 노동자보다 로봇 등 자동화와 사물인터넷 등의 기술 도입을 선호하게 만들 것이다. 이는 아이러니하게 노동자 일자리를 창출하고자 하는 정책이 생각보다 일자

Chapter 1 4차 산업혁명은 무엇인가?

리 창출은 일어나지 않고 **4차 산업혁명을 가속화하여 장기적으로 일자리를 더욱 줄이게 하는 반대효과가 나타날 것이다.**

나도 예전에 잘 나가던 전문가인데.

"언제까지 전문가로 있을 수 있나?"

우리가 하던 일의 방법뿐 아니라 일의 주기가 변화하고 있다. 일의 방법과 주기의 변화는 매우 중요하다. 책이나 신문 등을 발행하는 인쇄방법은 1970년대까지는 활자를 가진 활판인쇄, 1980, 90년대는 오프셋인쇄(Offset Printing), 2000년대 이후는 CTS(컴퓨터 편집 조판 시스템)로 변화하였다. 거의 30년 만에 인쇄 방법이 완전히 변화한 것이다. 우리가 여기서 주목해야 할 내용은 단순히 인쇄 방법의 변화가 아니라 업에 종사하는 사람들의 변화를 볼 필요가 있다.

1970년대까지 주로 사용됐던 활판인쇄는 관련된 인력들이 많았고 인력들은 전문가로써 인정 받던 일자리였다. 활판인쇄를 하기 위해서는 1단계에는 활자를 주물로 만들어내는 활자주조공, 2단계에는 활자를 일정한 틀 상자(활판인쇄에서 원고의 글자대로 활자를 뽑아 모아 담는 상자)에 담아 글자모양과 크기 등을 정리하는 문선공(文選工), 3단계에는 원고에 따라 배열하고 편집하여 조판(組版, 활자로 판을 만드는 작업)작업을 하는 식자공(植字工), 조판 후 교정을 담당하는 정판공(整版工), 4단계에는 인쇄판으로 인쇄를 담당하는 인쇄공(印刷工)이 있었다. 이렇듯 활판인쇄 시절에는 이와 관련된 활자주조공, 문선공, 식자공, 정판공,

인쇄공 등 여러 전문가가 있었다. 하지만 인쇄 방법이 바뀌면서 이 많은 전문가들은 일순간 일자리를 잃고 업계에서 떠났다. 최근 인쇄방식인 CTS는 활자를 쓰지 않고 컴퓨터식자시스템을 통해 조판과 인쇄까지 전 과정을 컴퓨터로 작업이 이루어져 기존 활자인쇄의 방법과는 완전히 다르게 되었다. 결국 책, 신문 등 결과물은 동일하지만 과정은 완전히 다른 방식으로 기술혁신이 되었기 때문이다. 이렇듯 활자인쇄에서 오프셋인쇄로 컴퓨터 편집조판 시스템으로 바뀌면서 활자인쇄 분야에 있던 거의 모든 사람들은 업에서 떠나야 했고 교체된 것이다. CTS는 금속활자가 발명된 1300년대 말 고려시대부터 이어져온 직업을 불과 몇 년만에 사라지게 한 것이다. 이렇듯 지금하고 있는 업에서 지속적으로 전문가로 남을 수 있는 가는 의문이다. 의문이 아니라 전문가로 남을 수 없다. 세계경제포럼보고서에서 현재 초등학생의 65%가 현재 존재하지 않는 새로운 직업을 가진다고 예측한 것처럼 지금 있는 기술이 존속하기도 어렵고 전혀 다른 기술로 대체될 가능성이 높기 때문이다.

 기술혁신은 다양한 고객의 요구를 만들고 이런 고객의 요구는 기업간 경쟁심화로 다양한 제품이 나오고 있다. 이는 새로운 제품이 나오는 것만이 아니고 제품수명주기(Product Life Cycle)도 단축되는 것을 의미한다. 이런 제품(서비스)수명주기가 짧아진다는 것은 그걸 생산(제공)하는 프로세스가 변화한다는 것이고 프로세스의 변화는 일자리에도 변화를 가져 온다는 것을 의미한다. 일의 방법과 주기를 변화시킨다는 것은 일자리의 변동성이 대단히 커진다는 것을 의미한다. 이런 변동성은 안정적인 일자리를 보장 받을 수 없고 끊임없이 자기 개발 또는 새로운 일자리를 찾아야 된다는 의미이기도 하다. 이렇듯 4차 산업혁명이 패러다임을 변화시킨다는 것이 무서운 점은 단순히

Chapter 1 | 4차 산업혁명은 무엇인가?

기술혁신으로 끝나는 것이 아니라 우리 일자리, 삶의 터전을 변화시킬 수 있기 때문이다.

"이제는 전문가의 수명은 5년이다. 항상 새로운 전문가가 되어야 한다."

사람들은 고등학교, 대학교에서 배운 지식을 기반으로 직업을 가지고 이 지식을 바탕으로 현장에서 업무가 가능했고 현장에서 얻은 지식을 통해 전문가로 일을 하는데 불편함이 없었다. 그리고 그런 현장의 경험과 지식은 전문가로서 인정받을 수 있었고 실제 업무에 반영되고 처리될 수 있었다. 하지만 4차 산업시대는 전문가의 의미는 퇴색될 수밖에 없다. 예를 들어 의료기술의 발전을 보면 사람을 진료하고 처방을 하는데 당연히 의사는 필요하지만 환자를 진료하는데 많은 의료기기들이 동원되는 것도 사실이다. 4차 산업시대 의료기술은 인공지능, 빅데이터 등의 기술을 통해 의사가 감지 못하는 부분도 처리할 수 있게 진화하고 있는데 이런 의료기기를 다루는 전문가들은 끊임없이 진화하는 기술을 학습해야만 전문가로서 직업을 지속할 수 있게 된다. 만약 이런 4차 산업기술의 변화에 적응하지 못하고 학습하지 못한다면 전문가로는 직업을 지속할 수 없게 되는 것이다.

4차 산업시대 기술의 유효기간이 얼마나 될까? 4차 산업시대 기술의 유효기간은 길어야 5년을 넘지 못할 것으로 보인다. 그러면 5년마다 다른 기술을 습득해야만 생존할 수 있게 되는 것이다. 결국 끊임없이 새로운 기술을 학습하고 터득하고 적응하지 못하면 사회에서 도태되고 생존할 수 없게 되는 것이다. 결국 일자리는 고등학교, 대학교의 교육을 통해 얻어지는 것이 아니고 개인의 끊임없는 학습을 통해서 지속 될 수 있는 것이다.

기업의 구조가 변함에 따라 고용의 형태도 변화한다.

"시티은행은 한국에 있는 지점 80%를 없앤다."

2017년 글로벌은행인 Citi Bank(시티은행)은 한국에 있는 지점 80%을 없앴다고 발표했다. 오랜 역사와 세계적 규모의 시티은행이 지점 80%을 없앴다고 했을 때 많은 사람들은 의아해 했고 결과에 의문을 제기했다. 하지만 나는 이 결정에 100% 동의하고 시기적으로 늦었다고 생각한다. 이유는 간단하다. 은행지점은 지역에서 고객이 방문해서 은행 업무 처리를 목적으로 만들어졌다. 은행 업무가 온라인화 하기 전에는 가장 우수한 고객 접점 방법이었고 지점을 통해 업무를 처리하는 것이 당연했다. 하지만 지금은 거의 모든 은행업무가 온라인, 모바일화 되었다. 이는 고객이 은행을 방문하지 않고도 은행업무를 처리할 수 있는 것이다. 고객은 대부분 인터넷뱅킹을 사용하고 있고 기업 역시 상당부분 업무를 온라인으로 처리하고 있다. 시티은행도 개인 거래 중 지점을 통하는 비중은 5%에 불과하다고 했다. 이렇듯 온라인을 통한 은행업무 처리가 대부분 이루어지고 있고 업무처리에 지장이 없는 상태에서 지점을 운영하는 것은 의미가 없다. 의미가 없는 것이 아니라 고정비로 인해 수익의 악화를 초래하는 것이다. 지금은 은행지점에서 업무를 처리하는 고객이 거의 없어 지점의 생산성은 현저히 줄어들 수 밖에 없다. 그리고 인터넷뱅킹을 통해 업무가 이루어지고 있어 굳이 많은 인력이 필요 없게 된 것도 사실이다.

은행의 근본이 되는 비즈니스모델은 단순하다. 고객들로부터 화폐를 받아(수신업무)를 화폐가 필요한 고객에서 빌려주는(여신업무) 업무이다. 말 그대로

Chapter 1 | 4차 산업혁명은 무엇인가?

돈을 받아서 필요한 사람에게 빌려주는 다리역할을 하는 것이다. 최근에는 단순히 여·수신업무만이 아닌 기업금융, 투자은행 등 다양한 업무가 있지만 은행의 비즈니스모델 근간은 여·수신기능이다. 이런 여·수신 업무가 온라인으로 변화한 것은 오래 전 사실이다. 그럼에도 은행들은 인력에 대한 구조를 새롭게 하지 못하고 유지하고 있었던 것이 사실이다. 그에 비해 시티은행이 지점의 80%을 폐쇄한다는 결정은 필요하고 현명한 결정이라고 본다.

인공지능, 음성인식기술 등 4차 산업기술로 인해 업무의 온라인화는 더욱 가속될 것이다. 예를 들어 많은 사람들은 은행 콜센터를 이용한다. 콜센터는 과거 사람들이 지점을 통해 면대면하던 은행업무를 전화를 통해 하게 한다. 현재 은행 콜센터는 많은 인력으로 고객을 응대하고 있다. 하지만 4차 산업기술은 이런 콜센터 직원의 고객응대를 기계(프로그램)가 대신하도록 한다. 이런 고객응대가 가능하게 되는 기술은 음성인식기술이다. 4차 산업기술에서 주요 기술 중 하나인 음성인식기술은 단지 음성을 인지하는 것뿐 아니라 양방향 대화가 가능하도록 한다. 이는 고객의 질문에 대응할 수 있고 인공지능은 대화의 내용을 심도 있게 파악할 수 있다는 것이다. 그리고 음성인식기술과 인공지능기술이 융합하여 어떤 언어도 번역될 수 있어 은행 콜센터가 어디에 있더라도 고객응대에 문제가 되지 않는다. 이를 달리 얘기하면 콜센터를 인도에 만들어도 전 세계 고객을 대상으로 업무처리 하는데 문제가 없다는 것이다. 예를 들어 내가 한국에서 은행업무를 위해 인도에 있는 콜센터로 전화해도 기계가 대응할 수 있다는 것이다. 이것이 4차 산업시대의 일상이 되는 것이다.

"일자리문제는 은행만의 문제가 아닌 모든 기업의 고민이다."

은행고객이 오프라인에서 온라인으로 이동함에 따라 오프라인 조직 축소는 당연하다. 이렇게 오프라인 조직은 축소하되 전체 조직을 보존하기 위해서는 오프라인조직을 온라인으로 개편하여야 한다. 여기서 중요한 것이 오프라인조직이 온라인으로 개편 될 수 있느냐 하는 것이다. 오프라인 조직이 온전히 온라인으로 개편되기는 불가능하다. 하지만 최대한 온라인으로 전환하기 위해서는 4차 산업기술에 대한 교육이 필요하다. 결국 은행은 은행원의 직무이동을 고민하고 재교육하지 않으면 은행원은 일자리를 영영 잃게 되는 것이다.

일자리 문제는 단지 은행의 문제만이 아닌 모든 기업이 가지는 문제이다. 4차 산업시대 초기 기업이 어떻게 대응할지를 위한 조직은 최소화로 가능하다. 이 조직은 단지 4차 산업시대의 업에 대한 비즈니스모델을 만드는 조직에 불과하고 기존조직(임직원)을 어떻게 변화시킬 것인지는 별도로 고민하고 준비해야 한다. 4차 산업혁명은 기업의 인력 감축과 오프라인 조직의 축소를 가지고 올 것은 당연하다. 이러한 구조는 오프라인 조직을 필연적으로 감축시킬 수 밖에 없다. 이는 오프라인의 판매조직을 축소시키고 점포와 매장 수를 축소시키는 연쇄작용을 일으킬 것이다.

국내 대부분의 기업은 임직원의 일자리에 대한 문제를 구조조정으로 처리하려고 한다. 이는 너무 잘못된 생각이다. 이렇게 처리하고자 하는 관점은 현재 인력이 업의 본질의 변화에 적응하게 하는 것보다 구조조정으로 처리하는 것이 편하기 때문이다. 하지만 기업이 업의 본질의 변화를 인정하면 비즈니스모델이 변화될 것이고 비즈니스모델이 변화하면 그 비즈니

Chapter 1 4차 산업혁명은 무엇인가?

스모델에 맞는 조직구조로 일자리 문제도 해결될 것이다.

"기업은 효율적 인력관리를 원하게 된다."

    4차 산업시대에서 고용형태는 변화할 수 밖에 없다. 이제까지 주목해온 기술(시스템), 제품(서비스) 등 모든 4차 산업혁명을 구성하는 인자들이 지향하는 방향은 결국 최소의 자원으로 최대의 효과를 얻고자 하는 것이다. 특히 고용을 하고 일자리를 제공하는 기업측면에서는 더더욱 지향할 수 밖에 없는 방향이다. 만약 기업이 최소의 자원으로 최대의 효과를 지향하지 않는다면 기술혁신을 할 필요도 없고 굳이 4차 산업기술을 활용할 필요도 없을 것이다. 하지만 이렇게 되면 기업의 지속가능성은 없어지고 기업의 생존은 보장할 수 없게 되는 것이다.

    4차 산업혁명이 본 궤도에 이르게 되면 고용형태에 큰 변화가 나타날 것이다. 기업은 자원의 최소화와 효율성 등을 위해 많은 인력을 인공지능, 로봇 등으로 대체하게 될 것이다. 이에 따라 많은 사람들의 일자리에 대한 불안정성은 가속화 될 것이다. 이런 불안정성을 더하게 되는 것은 통신기술의 발전이다. 일자리에 통신기술의 발전을 연계하는 것은 의아해 하게 보일지 모른다. 하지만 전혀 그렇지 않다. 통신기술의 발전은 사람을 시간과 장소를 구애 받지 않게 할 수 있다. 만약 내가 집에 있어도 사무실에서 하는 것과 같은 똑 같은 업무를 할 수 있고 히말라야 산 꼭대기에 있어도 동일하게 할 수 있다. 4차 산업시대에는 현장에서 하는 일은 현저하게 줄어든다. 현장이라고 하면 업무를 수행하는 고정적인 장소를 의미하는데 현장의 웬만한 일들은 로봇, 인공지능 등이 담당하거나 굳이 관리직도 고정된 사무실이 반드시 필요하지 않게 되기 때문에 사람이 현장에서 근무할 필요가 적어진다는 것이다. 이는 많은 사람들이 사무실이 아닌 장소에서 근무가 가능하다는 것이다. 최근 많은 기업들이 사무실 없는 근무형태로 전환하고 있다. 사무실이라 해도 공용으로 사용할 수 있게 하거나 필요 시 사용하게 하는 것이다. 이런 형태의 변화는 IT기술, 통신기술 혁신이 가져오는 패러다임의 변화이다. 이렇게 현장 환경이 바뀌면 고용환경도 변화하게 된다.

기업은 인력에 대해 효율적 관리를 원한다. 이런 효율적 관리를 위한 모델이 발전하고 구조화 되면 기업은 인력운영에 변화를 가질 수 밖에 없다. 예를 들어 스마트폰의 새로운 기능을 개발하기 위한 조직을 만들어야 할 경우 정규직으로 고용하여 운영할 필요가 없어진다. 이런 기술개발은 기술개발플랫폼을 통해 국적, 나이, 경험 등 상관없이 다양한 사람들을 참여시키고 이를 통해 새로운 기능을 개발하면 된다. 아니면 기술개발플랫폼을 통해 다른 기업의 기술을 공유하고 새로운 기능을 공유할 수도 있다. 이렇게 기업의 업무형태가 변화하는 것은 고용형태의 변도는 불가피하게 한다.

"고용행태 변화가 기업측면에서 바라보는 관점이라면 일자리형태의 변화는 개인측면에서 바라보는 관점이다."

고용형태가 기업측면이라면 일자리는 개인측면에서 바라보는 것이다. 기업이 고용형태의 변화를 가질 수밖에 없다면 개인은 일자리에 대해서도 변화를 인지하고 변화에 준비해야 한다. 어떤 산업혁명이든 기술혁신이든 사회가 발전하면 사라지는 업종이 있고 새롭게 생기는 업종이 있기 마련이다. 4차 산업혁명이라는 화두를 던진 세계경제포럼도 기술혁신으로 인해

Chapter 1 4차 산업혁명은 무엇인가?

일자리 감소를 우려 했고 사라지는 직업과 새롭게 생기는 직업을 통해 패러다임의 변화를 경고한 것이다. 여기서 중요한 것은 절대 일자리가 줄어든다는 것이다. 굳이 사라지는 직업, 새롭게 생기는 직업에 대해 논하기 보다 일자리의 형태가 어떻게 변화하는지가 더 중요하다고 생각한다. 이유는 개인들의 일자리 전환은 개인의 능력과 교육 방법 등에 의해 전환되어야 하지만 일자리 형태의 변화는 패러다임의 변화로 인해 생기는 것이기 때문이다. 4차 산업혁명이 발전하면 할수록 모든 산업의 제품(서비스)주기는 짧아진다. 제품의 수명주기, 생산 방식의 주기, 시장의 주기 등 거의 모든 주기들이 짧아 짐에 따라 개인이 가지는 능력도 짧아지게 된다. 이렇게 되었을 때 기업은 짧아진 주기에 맞게 인력을 운영할 수밖에 없는데 만약 4차 산업시대에도 기존 인력 운영방법 외에 업무를 수행할 방법을 찾지 못한다면 지금처럼 업무를 수행할 인력을 정규직으로 고용할 수 밖에 없지만 다른 대안이 있다면 굳이 정규직으로 고용할 필요가 없어지게 된다. 4차 산업시대는 이런 업무 수행 대안이 넘치게 된다. 개인은 자기의 능력주기가 짧아짐에 따라 지속적인 교육을 통해 일자리를 찾을 수 밖에 없게 된다. 결국 기업은 필요한 인력을 단기적으로 고용하는 형태로 변화할 것이고 이는 정규직이 아닌 비 정규직으로 운영할 수 밖에 없을 것이다.

프리랜서는 자신이 어느 직장에 소속되지 않고 일을 찾아 일을 수행하는 형태를 말한다. 4차 산업기술은 이런 프리랜서 형태를 확산시킬 것이다. 많은 기업은 효율의 극대화를 위해 고용을 점차 줄여나간다. 특히 4차 산업기술이나 Industry 4.0 같은 기술혁신은 제조업이든, 금융업이든, 서비스업이든 모든 경제활동에서 인력 고용을 최소화하는 형태로 진행되고 있다. 이렇듯 고용 없는 성장 즉, 인력이 불필요한 구조로 변화되는데 어느 한 기업의 직원이 된다는 것은 매우 어려운 일이 될 것이다. 그리고 많은 플랫폼이 발전, 확대되면서 기업은 필요한 인력을 확보하는 대신 필요한 시기에 필요한 인력, 기술, 서비스 등을 대체할 수 있어 기업은 최소의 인력으로 운영되는 구조로 확대될 수 밖에 없다.

고용은 법에 의해 보호 받지만 국가, 기업, 개인 모두 상생해야 한다.

"학교가 아니고 기업이 교육시킨다."

    인쇄산업은 기술혁신을 통해 변화하였다. 이런 기술혁신은 기존 방법으로 일을 처리하던 사람들을 대부분 일자리를 잃고 현장을 떠나가게 했다. 인쇄방법의 기술혁신은 시사하는 바가 크다. 기업은 시간과 인력을 줄여 생산성이 향상된다면 혁신된 기술을 도입할 수밖에 없다. 기술혁신을 도입하는 데는 동의하는데 고용된 직원들에 대해서는 어떻게 해야 하느냐의 문제이다. 4차 산업혁명 이전에는 한가지 기술을 가지고 10년 이상 아니 그 이상 활용하는데 문제가 없었다. 하지만 4차 산업기술은 기술수명을 단축시키고 있다. 결국 직원은 기술을 가지고 있어도 그 기술을 활용하는데 시간적 한계를 가질 수 밖에 없다는 것이다.
    교육이라고 하면 학교에서 이루어진다고 생각한다. 학교에서 배우는 지식도 중요하지만 기업은 다른 지식을 요구한다. 기업이 가지는 업, 기업이 가지는 기술, 기업이 가지는 서비스 등 기업의 비즈니스모델을 수행하기 위한 지식을 요구하는 것이다. 여기서 문제가 발생한다. 개인이 가진 지

Chapter 1 4차 산업혁명은 무엇인가?

식은 학교에서 배웠거나 현장에서 얻은 것이 대부분인데 기술혁신으로 기술의 주기가 짧아져 개인이 대응하기도 전에 과거 지식이 되어버리기 때문이다. 이 점이 문제해결을 위한 답이다. 결국 문제해결을 해야 하는 시점이 기업에서 요구하는 능력이 있어야 하는 시점이므로 교육에 대해서도 기업의 몫이 되어버린다. 4차 산업시대에는 기업이 기술혁신 주기에 맞춘 교육을 할 수밖에 없다. 기업이 교육을 시킨다고 하면 부담과 거부감이 있다. 이유는 기업교육의 목적은 개인의 발전을 위하기 보다 기업에 맞는 인력을 만들기 위한 교육이라는 선입관이 있기 때문이다. 하지만 4차 산업시대에는 그런 고민보다 생존이 우선 될 것이다. 이 말은 기업도 새로운 기술혁신에 생존하기 위해 변화해야 하고 개인도 마찬가지로 생존을 위해 변화된 교육을 받을 수밖에 없다는 것이다. 만약 기업이 직원에 대한 교육을 무시하거나 등한시 하게 된다면 개인은 생존할 수 없고 기업도 마찬가지로 생존할 수 없게 된다.

"제언: 안식년을 통해 재교육의 기회를 국가가 책임져야 한다."

4차 산업시대 개인의 교육은 매우 중요하다. 하지만 교육에는 시간과 비용이 필요하다. 만약 기업이 이런 시간과 비용을 모두 책임져야 한다면 기업의 부담은 가중될 것이고 기업의 수익은 악화될 것이다. 여기서 필요한 것이 국가의 역할이다. 국가는 국민이 안정적으로 생활할 수 있는 토대를 마련해주어야 한다. 하지만 4차 산업시대에는 이런 안정적 생활이 구조적으로 어렵게 된다. 이유는 너무 빨리 변화하고 그 변화의 폭이 혁명에 해당할 만큼 크게 변화하기 때문이다. 이런 변화 속에 개인의 생존에 필요한 지식은 다양하게 되는데 이에 대한 재교육 없이는 생존하기 어려운 시대가 된 것이다. 이런 재교육을 개인에게 맡기게 된다면 개인은 재교육을 받을 수 없다. 이유는 첫째 재교육을 받기 위해서는 기업과 협의가 되어야 하는데 기업과 협의하기는 어렵다. 기업은 직원이 일정기간 교육을 받기 위해 자리를 비우는 것을 인정하기 어렵기 때문이다. 둘째 비용문제이다. 재교육을 위해서는 단기간의 교육이 아니라 6개월 이상의 시간이 필요하다. 이 경우 교육비뿐 아니라 생활비까지 개인이 부담해야 한다면 어느 누구도 재교육을 받으려 하지 않을 것이다.

이런 문제를 해결하기 위해서는 국가가 책임을 져야 하고 변화해야 한다. 현재의 노동구조를 변화시켜야 하는데 이에 대한 제언을 하고자 한다. '안식년 제도를 도입하자'라는 것이다. 현재 국가는 일자리 창출 방법으로 노동시간 단축에만 관심을 가지고 있다. 우리나라가 노동시간이 많은 것은 사실이지만 노동시간을 법적으로 어떻게 줄일지 의문이다. 대기업이나 공공기관을 중심으로 가능할 지 모르지만 모든 기업을 대상으로는 현실적으로 회의적이다. 이에 대해 **노동시간을 인정하고 안식년을 도입하는 것이다.** 10년에 1년 단위로 안식년을 도입한다면 현재 노동시간을 인정하고 줄이는 대신 한꺼번에 안식년으로 사용하게 하고 이를 재교육의 시간으로 활용하는 것이다. 단, 재교육에 필요한 비용은 일부 국가가 부담한다. 이는 보험을 통해 가능할 것이다. 현재 4대보험을 운영하듯이 교육비를 사전에 징수하는 것이다. 비용은 근로시간이 줄어들지 않아서 얻어지는 기업의 이익과 정부가 부담할 경우 충분히 가능하다고 판단된다. 중요한 것은 국가, 기업, 국민 모두가 상생할 수 있어야 한다는 것이다.

Chapter 1 4차 산업혁명은 무엇인가?

3) 패러다임을 바꾸는 Key Word(키워드)

"기존 사고(思考)를 파괴하고 가진 자원을 재편하여 미래를 준비하고 하이브리드한 사고로 새로운 것을 창조해야 한다."

　4차 산업혁명을 주도하는 키워드는 4차 산업혁명을 이해하는데 매우 중요하다. 이유는 기술혁신이 아닌 사회를 변화 시키는 키워드로 기업에 대해 방향을 제시할 수 있기 때문이다. 4차 산업혁명은 과거의 산업혁명과는 다른 방향으로 진행되고 있다. 특히, 과거에 비해 짧은 시간에 이루어 지고 있고 기존 산업방식과는 다르게 다양한 형태로 나타나고 있다. 4차 산업혁명에서 우리가 주목해야 할 부분은 미래에 대한 불확실성이다. 불확실성은 다른 형태로 나타나는 다양성을 말한다.
　4차 산업시대에서 패러다임을 변화시키는 키워드는 '파괴', '재편', 하이브리드', '창조'이다. 4차 산업시대 키워드의 본질은 변화의 중심이 되어야 하고 변화를 주도할 수 있어야 한다는 것이다. 파괴는 기존의 방식과 사고 등 기존 개념을 없애라는 것이고, 재편은 기존 자원을 재편해야 하고, 하이브리드(융·복합)는 한 가지로는 아무것도 할 수 없고 자원을 공유하고 하이브리드 시켜야 한다. 그리고 새롭게 창조해야 한다.

지금 있는 구조는 의미가 없다. 모두 파괴하라.

"창조적 파괴 없이 새로운 구조를 디자인을 할 수 없다."

'파괴'라고 하면 부수거나 깨뜨려 없애는 것으로 긍정적인 이미지 보다 부정적의 이미지가 크다. 이런 부정적 이미지는 부수거나 깨뜨려 없애버리고 나면 다음 단계가 없는 것으로 생각하기 때문이다. 하지만 4차 산업혁명에서의 파괴는 단순히 부수고 깨뜨려 없애 버리라는 것이 아니고 창조적 파괴를 하라는 거다. 창조적 파괴는 기존 방식을 부수고 깨뜨려 새로운 것을 창조하는 밑거름이 되는 것이다. 만약 지금 가지고 있는 사고를 파괴하지 않으면 새로운 구조를 디자인할 수 없다. 새로운 구조는 지금 가지고 있는 사고로는 만들어 질 수 없다. 가상화폐의 경우를 보면 기존 구조를 조금이라도 고민하면 디자인할 수 없다. 가상화폐는 화폐제도를 뒤집는 패러다임의 변화이다. 특히, 화폐는 국가의 기본을 흔들 수 있는 제도로 기존 법체계나 규정을 고려하면 새로운 가상화폐 구조를 만들 수 없다. 기존 체계의 근간을 변화시킬 수 있는 창조적 파괴는 관념을 파괴하라는 것이지 법을 위반하거나 도덕적 규정을 어기라는 얘기는 아니다.

파괴는 미래의 불확실성에 대비하라는 주문이다. 불확실성이 크다는 것은 그만큼 결정된 것이 없다는 것이다. 결정된 것이 없다는 것은 결정해야 하는 것이 많다는 것이다. 이런 결정을 스스로 할 수 있게 하기 위해 파괴하라는 것이다. 4차 산업기술 중 하나인 나노기술은 단순히 기술혁신의 문제만이 아니라 도덕적, 윤리적으로 많은 논쟁이 있을 수 있는 기술이다. 이런 기술이 적용되기 위해서는 파괴라는 단어 없이는 해결될 수 없다. 파괴는 지금 가지고 있는 사고를 과감히 던지고 처음부터 시작하라는 것이다. 처음이라는 의미는 단순하지가 않다. 처음에는 아무것도 없는 것이라는 의미가 있는데 여기에는 파괴를 통해 처음으로 돌아가는 자세가 필요한 것이다.

Chapter 1   4차 산업혁명은 무엇인가?

가지고 있는 자원을 재편해라. 그러지 않으면 있는 것도 사라진다.

"기업은 자원을 재편해서 다른 기업으로 변해야 한다."

자원은 일상생활, 경제생활 등에서 이용되는 모든 원료나 기술 따위를 통틀어 이르는 말이다. 지구에 무한한 자원은 없고 어떤 자원이라도 한정되어 있다. 기업은 최소의 자원으로 최대의 효과를 만들기 위해 노력하고 있다. 기업활동을 위한 최소의 자원은 기업이 가지고 있는 자본, 노동력, 사업모델 등 자원에서 가장 최적의 자원을 투입을 말한다. 4차 산업시대는 최소의 자원은 의미가 없다. 이유는 어떤 자원이 유효하게 사용될 지 예측하기 어렵기 때문이다. 어떤 자원이 유효할 지 예측하기 어려운 것은 4차 산업시대 기업의 비즈니스모델을 실현하기 위해 무슨 자원이 유효할 지 모르기 때문이다. 그럼에도 인력, 자본은 여전히 중요한 자원이다. 4차 산업시대에는 인력, 자본 이외에도 많은 자원을 필요로 한다. 어쩌면 우리가 간과하고 지나가는 자원들이 더욱 중요할 수도 있다. 예를 들어 네트워크라는 자원이다. 과거 네트워크라는 자원은 단순히 마케팅을 위한 것이나 홍보를 위한 하나의 도구라고 했다면 4차 산업시대에서는 매우 중요한 자원이 된다. 이러한 네트워크 자원의 중요성은 과거에 비해 높아질 것은 당연한 것이다.

4차 산업혁명에서는 무엇이 기업을 살릴 수 있는 자원인지 모른다. 중요한 것은 이런 자원을 어떻게 재편하고 관리하느냐이다. 여기서 자원은 단순히 자본, 인력뿐 아니라 사업구조도 포함된다. 현재 전자회사라고 해서 전자회사의 자원만을 가지고 있어서는 안 된다. 지금은 전자회사지만 4차 산업시대에는 자동차회사가 될 수도 있다. 아니 자동차회사로 변해야 한다. 자동차 회사로 변해야 한다고 해서 반드시 자동차회사로 변하라는 의미가 아니고 어떤 회사로라도 변할 수 있어야 한다는 것이다. 여기서 전자회사가 자동차회사로 변해야 한다는 의미는 자원의 재편이다. 전자회사는 전자기술을 가지고 있다. 자동차회사는 내연기관인 엔진을 사용하고 있고 자동차의 성능을 좌우하는 것은 엔진이다. 엔진은 자동차회사의 근간을 이루는 자원이고 이를 통해 시장의 지배력을 높이고 회사의 브랜드를 만들었다. 하지만 지금의 자동차를 보면 자동차제품인지 전자제품인지 구분이 가지 않는다. 정확히 얘기하면 전자제품의 비중이 훨씬 높아 전자제품이라 해도 손색이 없다. 왜냐하면 모든 기능이 전자장치에 의해 제어되고 가동되기 때문이다. 단지 자동차라는 구분으로 자동차산업으로 존재하는 것은 의미가 없다. 지금은 내연기관 엔진을 사용하는 자동차가 대다수이지만 전기자동차가 급속히 확대되고 있다. EU 일부 국가는 환경 등을 위해 내연기관 자동차 운행을 금지하고 전기자동차 운행만을 규정하는 국가가 늘어나고 있다. 이렇듯 전자회사든 자동차회사든 **기업이 생존하기 위해서는 시장 환경에 맞게 자원을 재편해야 한다는 것이다.**

   재편은 가지고 있는 것을 해체하고 경쟁력 있게 변화 시키는 것이다. 4차 산업시대에 기존 방식으로 관리하고 운영한다면 향후 기술혁신에 제대로 대비할 수 없고 있는 자원을 허비하는 우를 범하게 되는 것이다.

한가지로 되는 것은 없다. 하이브리드 해라.

"하이브리드(융·복합)는 4차 산업혁명의 특징을 가장 잘 나타내는 단어이다."

Chapter 1　4차 산업혁명은 무엇인가?

　4차 산업혁명에서 한가지 기술만으로 혁신을 만들어낼 수 없다. 현재 상용화를 준비하는 기술을 보면 한가지 기술로 신기술이 되는 경우는 없다. 기존 기술들이 하이브리드 되어야 경쟁력을 가질 수 있는 것이다. 예를 들어 '나노센서(Nanosensors)와 나노사물인터넷(Nanosensors and the Internet of Nanothings)'은 하이브리드를 가장 잘 설명하는 사례라고 생각한다. 나노센서는 센서기술과 나노기술의 하이브리드이다. 단순히 센서기술과 나노기술의 결합이 아닌 많은 기술이 결합된 것이다. 센세기술에 의학기술, 바이오기술 등이 하이브리드 되어 있고 나노사물인터넷도 사물인터넷기술에 나노기술 등이 결합된 것이다.
　하이브리드는 4차 산업혁명의 특징을 가장 잘 나타내는 단어이다. 이유는 모든 분야에서 하이브리드 된다는 것이다. 하이브리드라는 것이 기술분야뿐 아니라 모든 사회에 적용된다. 사회에 하이브리드가 적용된다는 것은 예를 들어 인터넷전문은행은 은행시스템에 금융기술과 IT기술을 하이브리드 되는 것으로 인터넷전문은행의 서비스는 우리의 일상생활을 바꾸는 계기가 될 것이기 때문이다.

　"기업은 사고도 하이브리드하게 해야 한다."

　4차 산업시대에서 사람의 생각이 바뀌지 않으면 적응 할 수 없다. 사람의 사고는 교육을 통해 지배 받는다. 우리나라는 주입식 교육을 통해 정형화된 답을 요구하는 교육이 대부분이다. 이런 교육은 사람의 사고를 하이브리드 하게 할 수 없게 한다. 정형화된 답은 하나의 경우를 상정하고 답을 구하는 것으로 답이 한 가지만 존재할 때 가능한 것이다. 하지만 4차 산업시대는 한가지 답만 있을 수 없다. 다양한 기술이 하이브리드하게 결합되는데 한가지 답만을 사고하면 결코 답을 찾아낼 수가 없다. 기업도 이 점을 중요하게 생각해야 한다. 사고가 하이브리드하지 못하면 대응전략도 하이브리드하게 할 수 없다. 이는 매우 중요하다. 4차 산업시대에는 다양한 기술을 필요로 하는데 비해 기술혁신 주기는 짧아지고 매일 신기술이 나오는 시대여서 하이브리드한 대응전략이 없으면 기업은 생존할 수 없게 되는 것이다.

"하이브리드 하지 못한 비즈니스모델은 생존할 수 없다."

4차 산업시대에는 다양한 기술(시스템)과 제품(서비스)이 제공된다. 또한 이제까지 경험하지 못했던 기술들이 우리 삶의 패러다임을 변화시킬 것이다. 예를 들어 이동할 때 자기 차를 직접 운전했다고 하면 4차 산업시대에는 내 차가 아닌 공유하는 차를 운전면허 없이도 사용하여 이동할 수 있게 된다. 이런 변화에만도 여러 기술과 서비스가 포함되어 있다. 이런 변화를 나타날 수 있게 하는 것은 하이브리드이다. 하이브리드라고 하면 너무 개념적이고 포괄적이다. 하이브리드는 내가 가지고 있는 자원에 다른 자원이 연계되면 하이브리드이다.

중국에서는 지갑이 없이도 생활이 가능하다. 지갑이 없이도 가능한 이유는 노점상에서도 현금 없이 구매가 가능하다는 것이다. 사용자는 노점에 있는 QR코드(정보를 저장하는 코드로 상품이나 기업의 정보 등을 다양하게 저장하여 제공하는 코드)를 스마트폰으로 읽으면 자동으로 결제가 된다. 이는 단순해 보이지만 중요한 의미를 담고 있다. 노점이라고 하면 가장 낙후되어 있다는 선입관이 있다. 현

Chapter 1 4차 산업혁명은 무엇인가?

금 없이는 노점을 이용하지 못할 것이라고 생각하지만 기술혁신은 이를 해결한다. 금융기업은 노점에 QR코드를 등록하고 스마트폰을 이용해서 사용자 인증을 하게 되면 결제를 해주면 된다. 이렇게 되면 노점은 자기 업의 본질인 노점에 QR코드라는 기술을 도입하여 새로운 결제시스템으로 고객을 확대하는 것이다. 이것이 하이브리드이다.

창조는 기존 자원에서 출발한다.

"창조는 어려운 것이 아니다."

천지창조를 제외하고 처음이라는 것은 없다. 창조는 없던 것을 처음 만드는것이다. 천지창조 이후 처음이라는 것은 없는데 창조를 하라는 것은 모순이라고 하면 모순이 맞다. 천지창조는 세상을 창조한 것이라 처음이 당연하지만 나머지는 천지창조 이후 끊임없는 발전을 통해 이루어진 것이기 때문이다. 이렇듯 처음이라고 할 수 있는 것은 없다. 기술도 마찬가지이다. 석기시대 아니 그 이전부터 만들어진 기술로부터 시작되어 아무리 처음이라는 기술이라고 해도 기존에 있는 자원, 방식 등을 개량하고 새롭게 하면서 만드는 것이지 창조라는 것은 없다. 그럼에도 창조하라는 것은 새로운 것을 만들 수 있어야 한다는 것이다. 창조라는 의미는 과거 모든 경우를 참고하여 새로운 것을 만들 수 있어야 한다는 것이다. 아무리 제도나 제품이 좋아도 영원할 수는 없다. **영원할 수 없기 때문에 새로운 것을 만들어야 하는 것이다.**

4차 산업시대에는 새로운 개념과 새로운 기술이 필요하다. 비트코인이 성공할 수 있었던 기술이 블록체인이다. 블록체인은 기존의 개념을 완전히 뒤집는 사고이다. 이런 사례가 나오기 전에는 그런 방법이 가능할까 생각도 하지 못하지만 이런 방법이 실현되면 '콜럼버스의 달걀'이 되는 것이다. '콜럼버스의 달걀'은 처음에는 생각하기 어려운 방법이지만 막상 실현되면 아무것도 아닌 방법으로 인식되는 것이다. 4차 산업시대에 중요한 것은 '콜럼버스의 달걀'이라고 부러워하는 것이 아니고 '콜럼버스의 달걀'을 만들어야 한다는 것이다. 기업에서 새로운 비즈니스 모델을 만들어 내지 못하면 기업은 생존하지 못하게 된다. 블록체인에 대한 예를 들었지만 블록체인이라는 개념이 결코 어렵거나 생각하기 어려운 개념은 아니라는 것이다.

"기업은 새로운 것을 만들 수 있는 인력을 확보해야 한다."

4차 산업혁명에서 기존 사고를 파괴하고 가진 자원을 재편하고 준비하고 하이브리드한 사고로 새로운 것을 창조해야 한다. 새로운 것은 어렵게 생각하면 무한히 어렵지만 쉽게 생각하면 쉽게 답을 찾을 수 있다. 기업은 이렇게 새로운 것을 만들 수 있는 인력을 확보해야 한다. 우리나라에서 창조적 인력을 찾는다는 것이 어렵다고 하는 것에 동의한다. 하지만 이런 인력을 확보하지 못하면 4차 산업시대에 적응하기는 불가능하게 된다는 점을 명심해야 한다.

Chapter
2

4차 산업혁명의 기술은 무엇인가?

4차 산업혁명의 기술은 무엇인가?

✶ ✶ ✶
✶ ✶ ✶ ✶ ✶

"인공지능, 사물인터넷, 나노기술, 3D프린터, 무인자율주행자동차기술, 빅데이터, 로봇공학, 정보통신기술, 양자컴퓨터, 블록체인 등 다양한 기술이 있다."

4차 산업기술은 인공지능(AI, artificial intelligence), 사물인터넷(IoT, Internet of Things), 나노기술(Nano Technology), 3D프린터(3D Printer), 자율주행기술(Autonomous Vehicles), 빅데이터(Big Data), 로봇공학(Robotics), 정보통신기술(ICT, Information and Communication Technology), 양자컴퓨터(Quantum Computing), 블록체인(The Blockchain, Blockchain Security Rechnology) 등 너무나 다양하다. 4차 산업기술은 개별 기술로도 의미가 있고 중요한 기술임에는 틀림없다. 그리고 이런 개별 기술(시스템)이 모태가 되서 다양한 기술로 발전하는 것도 사실이다. 4차 산업시대에는 이런 기술들이 유기적으로 연계되어 더 큰 기술혁신을 이루고 새로운 기술로 창조될 것이다.

4차 산업기술혁신의 예를 들면 현재 차량공유에 대한 사업이 활발하게 진행되고 있다. 여기에 자율주행기술, 사물인터넷 등 4차 산업기술이 도입

Chapter 2   4차 산업혁명의 기술은 무엇인가?

되며 시장은 급속히 성장하고 발전할 것이다. 현재 차량공유에서 가장 큰 문제는 실시간 수요자가 원하는 시간, 장소에서 픽업하기가 불편하다는 것이다. 4차 산업기술이 도입되면 이런 문제는 쉽게 해결된다. 택시처럼 고객이 차량을 부르게 되면 가장 가까운 곳에 있는 차가 고객에게 가듯이 차량을 부르면 가장 가까이에서 운행하거나 주차하고 있는 자율주행자동차가 스스로 움직여 찾아가면 되는 것이다. 이렇게 되면 고객이 특정지점에 차를 반납하고 이동하는 수고를 덜게 되고 차를 필요로 하는 사람도 차를 가지러 이동하지 않아도 된다. 현재 차량공유 운영기업은 차의 수령과 반납에 필요한 공간과 시간으로 인해 효율성이 떨어지는 문제가 있다. 하지만 4차 산업기술도입은 고객과 차량공유 운영기업의 문제를 한꺼번에 해결할 수 있게 되는 것이다. 이렇듯 4차 산업기술은 여러 기술(시스템)들이 유기적으로 연계되어 하이브리드될 때 시장을 급속히 성장시킬 수 있게 된다.

1) 산업혁명이라고 할 정도의 기술혁신은 무엇인가?

"4차 산업기술은 과거로부터 이어지는 기술이다."

우리는 하루하루 급속히 변화하는 시대에 살고 있다. 과거 백년, 천년에 걸쳐 변화되는 과정이 5년, 10년 내에 변화하고 있다고 해도 사실과 다르지 않을 것이다. 이러한 변화는 기술혁신이 주도하는데 대체 어떤 기술변화가 산업혁명이라고 할 정도로 우리를 변화시키고 있는지 살펴보도록 한다.
  '4차 산업혁명'하면 나오는 기술은 너무나 많고 복잡하다. 4차 산업혁명에 거론되는 많은 기술들이 단지 하나의 기술혁신이 아닌 다양한 기술이 유기적으로 하이브리드하게 결합되고 운영될 때 4차 산업기술이라고 할 수 있다. 우리가 알고 있고 열거되는 기술은 어느 날 하늘에서 떨어진 새로운 기술이 아니다. 과거부터 고민하고 만들어진 기술이라고 해도 틀리지 않다. 로봇기술이 최신 기술인가 하면 그렇지 않다. 로봇이란 사람이 할 일을 기계(장치)가 대신해 주는 것인데 우리가 주위에서 쉽게 보게 되고 동화나, 노래, 책에도 많이 소개되는 물레방아가 있다. 물레방아는 사람이 직접 곡식을 가공해야 하는 것을 물의 힘을 이용해 방아가 대신해주는 것이다. 이것도 일종의 로봇인 셈이다. 이렇듯 4차 산업기술이라고 해서 전문적이고 새로운 기술만이 아니라 알게 모르게 우리 생활에 녹여져 있는 기술들도 있다. 기업은 4차 산업기술을 두려워할 필요가 없고 본질을 이해하고 대응하면 기업에게 유용한 기회가 된다.

무인자율주행자동차가 나온다고 해서 산업혁명이면 매년 산업혁명이 일어난다.

"우리는 상상하지도 못하는 기술이 개발되는 시대에 살고 있다."

우리는 다양한 기술혁신을 보면서 생활하고 있다고 해도 과언이 아니다. 1년에 얼마나 새로운 기술이 나오고 새로운 제품이 나오는지 상상할 수 없다. 이런 기술을 모두 안다는 것은 불가능하고 알 필요도 없다. 다만 신기술, 신제품을 알고 이해하므로 기술의 트랜드(Trends)를 파악하고 대비할 필요는 있다. 여기서 주목할 것은 매년 나오는 신기술, 신제품이 우리의 상상

Chapter 2 4차 산업혁명의 기술은 무엇인가?

을 초월하는 기술과 제품이라는 것이다.

  4차 산업혁명의 핵심기술인 인공지능, 사물인터넷, 자율주행기술 등 한 가지 기술이나 제품을 4차 산업기술의 주체라고 하면 우리는 매년 산업혁명 시대에 살게 될 것이다. 세계경제포럼은 2012년부터 매년 10대 신기술(Top 10 Emerging Technologies of 201*)를 발표한다. 세계경제포럼에서 발표하는 신기술은 기존에 상용화되었거나 상용화 가능성이 높은 모든 기술을 대상으로 선정하여 발표한다. 매년 발표함에 있어 중복되는 것도 있지만 여기서 발표하는 기술이 4차 산업혁명을 주도할 기술임에는 틀림없다.

2017년	2016년	2015년	2014년	2013년	2012년
Liquid biopsies	Nanosensors and the Internet of Nanothings	Fuel cell vehicles	Body-adapted Wearable Electronics	OnLine Electric Vehicles (OLEV)	Informatics for adding value to information
Harvesting clean water from air	Next Generation Batteries	Next-generation robotics	Nanostructured Carbon Composites	3-D printing and remote manufacturing	Synthetic biology and metabolic engineering
Deep learning for visual tasks	The Blockchain	Recyclable thermoset plastics	Mining Metals from Desalination Brine	Self-healing materials	Green Revolution 2.0 - technologies for increased food and biomass
Liquid fuels from sunshine	2D Materials	Precise genetic engineering techniques	Grid-scale Electricity Storage	Energy-efficient water purification	Nanoscale design of materials
The Human Cell Atlas	Autonomous Vehicles	Additive manufacturing	Nanowire Lithium-ion Batteries	Carbon dioxide (CO_2) conversion and use	Systems biology and computational modelling/ simulation of chemical and biological systems
Precision farming	Organs-on-chips	Emergent artificial intelligence	Screenless Display	Enhanced nutrition to drive health at the molecular level	Utilization of carbon dioxide as a resource
Affordable catalysts for green vehicles	Perovskite Solar Cells	Distributed manufacturing	Human Microbiome Therapeutics	Remote sensing	Wireless power
Genomic vaccines	Open AI Ecosystem	'Sense and avoid' drones	RNA-based Therapeutics	Precise drug delivery through nanoscale engineering	High energy density power systems
Sustainable design of communities	Optogenetics	Neuromorphic technology	Quantified Self (Predictive Analytics)	Organic electronics and photovoltaics	Personalized medicine, nutrition and disease prevention
Quantum computing	Systems Metabolic Engineering	Digital genome	Brain-computer Interfaces	Fourth-generation reactors and nuclear-waste recycling	Enhanced education technology
https://www.weforum.org/agenda/2017/06/these-are-the-top-10-emerging-technologies-of-2017/	https://www.weforum.org/agenda/2016/06/top-10-emerging-technologies-2016/	https://www.weforum.org/agenda/2015/03/top-10-emerging-technologies-of-2015-2/	https://www.weforum.org/agenda/2014/09/top-ten-emerging-technologies-2014/	https://www.weforum.org/agenda/2013/02/top-10-emerging-technologies-for-2013/	https://www.weforum.org/agenda/2012/02/the-2012-top-10-emerging-technologies/

(출처: WEF(세계경제포럼 홈페이지 정리))

4차 산업혁명에 핵심기술은 없다.

"4차 산업혁명은 한 가지 기술로 주도할 수 없다."

4차 산업혁명은 기술혁신이 바탕이 되어 진행되고 있는 것이 사실이다. 1차 산업혁명은 증기기관 발명이 중심이고, 2차 산업혁명은 전기를 동력으로 한 철강, 석유, 전자 산업이 중심이고 3차 산업혁명은 정보기술을 중심으로 한 산업혁명이었다. 이렇게 1~3차 산업혁명은 특정 산업 또는 기술이 중심이 되어 산업혁명을 이끌었다고 할 수 있다. 하지만 4차 산업혁명은 인공지능, 사물인터넷, 3D프린터 등 너무나 다양한 기술혁신이 바탕이 되고 IT산업, 정보통신산업, 나노기술산업, 인공지능 산업 등 다양한 산업이 유기적으로 연계되어 있어 특정 기술이나 산업이 중심이라고 하기는 한계가 있다. 그만큼 기술과 산업이 하이브리드 되어 있고 결합되어 진행된다고 볼 수 있다. 이처럼 4차 산업혁명을 한마디로 정의하기 어려운 것은 다양한 기술이 복합적으로 연계되어 있기 때문이다.

4차 산업에서 주의 깊게 봐야 하는 것은 하이브리드이다. 하이브리드는 융·복합화를 의미하는데 여러 기술이 연계되어 적용하고 발전하는 것을 의미한다. 예를 들어 신재생에너지(태양광, 풍력 등)와 에너지저장장치(ESS)에 하이브리드 시스템을 적용하여 효율을 극대화할 수 있다. 다른 사례는 인공지능과 사물인터넷을 연계하여 효율적인 시스템을 제공하는 IT인프라가 있는데 이는 미래 크라우드의 기술적 기반을 형성하는 것으로 집에 있는 IPTV(Internet Protocol Television)를 통해 고객에게 가장 적합한 영화를 추천하는 경우가 되는 것이다.

Chapter 2 4차 산업혁명의 기술은 무엇인가?

'4차 산업혁명에 핵심기술은 없다'고 했다. 이는 역으로 얘기하면 모든 기술이 핵심기술이라는 의미이다. 어떤 기술도 단독으로 핵심기술이 될 수 없듯이 모든 기술이 우리생활의 패러다임을 바꿀 수 있는 기술이기 때문이다.

2) 4차 산업혁명에서 패러다임을 변화시킬 기술

"기사 없는 차가 오고 냉장고가 음식을 주문하고 집에서 물건을 만든다."

4차 산업시대 보통사람은 어떻게 하루를 보낼까 상상을 해본다. 과거 많은 사람들이 책이나 그림을 통해 미래생활을 상상했고 그런 상상이 현실로 이어져 왔다. 구현되고 있거나 구현 가능한 기술을 토대로 기술을 생활에 접목해보고 이를 통해 생활에 어떠한 변화가 일어날지 예상해보면 패러다임이 어떻게 변할지를 예상할 수 있을 것이다.

김씨는 40대 건축 디자이너인 평범한 사람으로 가정하고 김씨의 일상 생활을 예상해 보자. 김씨는 아침에 일을 하기 위해 6시에 기상을 하려고 한다. 6시가 되면 커튼이 저절로 열리고 토스트가 오븐에서 구워지고 커피메이커가 작동한다. 김씨는 아침에 화장실에서 볼일을 보면 자동으로 건강데이터가 병원으로 전송되고 건강체크가 이루어진다. 아침에 저절로 켜진 모니터에서는 김씨의 하루 일정과 해야 할 일들에 대한 안내가 나온다. 모니터에서는 오늘까지 브라질에서 열리는 챌린저(Challenge, 공모)에 5시까지 디자인을 제출해야 한다고 하고 차는 8시에 집 앞에 대기할 것이라고 알려준다. 그리고 냉장고에 고기가 부족해 주문해야 한다고 하고 주식이 상승하여 매도하는 것이 좋다는 의견을 알려준다. 김씨는 모니터에 음성으로 고기를 주문하라고 하고 주식은 아직 매도하지 말라고 하고 8시 30분으로 출발시간을 변경한다고 지시한다. 김씨는 8시 30분에 이동하기 위해 집을 나섰는데 차에는 기사가 없는 무인자율주행자동차이고 자기 소유의 차도 아니다. 김씨는 평소 사무실이 아닌 별장으로 가기 위해 차에게 별장으로 이동할 것을 지시한다. 이동하는 동안 고기 주문이 끝났다는 연락이 오고 김씨는 주식을 매도하라고 새로운 지시를 하게 된다. 자율주행자동차는 별장으로 이동하고 도착하고 나서 차는 다른 사람이 사용하기 위해 자동으로 이동한다. 그리고 김씨는 일을 시작하게 된다. 김씨는 스페인어를 전혀 모르지만 한국말로 얘기하고 한국말로 번역된 응모조건을 확인하여 인공지능 프로그램의 도움으로 디자인을 완성한다. 완성된 건축 디자인을 응모하기위해 스페인어로 번역하여 브라질에서 하는 디자인 챌린지(Challenge)에 응모하고 업무를 마무리 한다. 오랜만에 온 별장에 문 고리와 나사가 빠져 있어 수리해야 하는데 문 고리와 나사 도면을 주문하고 현장에 있는 3D프린터를 통해 출력하고 수리하게 된다. 저녁 식사는 피자로 한다고 지시하면 3D프린터에서 피자가 완성되고 테이블에 차려져서 식사를 하면 된다. 이것이 4차 산업혁명시대 김씨의 일상을 예상한 것이다. 이런 일상이 가능한 것은 현재의 기술과 개발되고 있는 기술로 충분히 예상되는 일상이라고 확신한다.

 여기서 예측하는 일상은 현재 기술에 기초하여 예측한 내용들이다. 먼저 오븐, 커피메이커, 냉장고 등은 사물인터넷기술, 자동차가 스스로 주행하는 자율주행자동차기술, 스페인어를 몰라도 실시간 할 수 있는 인공지능문자인식기술, 주식종목을 추천해 줄 수 있는 빅데이터기술과 인공지능기술, 집에서 고리와 나사를 출력할 수 있는 3D프린터 기술, 그리고 식탁을 차려

Chapter 2   4차 산업혁명의 기술은 무엇인가?

주는 로봇공학기술 등 다양한 기술이 있다. 여기서 중요한 사실은 어떤 기술도 독자적으로 사용되지 않는 것이다. 인공지능 그 자체 기술만으로는 기능을 제대로 발휘 할 수 없고 사물인터넷 역시 인공지능 이나 통신기술 등과 결합 없이는 기능을 발휘할 수 없다. 이렇게 4차 산업기술들이 유기적으로 하이브리드 되는 것이 4차 산업의 기술적 특징이다.

  기술혁신은 우리 삶에 많은 변화를 가져온다. 특히 과거 경험하지 못했던 일상들이 우리의 생활을 변화 시킬 것이다. 먼저 집에 온 자동차는 소유가 아닌 공유 자동차이다. 그리고 이동하는데 운전을 할 필요가 없다. 업무 보조에 사람이 아닌 기계가 비서 역할을 대신한다. 그리고 매장이나 전자상거래를 통해 물건을 구입하는 것이 아니고 도면을 구입해서 현장에서 출력을 하면 된다. 이런 많은 변화는 기술혁신이 있어 가능한 것이다.

인공지능(AI, artificial intelligence)

"인공지능은 인간의 능력을 컴퓨터에서 학습하고 생각하게 하는 것이다."

  2016년 3월 우리사회를 뒤흔드는 사건이 있었다. 이렇게 얘기하면 마치 큰 사고인 것 같은데 사고가 아닌 사건이다. 바로 이세돌과 알파고의 바둑대국사건이다. 바둑 대국을 사건이라 하는 것이 무리라고 할 수도 있지만 사건이라고 한 것은 사건이라 할 만큼 우리사회에 영향을 미쳤기 때문이다. 이 대국에서 사람들은 알파고라는 신기술인 인공지능에 열광하였고 인공지능시대가 온 것처럼 얘기하는 사람들이 생겨난 것도 사실이다.

인공지능 기술은 이세돌과 바둑대국에서 처음 나온 것이 아니다. 인공지능이란 용어가 나오고 개발이 시작된 지는 생각보다 오래됐다. 1930,40년대 인간의 두뇌를 대체할 수 있는 기계 개발에 관심을 가지기 시작했고 이를 위해 수리논리학이나 정보이론 등 사고 과정에 대한 이론들이 등장하기 시작했다. 인공지능이란 용어가 등장한 것은 1950년대에 나타났고 1990년대 말 IBM의 인공지능프로그램인 'Deep Blue(딥 블루)'가 체스대회에서 세계 챔피언을 물리치면서 주목 받게 되었다. 이후 2011년 IBM의 인공지능프로그램 'Watson(왓슨)'이 미국 TV퀴즈 쇼 'Jeopardy(제퍼디)'에서 우승을 차지하면서 다시 한번 관심이 높아졌다. 이런 관심에 비해 기술적으로 인간의 신경을 분석하고 처리할 방대한 데이터를 관리할 방법이 부족해서 개발에 어려움이 있었지만 2016년 알파고와 이세돌의 대국에서 알파고가 승리하므로 이에 대한 관심이 다시 증폭되게 되었다. 특히, 한국에서 이루어진 대국이라 한국에서의 관심은 폭발적이었고 마치 인공지능 시대가 도래했다고 생각하게 되는 사건이기도 한 것이다. 2017년 5월 세계 바둑 1위인 커제 역시 알파고와의 대국에서 패하게 되어 더욱 인공지능인 알파고의 능력에 대한 한계에 관심을 가지게 되었다.

인공지능 이론은 신경망 이론에서 출발했다. 신경망 이론은 두뇌작용을 컴퓨터에서 메커니즘으로 규명해 작업하는 것이다. 이를 간단히 설명하면 사람의 신경에 해당하는 각각의 컴퓨터를 연결하여 이를 분석하고 처리하는 작업이다. 과거에는 각각의 컴퓨터를 연결하는 기술개발이 어려웠지만 정보통신기술의 발달로 각각의 컴퓨터를 연결하고 이를 통해 방대한 양의 데이터를 수집할 수 있었고 이를 가공하고 학습이 가능하게 되어 데이터를

Chapter 2 4차 산업혁명의 기술은 무엇인가?

분석하고 학습하는 방식으로 진화할 수 있게 되었다. 여기에 한발 더 나아가 Machine Learning(머신러닝), Deep Learning(딥러닝)의 알고리즘을 개발하여 인간의 신경과 뇌의 작용에 근접한 신경망네트워크(Neural Network)로 발전하게 되었다. 머신러닝은 컴퓨터가 데이터를 분석방법과 최적화 방법을 활용하여 학습하고 미래 단계의 과정을 예측하고 결정하는 알고리즘이다. 딥러닝은 컴퓨터가 사람처럼 학습 할 수 있게 하는 기술로 데이터를 합치고 분류하는 과정에서 일정 패턴을 발견하고 사물을 구분할 수 있게 하는 알고리즘이다. 딥러닝 기술은 알파고가 이세돌과의 대국을 위해 4주간 약 1백만 번의 연습대국을 통해 바둑의 패턴을 스스로 학습하고 학습을 통해 얻은 패턴을 활용한 것이다. 이는 컴퓨터가 1백만 번의 연습대국을 통해 경우의 수를 분석하고 가장 최적화된 수를 구분하여 이를 대국에 적용한 것이다. 이를 쉽게 얘기하면 사람이 1백만 번의 대국경험을 모두 기억하고 거기에서 가장 좋은 수를 선택하는 것과 같은 경우이다. 1백만 번의 대국은 1사람이 1년에 1,000번의 대국을 둔다 해도 1,000년이 걸리는 어마어마한 숫자인데 이런 경험을 알파고는 4주 만에 완성한 것이다.

"'딥 러닝(Deep Learning)'의 알고리즘은 다양한 분야에 적용되고 있다."

인공지능을 구현하는 중요한 알고리즘의 하나가 딥 러닝이다. 딥 러닝은 머신 러닝의 한 분야로 사물이나 데이터를 모으거나 분류하는데 사용하는 알고리즘이다. 딥 러닝은 인공신경망(ANN: Artificial Neural Network)으로 사람처럼 스스로 학습할 수 있게 하는 알고리즘이다. 딥 러닝의 학습과정을 보면 사람은 개와 고양이를 쉽게 구분한다. 하지만 컴퓨터는 개와 고양이를 구분하지 못한다. 이렇게 구분하지 못하는 컴퓨터에 많은 개와 고양이 정보(사진 등)를 입력하여 비슷한 것끼리 분류하도록 해서 개나 고양이 정보가 입력되면 개, 고양이를 구별하도록 하는 것이다. 분류하는 방법은 Supervised Learning(지도학습)과 Unsupervised Learning(자율학습) 두 가지가 있다. Supervised Learning은 개나 고양이를 사전에 알려주고 이를 학습하여 분류하게 하는 것인데 반해 Unsupervised Learning는 사전 정보 없이 스스로 학습하게 하는 것이다. 이런 학습 능력은 초기 사진을 통해 진행되었지만 현재는 동영상을 보고도 구분할 수 있는 기술로 발전 되었다. 구글은 인공지능 시스템개발에 이 기술을 도입하고 있고 페이스북도 이미지 인식분야에 적용하고 있다.

딥 러닝분야의 예를 들면 병원에서 환자의 X-ray(엑스레이)를 판독하는데 Deep learning for visual tasks(시각작업을 위한 딥 러닝) 기술을 도입하면 딥 러닝으로 학습된 인공지능은 가지고 있는 데이터와 분류하고 대조하면서 X-ray의 판독 결과에 대해 그에 가장 맞는 병을 찾아내는 것이다. 이렇게 찾아낸 병을 가지고 있는 모든 데이터를 통해 진단하고 가장 적합한 처방을 하게 되는 것이다. 다른 사례는 농학분야에서 볼 수 있다. 코스타리카기술연구소 연구진은 식물표본 26만점을 입력하여 딥 러닝 알고리즘으로 식물의 특징을 분석하였다. 딥 러닝은 식물이 가지는 다양한 형태만 아니라 생태정보까지 분석하여 기후변화 등이 식물에 영향을 미치는 생태 변화까지 파악할 수 있게 되었다.

"인공지능은 전 산업으로 확산되고 있다."

| Chapter 2 | 4차 산업혁명의 기술은 무엇인가?

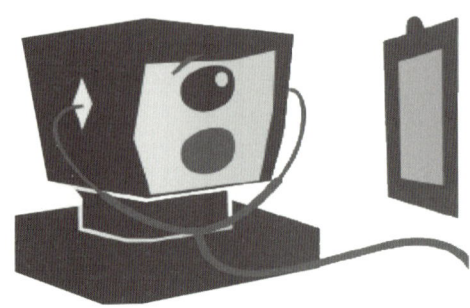

(출처: https://www.weforum.org/agenda/2017/06/these-are-the-top-10-emerging-technologies-of-2017/)

　인공지능이 우리생활에 많은 변화를 줄 것으로 확신한다. 우리 생활에 가장 영향을 줄 분야 중 하나는 금융분야이다. 금융분야는 통계를 기반으로 수익을 예측하고 이를 모델링하는 분야이다. 이런 통계를 기반으로 수익을 예측하는 것은 이제는 사람보다 기계(컴퓨터, 프로그램)가 더 잘 할 수 있는 기반이 조성됐다고 할 수 있다. 최근 많은 증권사들이 로보어드바이저(Robo-advisor)를 도입하고 있다. 로보어드바이저는 로봇(Robot)과 투자전문가(advisor)의 합성어로 투자알고리즘이 사람대신 투자하는 시스템을 얘기한다. 로보어드바이저는 과거 투자 데이터(빅 데이터)를 기반으로 패턴을 분석하고 수익성을 예측하여 투자하는 알고리즘이다. 2017년 5월 금융위원회는 26개의 어드바이저를 인가하였고 그 추세는 늘어갈 것으로 예측된다. 한국과학기술정보연구원에 따르면 2020년 한국의 로보어드바이저 시장규모를 약 1조 9,021억원에 달할 것으로 예상하였다. 미국의 경우를 보면 미국의 로보어드바이저 시장규모는 2016년 약 3,000억달러(한화 약 330조원), 2020년 약 2조2,000억 달러(한화 약2,420조원)에 달할 것으로 예측된다. 아직 많은 사람들은 로보어드바이저의 수익률에 의문을 제시한다. 당연하다. 현재 알고리즘이 완벽하지 않기 때문이다. 설령 완벽하다고 해도 금융시장 구조상 수익과 손실이 공존하는 구조이기 때문에 로보어드바이저도 손실이 발생할 수 있는 것은 분명한 사실이다. 투자전문가들도 수익률이 제 각각으로 수익률이 높은 투자전문가가 있는 반면 손실이 나는 투자전문가가 있는 것과 같은 이치이다. 결국 로보어드바이저 마다 수익률이 나올 것이고 그 결과에 따라 우수한 로보어드바이저(알고리즘)가 나타나게 되는 것이다. 이렇듯 금융분야에 인공지능기술이 접목되고 있고 투자 전문가 영역이 기계로 대체 되는 것은 분명한 사실이다. 이뿐 아니라 인터넷전문은행, 인터넷뱅킹의 진화 등 금융분야에서 인공지능은 많은 금융영역을 대체할 수 있게 하는 것을 기정사실로 할 것이다.

서비스분야에서도 날로 확대, 발전되고 있는데 심지어 도덕적으로 논란이 되고 있는 사람 실물과 동일한 성인용 장난감에 인공지능을 탑재하여 쌍방향 대화가 가능한 장난감이 생산되고 있다고까지 한다. 이렇듯 인공지능은 단순히 기술혁신만이 아닌 인류 생활을 변화시키고 패러다임을 변화시키는 주역이 되고 있다.

"글로벌 기업들이 성장동력으로 인공지능을 선택하고 있다."

IBM, 구글, 애플 등 많은 글로벌 기업들이 인공지능 개발을 주도하고 있다. IBM은 세계 체스 챔피언을 이기고 퀴즈 쇼에서 우승한 경력이 있는 인공지능 왓슨을 꾸준히 개발하고 발전시켜오면서 광범위하게 적용하고 있고 적용 범위를 확대하고 있다. 가천대 길병원에서는 2016년 12월 암치료에 왓슨을 도입해 성공적으로 진료하고 운영해서 성과를 내고 있다. 왓슨

Chapter 2 4차 산업혁명의 기술은 무엇인가?

은 환자의 유전자를 분석해서 왓슨이 가지고 있는 정보(의료기록, 논문, 유전정보 등)와 비교하고 가지고 있는 정보 중에서 환자에게 가장 효과가 우수하고 검증된 치료법을 찾아 제공하는 것이다. 이런 진료가 가능한 이유는 100GB가 넘는 정보를 단시간 내에 처리가 가능한 알고리즘을 가지고 있기 때문이다.

구글은 우리에게 익숙하게 된 알파고를 가지고 인공지능 시장을 선도하고 있다. 알파고는 단순히 바둑대국을 위한 알고리즘이 아니고 산업 전 분야에 적용하고자 개발되고 있다. 구글은 자율주행차량 개발에 인공지능을 도입하여 적용하고 있고 구글 사업본질에 맞는 검색 기능에 인공지능을 서비스하고자 한다. 구글이 지향하는 검색서비스는 이용자의 과거 패턴을 분석해서 이용자가 시도하지 않아도 먼저 원하는 내용을 제공하는 서비스이다.

글로벌 스마트 폰 기업인 애플은 음성검색서비스에 '시리(Siri)'를 탑재하여 인공지능과 연계하는 작업에 주력하고 있다. 시리는 단순히 음성정보검색서비스뿐 아니라 메일 도착 알람, 일정관리, 정보검색서비스 등 생활 모든 분야에 개인비서의 기능을 하는 서비스를 제공하기 위해 지속적인 기술개발과 적용 확대에 주력하고 있다. 애플은 시리를 스마트폰뿐 아니라 PC 등에까지 확대를 추진하고 있다.

사물인터넷(IoT, Internet of Things)

"사물인터넷', '유비쿼터스(Ubiquitous)' 등 용어가 중요한 것이 아니라 기술혁신이 우리 삶을 편리하게 바꾼다는 것이 중요하다."

사물인터넷이란 용어는 1990년 말 MIT(Massachusetts Institute of Technology, 매사추세츠 공과대학교)에서 사물에 센서를 탑재한 시스템이 구축될 것이라고 예측하면서 사용되기 시작하였다. 사물인터넷은 말 그대로 사물, 프로세스 등 모든 것을 인터넷과 연결하는 기술이다. 이 말은 사물이 인터넷을 통해 직접 검색하고 메일을 쓰는 등 인터넷을 사용하는 것이 아니라 사람과 사물, 사물과 사물, 사물과 프로세스 등이 인터넷으로 연결되어 정보를 수집하고 공유하고 활용하는 시스템을 말한다.

사물은 스스로 어떠한 행위를 할 수 없기 때문에 사물인터넷에는 센서가 필요하다. 사물인터넷은 사물에 센서를 부착하고 이를 인식하여 정보를 수집하고 수집된 정보를 인터넷과 연결하여 사용자가 활용하는 시스템을 말한다. 이를 위해서는 센서를 통해 인터넷과 연결하는 통신/네트워크 기술이 필요하다. 또한 사물인터넷은 이러한 데이터를 바탕으로 다양한 인간의 패턴을 포함한 서비스를 제공할 수 있게 된 것이다. 이는 센서가 단순히 사물만을 의미하는 것이 아닌 지능형 인터페이스를 가진 센서로 변화되어 사물의 상황을 전달할 수 있게 정보망을 구축하는 것이다. 이런 사물인터넷은 사물이 자율적으로 반응하거나 사람의 개입 여부와 상관없이 서비스를 제공할 수 있거나 실행할 수 있는 시스템인 것이다. 사물인터넷을 구현하기 위해서는 통신/네트워크 기술, 센서 인식 기술, 데이터 가공 기술 등 다양한 기술이 필요하다. 이런 기술들은 개별로 적용되는 것이 아니라 유기적으로 연계되어야 사물인터넷으로 구현될 수 있다.

한동안 회자되다 지금은 시들해진 '유비쿼터스(Ubiquitous)'란 용어가 있다. 유비쿼터스는 라틴어로 '언제, 어디서나 존재한다.'는 의미로 사용자가 언제, 어디서나 컴퓨터 네트워크를 사용할 수 있는 환경을 말한다. 유비쿼터스도

Chapter 2   4차 산업혁명의 기술은 무엇인가?

사물인터넷과 같이 사물에 컴퓨터 기능(센서)을 넣어 사용자에게 서비스를 제공하는 것이다. 사람과 사물에 센서를 통해 정보를 수집, 공유, 활용하는 것은 사물인터넷과 비슷하지만 유비쿼터스는 사용자가 언제, 어디서나 통신/네트워크를 이용할 수 있다는 것이다. 쉽게 얘기하면 스마트 폰이나 컴퓨터 없이도 서비스 이용이 가능하다는 것이다. 유비쿼터스니 사물인터넷이니 차이를 구별할 필요는 없다. 유비쿼터스라고 하면 어떻고 사물인터넷이라고 하면 어떤가? 결과가 바뀌지는 않는다. 분명한 것은 이런 기술혁신이 단순히 기술 혁신에 머무르지 않고 우리 삶에 패러다임을 바꾼다는 것이 중요한 것이다.

"사물인터넷(Internet of Things)은 말 그대로 사물(Thing)이 인터넷과 연결되는 것이다."

냉장고에 많은 식료품이 있다. 계란, 고기, 생수 등 사물에 이를 인지할 수 있는 센서를 부착하고 냉장고가 센서를 인식하고 이를 사람에게 전달하거나 인터넷과 연계하여 홈쇼핑 등에 주문하고 모자라는 물건을 받을 수 있게 할 수 있는 것이다. 좀 더 설명하면 냉장고에 계란 10개, 고기 1kg, 생수 2통이 있다고 가정하고, 냉장고에 부착된 센서에 계란이 5개 미만, 고기가 500g미만, 생수가 1통 미만일 경우 마트에 계란20개, 고기 3kg, 생수 5통을 인터넷을 통해 주문하도록 한다. 어느 날 냉장고에 계란이 3개, 고기 1kg, 생수 1통이 있다면 냉장고는 사물에 붙어있는 센서를 통해 냉장고에 있는 개수 또는 무게를 인지하고 모자라는 계란 20개, 생수 5통을 인터넷을 통해 주문하게 된다. 이렇듯 사물인터넷은 사람만이 인터넷을 하는 것이 아니라 사물이 센서 또는 인지 프로그램을 통해 얻어진 정보를 수집, 공유, 활용하게 되는 시스템이다. 다른 예를 들어보면, 출근시간에 바빠 나오느라 집안 단속을 못하고 전등을 끄지 못하고 나왔다고 해도 스마트 폰 등으로 시건 장치를 하고 전등을 끌 수도 있는 것이다.

Internet of things (IoT): A global infrastructure for the information society, enabling advanced services by interconnecting (physical and virtual) things based on existing and evolving interoperable information and communication technologies.

<출처: https://www.itu.int/rec/T-REC-Y.2060-201206-I>

"나노센서(Nanosensors)와 나노사물인터넷(Internet of Nanothings)'은 사물인터넷기술을 새로운 차원으로 바꿀 것이다."

우리가 아침에 일어나 화장실을 이용하면 자동적으로 건강체크가 되는 시기가 눈앞에 있다. 이런 일들이 가능한 것은 사물인터넷 기술이 있기 때문이다. 사물인터넷은 사물, 사람, 프로세스가 인터넷으로 연결되어 유기적으로 정보를 수집하고 저장하고 교환하기 때문에 가능하다. 이렇듯 사물인터넷을 통하면 사물들이 놀라운 기능을 가지게 되고 우리생활을 완전히 변화 시킬 수 있다. 여기서 사물이 인터넷과 연결되어 정보를 주고 받고 저장하기 위해서는 센서가 필요하다. 사물인터넷기술 초기의 대표적인 센서

Chapter 2 4차 산업혁명의 기술은 무엇인가?

는 RFID(Radio Frequency Identification)라고 할 수 있는데 RFID는 반도체 칩이 내장되어 태그, 라벨 등 저장된 데이터를 무선주파수를 이용하여 대상을 식별하는 기술이다. RFID방식은 일상생활에서 널리 활용되고 있는데 교통카드, 하이패스 카드, 의류매장 등에서 다양하게 쓰이고 있다. 하지만 이런 RFID방식도 한계를 가지고 있다. 이런 한계를 극복하게 하는 것이 나노센서이다. 나노센서는 말 그대로 센서크기가 나노(10억분의 1미터)수준으로 작다는 것이다. 이런 초소형 센서가 사물인터넷에 접속할 수 있게 하는 센서를 나노센서라고 한다.

나노센서는 센서의 크기를 초소형으로 만들면 의학 등 여러 분야를 완전히 새로운 차원으로 바꿀 것이다. 현재 가장 발전된 나노센서는 박테리아같이 단세포생물을 변형시켜 만든 것이다. 이런 나노센스는 의학 외에도 농업, 약품분야까지 적용범위가 확대되고 있다. 나노사물인터넷은 인체뿐 아니라 산업 전반에 정보를 수집할 수 있게 하고 해결책을 만들어 줄 수 있게 한다.

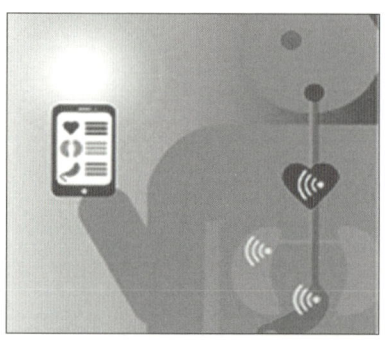

(출처: https://www.weforum.org/agenda/2016/06/top-10-emerging-technologies-2016/)

나노기술(Nano Technology)

"나노 기술 : 물질을 나노크기로 잘게 나누면 구조나 성질을 변형시킬 수 있다."

우리나라는 2002년 나노기술을 조성하여 체계적으로 육성·발전시킴으로써 과학기술혁신과 국민경제 발전에 이바지하기 위하여 '나노기술개발촉진법'을 제정하였다. 특정기술과 관련해서 법을 제정하는 경우는 흔치 않은데 그만큼 산업에 파급효과가 크고 중요하다고 할 수 있다.

나노(Nano)는 단위이다. SI(System of International Units, Système international d'unités)단위의 접두어로 10억분의 1을 의미한다. 1나노미터는 10억분의 1미터로 숫자로 설명하면 도저히 크기가 상상되지 않지만 1미터를 지구라고 하면 1나노미터는 농구공 정도 크기로 보면 된다.

물질의 최소단위를 원자라고 한다. 원자는 물질을 이루는 기본입자이고 원자와 원자가 결합해 물질의 특성을 갖는 최소 단위인 분자가 된다. 원소는 물질을 이루는 기본성분이다. 1나노미터는 10억분의 1미터로 원자 3~4개 정도 크기에 해당하는데 나노기술이 중요한 것은 크기가 작아서가 아니고 나노크기 정도로 작아졌을 때 물질의 구조나 성질을 다르게 변형 시킬 수 있다는 점이다.

나노기술에서 가장 대표적인 사례가 흑연과 다이아몬드이다. 흑연과 다이아몬드는 같은 원소인 탄소(원소기호 C)원자로 이루어져 있다. 하지만 흑연과 다이아몬드는 구조가 달라 흑연은 연필심으로 다이아몬드는 보석으로 쓰여지고 있다. 나노기술이 중요한 것은 여기에 있다. 흑연을 나노크기 정도

Chapter 2 4차 산업혁명의 기술은 무엇인가?

로 잘게 나눈 다음 구조를 재배열하면 성질이 다른 물질이 만들어 지게 된다. 이렇게 탄소원자를 나노기술로 탄생한 것이 탄소나노튜브이다. 탄소나노튜브는 구리보다 전기전도율이 높고 다이아몬드와 같은 열전도율을 가지며 철보다 뛰어난 강도를 가진 물질로 새롭게 만들어진다.

꿈의 소재라고 불리는 '그래핀' 역시 대표적인 나노기술의 사례이다. 그래핀은 구리보다 전도율아 높고 실리콘보다 전자이동이 빠르고 다이아몬드보다 열전도성이 높고 부러지지 않고 잘 휘어지는 특성으로 반도체의 실리콘을 대체할 꿈의 소재라고 불리게 되었다. 하지만 아직 반도체분야에서 그래핀은 상용화되지 않고 있다. 이유는 다른 성분과 합쳐졌을 때 그래핀의 특성이 사라지기 때문이다. 그래서 그래핀의 상용화는 반도체부분에서는 더디게 진행되고 있지만 디스플레이나 태양전지 소재 등에서 먼저 상용화가 가능할 것으로 예상되고 있다. 이렇듯 **나노기술은 다양한 신소재를 만드는 기반이 된다.**

3D 프린터(3D Printer)

"3D프린터(3D Printer)는 우리가 생각하는 프린터가 아니다."

두산 백과사전에는 프린터라고 하면 '컴퓨터에서 처리된 정보를 사람이 눈으로 볼 수 있는 형태로 인쇄하는 출력장치이다'라고 설명했다. 이처럼 프린터는 먼저 컴퓨터가 있어 컴퓨터에서 운영되고 작동되는 자료, 콘텐츠, 정보 등을 사람이 볼 수 있는 형태(사람이 눈으로 볼 수 있는 형태는 평면도 있고 입체도 있고 여러 가지 형태가 있음)로 인쇄(잉크나 어떤 물질을 사용하여 종이 또는 물체 표면에 글이나 그림 등 콘텐츠를 재생하고 복제하는 것)하는 출력장치(결과물을 만들어 내는 장치)이다. 컴퓨터가 사람의 눈으로 볼 수 있는 형태로 만드는 것은 이제까지는 평면(2D)이었다. 그래서 인쇄라고 하면 대부분의 사람들은 종이 이외에 인쇄한다는 것을 생각하지 않는 것이 사실이다. 이러한 생각은 선입견이고 사람의 생각을 틀 안에 가두는 것이다.

인쇄, 복사, 출력 이런 단어가 나오면 우리는 당연히 종이를 생각한다. 종이가 발명되고 수 천년 동안 인간은 어떠한 내용을 전달하기 위해 종이에 문자나 그림 등을 표현하고 이를 소통의 수단으로 사용해왔다. 인쇄술이 발달되기 시작한 무렵부터 인류는 종이에 표현하는 방법을 꾸준히 발전시켜 왔다. 컴퓨터의 도입과 발전으로 프린터도 다양하게 발전하였고 최근에는 사물인터넷과 결합하여 시간과 장소에 상관없이 프린터를 할 수 있게 되었다. 아무리 프린터가 발전을 해도 기본적으로 종이라는 평면에 콘텐츠를 나타내는 것이다. 결국 프린터라고 하면 평면에 콘텐츠를 출력한다고 생각하는 것이다. 하지만 4차 산업시대에서는 그런 생각이 파괴되고 깨지는 것이다.

사람은 생활하면서 다양한 콘텐츠를 생성하고 전달하고자 했다. 이는 정보 전달 수단이기도 하지만 인류의 문명을 진화시키는 도구이기도 하였다. 이런 정보의 전달을 위해 많은 콘텐츠가 필요했고 그것을 빨리 복사하고 만드는 것이 중요했다. 그래서 발명된 것이 금속활자, 종이이다. 사람마다, 선정하는 기관마다, 선정하는 시기마다 기준이 다르고 관점에 따라 판단은 다를 수 있지만 월 스트리트 저널(Wall Street Journal)에서 금속활자와 종이를 세계를 바꾼 10대 발명품이라고 할 정도로 우리의 삶에 패러다임을 바꾼 발명

Chapter 2 4차 산업혁명의 기술은 무엇인가?

품이다. 금속활자와 종이가 프린터의 원조이며 기본인 셈이다. 이렇듯 3D 프린터도 우리 삶의 패러다임을 변화시킬 것은 확실하다. 하지만 오랜 시간 우리에게 인쇄와 출력의 형태로 각인 시킨 종이 출력은 3D프린터의 출현에 대해 의문을 갖게 하였고 아직도 3D프린터에 대한 의문을 가지게 하는 것이 사실이다.

| 세계 10대 발명품 | 1위 나침반, 2위 총, 3위 금속활자, 4위 종이, 5위 기계식 계산기, 6위 베이글, 7위 전구, 8위 트랜지스터, 9위 인공위성, 10위 복제양 돌리

〈출처: Wall Street Journal〉

"3D 프린터는 생각보다 일찍 시작되었다."

3D 프린터의 출현은 스마트폰보다도 오래 되었다. 3D프린터가 처음 나온 것은 1980년대 초이다. 1980년대 초는 인터넷도 보편화되기 이전으로 3D프린터기술은 다른 4차 산업기술에 비해 일찍 시작되었다고 할 수 있다. 3D프린터는 1981년 히테오 코다마(Hideo Kodama)박사에 의해 시작되었다. 히데오 코마다 박사는 광경화성 수지(Photo-polymer)가 빛에 노출되면 굳는 성질을 3D프린터 기술에 적용하였다. 광경화성 수지는 액체성 원재료가 일정시간 노출되면 굳게 되는데 에폭시(epoxy) 등의 수지가 해당된다. 쉽게 설명하면 액체나 젤 같은 액체 상태의 물질이 어떠한 장치나 표면에 흡착이 되어 일정시간이 되면 굳어지게 되는 성질이 있는 수지를 말하는 것이다. 이 광경

화성 수지는 3D 프린팅 기술에 기본이 되는 물질이고 3D프린터 탄생에 기초가 된 중요한 소재이기도 하다. 그리고 다른 중요한 기술은 도면을 입체로 그리는 3D 도면 기술이다. 도면은 종이에 나타내는 것으로 평면으로만 표현 되었는데 컴퓨터의 발전으로 3D 도면이 가능하게 된 것이다. 지금은 건축, 부품, 목업 등 다양한 분야에서 쓰이는 3D 도면이 당시에는 상상하기 어려운 기술이었던 것이다. 히데오 코다마는 이 두 가지 기술(광경화성 수지와 3D 도면)을 형상화 하고자 했고 두 가지 기술을 접목하여 3D 프린터의 기초가 되는 기술을 만들게 되었다.

 1984년 찰스 헐(Charles W. Hull)박사가 특허를 출원하면서 3D프린터가 상용화로 이어지게 되었다. 히데오 코다마박사가 이론적 토대를 만들었다면 찰스 헐 박사가 상용화를 시도하기 시작한 것이다. 당시 어떤 모형을 만든다고 하면 보통 물체를 깎아서 만드는 방식이 대부분이었다. 나무로 조각을 만들거나 대리석을 깎아서 기둥을 만든다거나 하는 것이다. 다른 방식이라면 도자기를 만들 때 점토를 물레에 쌓아 놓고 형태를 만드는 정도이었다. 찰스 헐 박사는 히데오 코다마 박사의 광경화성 수지에 주목하고 이 성질을 이용할 방법을 고민하고 해결방법으로 자외선을 찾아냈다. 3D 프린터의 가장 어려운 문제는 형태가 유지되어야 하는 것이다. 액체상태의 수지가 굳기 전에 다른 액체가 접촉하면 형태가 무너질 것은 자명한 것이다. 이런 문제를 해결하기 위해서는 액체상태의 수지를 빨리 굳게 하고 지속적으로 쌓아 올릴 수 있는 방법을 찾는 것이었는데 여기서 원료를 빨리 굳게 만드는 답을 자외선에서 찾았다. 자외선은 원료를 빨리 굳게 할 수 있어 3D프린터를 상용화 할 수 있는 계기가 된 것이다. 찰스 헐 박사는 밑에서부터 원료를 조금씩 분사하여 이를 자외선을 통해 굳게 하고 그 위에 다시

Chapter 2 4차 산업혁명의 기술은 무엇인가?

원료를 분사하여 한 단계 한 단계 쌓아 올라가는 적층방식(SLA, Stereolithography Apparatus)을 개발하게 되었다. 이 적층방식은 현재 대부분 3D프린터의 원리로 적용되고 있기도 하다.

이후 1988년 스콧 크럼프(S. Scott Crump)가 고체형 원료를 녹여 이것을 실온에서 굳게 만드는 방식으로 만드는 원리의 3D프린터를 개발하였다. 쉽게 얘기하면 글루 건(Glue Gun)을 연상하면 된다. 글루 건은 플라스틱 막대를 글루건이라는 총 같이 생긴 기계에 끼워 방아쇠 같은 것을 누르면 플라스틱 막대가 열에 녹으면서 나오고 이 원료가 나오자 마자 굳게 되는 것이다. 스콧 크럼프 역시 두꺼운 낚시 줄 같은 고체 상태인 원료를 뜨거운 노즐 같은 곳을 통과하여 녹게 만들고 그 녹은 원료를 상온에서 굳게 하여 한 층씩 쌓아 올리는 원리로 3D 프린터를 개발하였다. 이 방법이 3D 프린터에서 가장 널리 쓰이는 방식인 FDM(Fused Deposition Modeling)방식이다.

"3D프린터로 의식주 모두를 해결할 수 있다."

3D프린터에 익숙하지 않은 사람들은 3D프린터로 어떤 것을 만들 수 있는지에 대한 의문을 가지고 있다. 많은 사람들은 3D프린터에서 만들어지는 제품이 피규어(Figure, 인간, 동물 형상의 모형 장난감)정도로 알고 있고 어떤 소재로 어떤 물건이 만들어 지는지 모르는 경우가 대부분이다. 3D프린터의 소재는 우리가 생각하는 것 이상으로 다양하게 발전하고 있다. 3D프린터에서 가장 많이 쓰이는 소재는 플라스틱이다. 플라스틱에도 ABS플라스틱, PLA(Poly Lactic Acid), 나일론(Nylon) 등 다양하다. 가장 대표적인 ABS플라스틱은 Acryl(아크릴), Butadiene(부타디엔), Polystyrene(폴리스타일렌)의 앞 글자를 딴 플라

스틱 소재이다. ABS플라스틱은 강도가 매우 높아 3D프린터 소재로 가장 많이 쓰이고 있고 PLA플라스틱은 옥수수 전분을 사용한 친환경 소재이다.

3D프린터로 무엇을 만들 수 있는가 하는 것에 대한 의문이 많이 있다. 3D프린터로 의식주를 모두 해결할 수 있다. 먼저 주택을 보면, 네덜란드 암스테르담에서 최초로 3D프린터로 주택을 건설하는데 성공하였고 중국의 Win Sun이라는 건축회사는 3D프린터로 주택 10채를 하루 만에 건설하는 것을 시현하였다. 또한 두바이의 카자(Cazza)라는 회사는 3D프린팅크레인을 개발하여 콘크리트를 소재로 건설기간과 비용을 획기적으로 단축시켰다.

두 번째는 음식이다. 음식은 사람이 손맛이 들어가야 한다고 생각하는데 과연 3D프린터가 만들 수 있다는 것은 상상하기 어려울 것이다. 라면자판기가 있는 것은 알고 있지만 그것은 일종의 로봇이 사람을 대신하여 작업을 하는 것이지 3D프린터로 음식을 만든다는 것은 아니다. 이렇듯 3D프린터가 음식을 만든다는 것은 상상하기 쉽지 않을 것이다. 2016년 7월 런던에서 세계최초 3D프린터 식당인 Food Ink라는 식당이 개점했다. Food Ink는 3D프린터로 음식도 만들지만 식탁, 포크 등 거의 모든 물품도 3D프린터로 제작 했다. 그리고 한 가지 음식만을 서빙하는 것이 아니고 에피타이저, 메인 요리, 디저트까지 9단계의 코스요리를 모두 3D프린터로 음식을 만들어 서빙한다. 맛에 있어서도 일반 요리와 별 차이가 없을 정도로 일반 식당에 뒤지지 않는 경쟁력을 가지고 있다.

마지막으로 의류이다. 3D프린터 상용화에 가장 적합한 사업 중 하나가 의류사업이다. 뉴욕에서는 3D프린팅 패션쇼가 개최되었고 우리나라에서도 2017년 5월 '제4회 국제 3D프린팅 코리아엑스포 및 유저컨퍼런스'에서 패션쇼가 열리기도 하였다. 이처럼 의류분야에 3D프린터가 활용되고 있

Chapter 2 4차 산업혁명의 기술은 무엇인가?

는데 이는 사람의 신체가 개인별로 다르고 인체가 반드시 대칭으로 이루어 지지 않아 몸에 맞게 제작하는 것이 까다롭기 때문이다. 현재의 대량생산 방식에서는 정형화, 통일화가 되어야 대량생산을 할 수 있어 개인별로 맞춤이 불가능하다. 하지만 3D프린터는 사람 특징을 스캔하여 생산 할 수 있어 개인별 맞춤 생산이 가능하게 된다.

"화성개척에 3D프린터가 가장 중요하게 사용될 것이다."

3D프린터는 매우 다양한 분야에서 사용 되고 있고 사용범위가 확대되고 있다. 3D프린터가 주목 받는 분야는 우주개발 분야이다. 우주개발은 인류가 꿈꾸고 있는 오랜 된 숙제이고 가장 도전하고 싶은 분야이기도 하다. 현재 진행되고 있는 우주개발 프로젝트 중 화성정착 프로그램이 있다. 네덜란드의 Mars One(마스 원)이라는 단체는 2024년 화성에 정착민 40명을 이주시키는 프로젝트를 준비하고 있고 현재 후보자 100명을 선발한 상태이다. 마스 원 프로젝트는 인간이 화성에서 정착하는 프로젝트로 다시 지구로 귀환할 수 없는 프로젝트이다. 이 프로젝트가 계획대로 진행된다면 화성에 도착하는 것은 가능하나 화성에서 정착하기 위해 가지고 가야 하는 물건들은 매우 많을 것이다. 영화 '마션(The Martian, 2015년)'은 화성탐사를 위해 화성에 도착한 우주인이 화성 폭풍으로 우주선이 파괴되어 혼자 고립된 상황에서 감자를 키워 생존하며 다시 지구로 귀환한다는 내용이다. 이 영화에서 주인공은 식물학자로 생존하기 위해 우주선 바닥을 화성 토양으로 깔고 거기에 감자를 키우는 내용이 있다. 마스 원 프로젝트처럼 사람이 화성에 정착하기 위해서 우주선을 건물로 쓴다고 해도 물자(物資)는 절대적으로 부족할

것이다. 단순히 건물 이외에 화성이주민들이 정착하기 위해서는 많은 물건과 도구가 필요할 것이고 기본적인 의식주도 반드시 필요하게 된다. 만약 지구와 같은 의식주를 충족하기 위해서는 엄청난 양과 부피의 물건을 같이 가지고 가야 할 것이다. 하지만 우주선에 가지고 갈 수 있는 양과 부피는 한정될 것이다. 이런 문제를 해결할 수 있는 방법이 3D프린터이다. 3D프린터는 소재(재료)를 필라멘트나 레진 형태로 양과 부피를 최소화 할 수 있고 기계도 3D프린터로 최소화 할 수 있기 때문이다. 마스 원 프로젝트가 계획대로 진행된다면 3D프린터가 화성개척에 가장 중요한 장비 중 하나가 될 것이다.

"세상에 하나뿐인 나만의 제품"

3D프린터의 가장 큰 장점은 디자인의 다양성이다. 대량생산체계에서 디자인을 바꾸는 일은 매우 어렵다. 하지만 3D프린터는 디자인을 자유롭게 변화시킬 수 있다. 만약 휴지통 전체의 디자인은 마음에 드는데 뚜껑이 마음에 들지 않아 변경하려고 하면 기존 공장에서는 불가능 하지만 3D프린터에서는 바로 변경이 가능하다. 이렇듯 3D프린터는 디자인 변경이 용이하므로 나만의 맞춤 제품을 만들 수 있고 나만의 제품을 특화 시킬 수 있게 된다. 많은 사람들은 조그만 물건에도 의미를 부여하고 선호하는 디자인에는 비싼 비용을 들여서라도 구입한다. **3D프린터는 개인의 욕구를 충족시키는 제품 생산을 가능하게 한다.**

"타이어도 3D프린터로 생산하는 미쉐린(Michelin)."

| Chapter 2 | 4차 산업혁명의 기술은 무엇인가?

    보통 타이어라고 하면 고무로 만들어진다고 생각한다. 고무가 탄력성이 좋고 도로에 적합하게 연구되었고 오랜 시간 검증을 통해 가장 적합한 재료라고 생각하기 때문이다. 최근 이런 타이어의 고정관념을 깬 타이어가 만들어졌다. 이런 타이어를 만든 기업은 글로벌타이어회사인 미쉐린(Michelin)이다. 미쉐린은 공기와 휠(Wheel)이 없는 타이어를 3D프린터로 만들었다.

    미세린이 3D프린터로 새로운 개념의 타이어를 만들었는데 여기에는 다양한 기능이 반영되었다. 보기에는 부엌에서 쓰는 수세미처럼 보이지만 바퀴와 타이어 기능을 하나로 합쳤다. 고무 타이어는 이제까지 발견된 바퀴 중에서 가장 우수한 재질임에도 불구하고 고무 타이어에는 적절한 공기압이 필요하고 파열되는 문제와 재활용이 안되고 폐기되어야 하는 문제를 가지고 있다. 적절한 공기압이 유지되지 않을 경우 사고의 원인이 될 수 있어 적절한 공기압을 유지하기 위해 수시로 체크하여야 한다. 또한 타이어의 파열은 곧바로 인사사고와 연결되어 사람에게 피해를 줄 수 있다. 타이어 소재인 고무는 재활용에 한계를 가지고 있다. 타이어가 폐기 됨에 따라 환경에 문제를 일으키고 있음에도 불구하고 재활용에 활용되는 경우는 많지 않다. 3D프린터로 제작한 타이어는 공기가 필요 없는 타이어로 공기압을 유지할 필요가 없고 파열의 위험이 없다. 이런 점은 안정성과 내구성에 탁월한 기능을 보인다. 또한 재활용성 유기물질로 만들어 재활용문제와 환경오염을 감소시키게 된다.

    3D프린터로 제작하면 휠과 타이어의 일체형으로 낭비가 적을 뿐 아니라 고객이 요구하는 다양한 디자인이 가능하다. 그리고 소비자가 자신의 일상생활(Life Style)에 가장 적합한 맞춤형 타이어를 선택할 수 있다는 것이다. 맞춤형타이어는 고속도로를 자주 이용한다거나, 비 포장도로를 간다든지 하는

상황, 겨울이 긴지, 여름이 긴지, 매끄러운 도로를 다닌다든지 등 소비자가 원하는 상황에 최적의 기능을 가진 타이어를 제공할 수 있는 것이다. 또한 타이어에 사물인터넷 센서를 넣어 자동차와 연결시켜 자동차의 효율성을 극대화 시킬 수 있다. 예를 들어 자동차에 있는 지도를 통해 눈 덮인 산으로 가는 경우 타이어가 주행에 적합한지 여부를 알려주고 부적합 할 경우 자체 수정이 가능하도록 하는 것이다. 이는 사람, 차량, 도로 등을 유기적으로 연계시켜 최적의 상태를 유지하도록 하는 것이다.

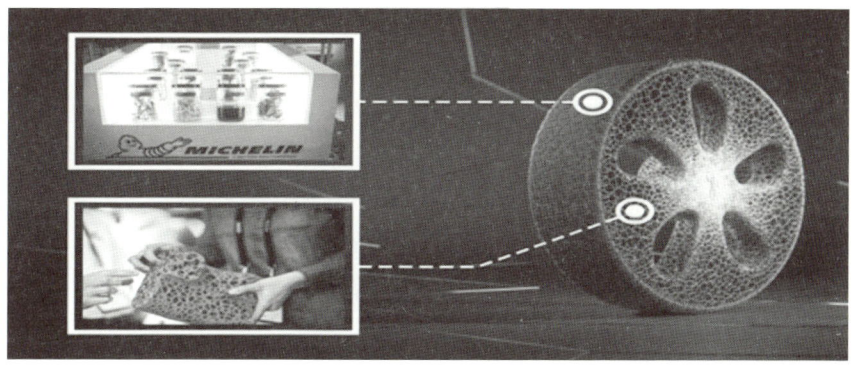

(출처: http://blog.caranddriver.com/michelin-reveals-another-airless-wheeltire-concept-but-this-one-is-biodegradable-and-3d-printed/)

"11시간 반의 출력시간을 6분 30초로 줄인 Carbon(카본)"

'Carbon(카본)'은 3D프린터 제조기업 이름이다. 회사이름이 'Carbon 3D'로도 불리는데 이유는 Carbon사가 획기적인 3D프린터를 만들었고 Carbon사의 가장 대표적인 모델이 Carbon M1 3D Printer, Carbon M2 3D

Chapter 2 4차 산업혁명의 기술은 무엇인가?

Printer이기 때문이다. 'Carbon'이 4차 산업기술 선도기업으로 주목 받는 이유는 3D프린터의 출력시간을 획기적으로 개선하였기 때문이다. 3D프린터의 가장 단점은 출력 속도에 있다. 통상 조그마한 샘플을 만드는 데도 최소 몇 시간씩 걸리고 중간에 에러가 나면 처음부터 다시 해야 하는 단점이 있었다. 이런 단점을 극복할 기업이 바로 Carbon이다. Carbon사는 3D프린터에 CLIP(Continuous Liquid Interface Production)방식을 개발하여 SLA(SLA, Stereo Lithography Apparatus, 적층방식)방식에서 11시간 반이 걸리는 출력시간을 6분30초로 100배 이상 개선하였다.

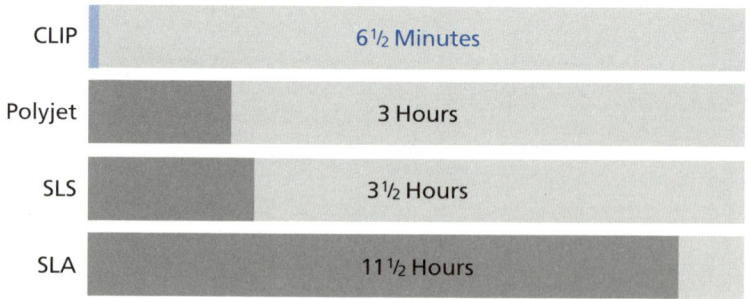

※ Based on 3rd party tests commissioned by Carbon3D to compare CLIP Against a leading commercial printer in each technology category.

CLIP방식을 개발한 Carbon사는 2014년 Joseph M. DeSimone가 설립했는데 Joseph이 2015년 TED(Technology Entertainment Design)에서 CLIP방식으로 프로토타입(Prototype)을 선보였다. CLIP의 원리는 콘택트렌즈와 같이 산소와 자외선(UV)를 통과시킬 수 있는 창을 만들고 자외선을 쏘면 Dead Zone(데드 존)이 생기는데 데드 존 위는 굳게 되지만 아래는 액체상태가 유지되면서 연속 출력이 가능하게 되는 것이다 이 데드존이 CLIP기술의 핵심이다. 이 CLIP방식이 연속조형을 매끄럽게 하고 소재의 성질을 유지할 수 있게 하는 것이다. Carbon 3D프린터는 RPU(Rigid Polyurethane), FPU(Flexible Polyurethane), EPU(Elastomeric Polyurethane), CE(Cyanate Ester), PR(Prototyping) 등 다양한 소재를 사용할 수 있다. Carbon은 'Carbon M1 3D Printer'을 출시하였는데 144㎜X81㎜X330㎜크기로 75㎛(마이크로 미터, 백만분의 1미터) 픽셀(Pixel)을 사용했다. 이후 'Carbon M2 3D Printer'이 출시 되었는데 크기가 189㎜X118㎜X326㎜로 확대되었다.

또한, 3D프린터의 장점을 살린 프로젝트가 진행되고 있는데 Carbon사와 글로벌 운동용품회사인 아디다스(Adidas)가 맞춤형 운동화 100,000켤레를 생산하는 프로젝트이다. 발모양은 개인별로 다양하고 같은 사람이라고 해도 오른발, 왼발의 크기, 모양에서 차이가 있다. 이런 차이를 개인의 취향과 발모양에 맞는 맞춤형 운동화를 생산하겠다는 것이다. 이 프로젝트가 마무리되면 3D프린터의 장점인 개인별 맞춤형 상품화를 실현하고 10만 켤레라는 규모의 대량생산도 가능하다는 가능성을 동시에 증명하게 되는 것이다.

"금속을 자유롭게 출력하는 Desktop Metal(데스크탑 메탈)"

우리 생활에 많은 부분을 차지하는 소재가 금속이다. 금속은 거의 모든 제품에 들어가고 사용되고 있다. 금속은 제련의 단계를 거쳐 생산되고 부품 별로 다시 가공되어 생산하게 된다. 금속을 제련하기 위해서는 용광로로부터 여러 단계를 거치고 거기서 생산된 금속은 다시 용도별로 가공되고 제품으로 만들어진다. 부품 하나를 만들기 위해서도 금속을 가공하고

Chapter 2 4차 산업혁명의 기술은 무엇인가?

milling(밀링) 작업 등을 통해 제품이 생산된다. 이런 금속도 3D프린터를 통해 빠르고 간편하게 만들 수 있게 한 기업이 Desktop Metal(데스크탑 메탈)이다. Desktop Metal의 3D프린터는 아직 상용화가 되지 않았다. 2018년 이후 본격적인 상용화 제품이 출시 될 예정임에도 많은 사람들이 주목하고 있다. 이유는 Desktop Metal에서 발표하는 것처럼 금속 3D프린터가 기존 제품보다 100배 빠르고 10배 저렴하다면 산업계에 미칠 영향은 클 수 밖에 없기 때문이다. 금속 3D프린터의 출력속도가 100배 빠르고 10배 저렴하면 공장에 부품들을 가지고 있을 필요가 없게 된다. 필요할 때 필요한 양을 그 자리에서 출력해서 사용하면 되는 것이다. 그렇게 되면 부품 재고도 필요 없고 부품 보관에 따른 공간도 필요 없게 된다. 이런 금속 3D프린터가 발전되어 가격이 저렴해져 가정용까지 확대되면 **집이 공장이 되는 시대가 될 것이다.** 이것이 4차 산업혁명에서 보여주는 패러다임의 변화인 것이다.

Desktop Metal의 기술 원리는 금속파우더와 접착제를 이용해 출력 후 열을 가해 금속을 단단하게 만드는 것이다. Desktop Metal은 Rapid Prototyping(신속한 프로토타이핑)을 위한 The Studio System(스튜디오 시스템)과 Mass Manufacture(대량생산)를 위한 The Production System(생산 시스템)을 제시하고 있다. Studio System은 ABS플라스틱 프린터인 FDM방식과 비슷하다. 이 시스템은 금속분말이나 레이저가 없어 작업자가 호흡기 등 장비 없이 출력할 수 있고 크롬 철강, 알루미늄, 구리, 청동, 스테인리스 등 200 가지 이상 합금이 포함된다. The Production System은 빠른 출력속도로 제작되는데 가공, 주조, 단조 또는 기타 기술보다 빨리 생산할 수 있다. 이 시스템은 금속 막대 카트리지 대신 스프레이로 분사된 액체로 인쇄하는 동안 결합되는 분말을 사용한다. 이 시스템은 레이저 기계에 비해 100배 빠르고 재료비는

20배 저렴하다고 한다. 만약 Desktop Metal이 발표한 것처럼 3D프린팅이 되면 전통적인 제조방식을 완전히 변화시키는 전환점이 될 것이다.

무인자율주행자동차(Autonomous Vehicles)

"'전격Z작전'에 나온 '키트(Kitt)'는 꿈이 아닌 현실이다."

어느 날 도시에 악당이 나타나서 은행 강도 짓을 하고 사라졌다. 이들을 잡기 위해 주인공 데이빗 핫셀호프(David Michael Hasselhoff)와 주인공에 버금가는 역할을 하는 자동차 키트가 출동한다. 주인공은 키트를 운전하고 가다가 본부(키트가 들어가는 트럭)에서 호출하면 키트가 본부의 위치를 확인하고 자동으로 찾아간다. 이동본부에 들어가서 임무를 받은 주인공은 본부에서 나와서 임무를 수행한다. 임무를 수행하다 새로운 정보가 있거나 범인을 추적해야 하면 자동차 안에서 모니터를 통해 임무를 받거나 지도로 위치를 확인 하는 등 임무를 수행한다. 그리고 주인공이 자동차에서 내려 임무를 수행하다 키트를 타야 하면 주인공은 손목시계로 호출하고 키트가 범인을 추격하거나 범인에게 추격당할 때 무기를 사용하고 범인을 잡는다는 내용이다. 이것은 80년대 후반 '전격Z작전'이라는 TV프로그램내용이다. 사람들은 이 프로그램을 보며 주인공과 그에 버금가는 역할을 하는 '키트(Kitt)'라는 자동차에 환호하고 무한한 애정을 보내곤 했다. 당시 '전격Z작전'에서 본 장면들은 내가 살아서 경험할 수 없을 기술이고 꿈이라고 생각했다. 하지만 결코 꿈이 아닌 현실이 되고 있는 과정이다.

Chapter 2 4차 산업혁명의 기술은 무엇인가?

'전격Z작전'에 나오는 키트는 4차 산업시대의 대표적인 기술의 총합이다. 주인공에 버금가는 역할을 하는 자동차 키트는 자율주행자동차(Autonomous Vehicles)이다. TV에서 키트는 주인공이 운전을 하기도 하지만 언제든지 혼자 이동하고 목적지를 알고 찾아갈 수 있는, 비록 주인공이 운전을 하지만 자율주행자동차라고 할 수 있다. 그리고 자동차가 도로상황, 위치, 교통 상황 등을 인지하고 이동하는 기술 역시 자율주행 기술이라 할 수 있다. TV프로그램에서 자주 나타나는 장면 중 하나인 모니터를 통해 업무를 지시 받고 자료를 호환하고 위치를 확인하는 등의 작업은 사물인터넷, 정보통신기술 등 4차 산업의 주요기술을 보여주는 것이다. 과거 많은 사람들이 로망이며 한번은 소유하고 싶을 정도로 매력적이었던 자동차가 실제로 내가 소유할 수 있는 시대가 도래하고 있는데 이 시대가 4차 산업시대이다.

"무인자율주행자동차는 '무인+자율주행+자동차'의 합성어이다."

영어로 무인자율주행자동차를 'Autonomous Car', 'Self-driving Car', 'Driverless Cars' 등으로 다양하게 표현되고 있다. 세계적 백과사전 위키피디아(Wikipedia) 영문판은 4차 산업혁명에서 핵심기술로 자율주행자동차를 'Autonomous Vehicles'이라고 표기했다. Autonomous Vehicles 그대로 해석하면 자율적으로 움직이는 이동수단으로 이해하면 무리가 없다. 무인자율주행자동차는 운전자가 자동차를 제어하지 않고 자동차 스스로 도로상황, 차량상태 등을 인지하고 주행하는 자동차 이다.

무인자율주행자동차는 '무인 + 자율주행 + 자동차'의 합성어인데 이렇게 합성된 용어를 쓰는 것은 그만큼 많은 의미가 포함되어 있다고 하겠다. 세

단어가 합성된 내용을 보면 좀 더 정확히 이해 할 수 있을 것이다. 무인자율주행자동차에서 먼저 나오는 '무인(無人)'은 말 그대로 해석하면 사람이 없다는 것인데 자동차에 사람이 없다는 것이 아니고 운전자가 없다는 것이다. 이를 좀 더 구체적으로 얘기하면 무인자율주행이라고 하면 완벽한 자율주행 기능이 가능해야 하고 운전자가 대응 할 필요가 없지만 운전자가 조금이라도 대응해야 한다면 운전자가 조치를 취해야 할 운전대가 있어야 하는 것이므로 무인이라는 의미는 운전자가 돌발사태에 조치를 취할 수 있는 운전대가 있느냐 없느냐 하는 것이다. 현재 자율주행이라고 해도 자동차에 운전대가 있다. 이유는 기술적으로 무인상태에서 돌발사태가 발생하면 차량 스스로 대응하기에 완벽하지 못한 이유도 있지만 운전석이 없을 때 차량 운행이 불가능한 법적인 규제가 있는 것도 이유이다. 두 번째 단어인 자율주행(自律走行)은 말 그대로 자기 스스로 제어하여 이동하는 것이다. 자기 스스로 제어하고 이동한다는 것은 한가지 기술이 아닌 센서기술, 인식기술, 제어기술, 이동기술 등 다양한 기술이 복합되지 않으면 불가능한 기술이다. 이런 자율주행기술이 자동차에 적용할 때 자율주행자동차가 된다. 마지막 단어인 자동차는 말 그대로 자동차. 자동차라고 하면 상식적으로 승용차, 트럭 등 바퀴가 달린 모든 이동수단이라고 보는 것이 타당하다. 그러므로 '무인자율주행자동차는 운전대 없이 스스로 제어하고 이동하는 자동차'라고 하겠다.

"자율주행기술 모빌아이(Mobileye)"

자율주행차량 개발에는 현대자동차, Toyota(도요타), BMW, Mercedes-Benz(메르세데스 벤츠) 등 글로벌자동차메이커뿐 아니라 구글, 우버 등 글로벌 IT

Chapter 2 4차 산업혁명의 기술은 무엇인가?

자율주행자동차 주요기술

- **ABA** Active Brake Assist: 센서를 이용하여 주행과 감속을 조정하며, 차량간의 거리를 자동으로 제어하는 기술
- **ABSD** active Blind Spot Detection, 사각지대(운전자 시야가 보이지 않는 구간)에 있는 장애물을 인지 못하고 차선을 변경할 때 이를 통제하는 기술
- **ACC** Active Cruise Control: 속도를 자동으로 인지하여 일정 속도로 주행하는 기술
- **ADAS** Advanced Driver Assistance System, 운전 중에 발생할 수 있는 돌발사태에 대해 센서를 통해 차량 스스로 인지하고 판단하여 차량을 통제하는 기술
- **AEB** Autonomous Emergency Braking : 상대 차량이 속도를 줄이거나 멈출 경우 또는 사람 등 장애물이 나타나는 돌발사태에 작동하는 비상제동장치
- **ASCC** Advanced Smart Cruise Control : 일정 속도를 유지하며 운행하며 차간거리를 조절해 수수로 멈추는 기술
- **AVM** Around View Monitor, 주변상황을 모니터를 통해 보여주는 기술
- **BSD** Blind Spot Detection: 자동차 사각지역의 장애물을 탐지하여 충돌을 방지하는 장치
- **FCWS** Forward Collision Warning System : 전방추돌 경보장치
- **HAD** Highway Driving Assist : 고속도로 주행 보조 기능
- **HMW** Headway Monitoring and Warning, 차간거리모니터링경고 장치
- **HP** Highway Pilot: 센서를 통해 차선유지, 충돌회피, 속도제어, 감속 등 기능
- **LDWS** Lane Departure Warning System : 차선이탈경보시스템
- **LKAS** Line Keeping Assist System : 차량이 차선을 벗어나지 못하게 하거나 차선을 벗어날 경우 원위치로 복귀시키는 기능
- **PCW** Pedestrian Collision Warning, 보행자충돌경고, 보행자를 식별하여 사전에 경고하는 기술
- **TSR/SLI** Traffic Sign Recognition, Speed Limit Info, 속도제한 경고, 속도표지판을 감지하여 과속일 경우 경고하는 기술

자율주행자동차 주요센서

- **Camera** 도로, 차선 등 주변을 인식하는 센서
- **GPS** Global Positioning System: 위성항법 시스템
- **Laser** Light Amplification by Stimulated Emission of Radiation: 유도방출로 증폭된 빛을 내는 장치
- **LIDAR** Light Detection and Ranging: 레이저광선을 사용하여 측정하는 장치
- **Rada** Radio Detection and Ranging: 마이크로파를 발사하여 수신하고 측정하여 거리, 방향, 고도 등을 알아내는 장치

기업, 테슬라 같은 전기자동차메이커까지 거의 모든 글로벌거대기업들이 개발에 참여하고 있다. 많은 기업들이 기술개발에 참여하고 있지만 소프트웨어와 하드웨어가 분리되어 있어 완전한 자율주행자동차가 완성되기 위해서는 소프트웨어(자율주행 프로그램)와 하드웨어(자동차)가 함께 구현되어야 한다. 어떤 기업도 자체 기술로 자율주행프로그램과 자율주행자동차를 생산하는 것은 매우 어렵다. 이유는 자율주행기술만 개발하는 것도 많은 인력과 비용이 소요되기 때문이다.

　모빌아이는 1999년 이스라엘에서 설립된 자율주행기술 기업이다. 모빌아이는 센서를 통해 수집된 정보를 분석하고 판단해 자동차를 제어하는 기술을 보유한 기업이다. 모빌아이는 차량용 운전자 지원 시스템, 자율주행 관련 컴퓨터 비전 기술, 머신러닝, 빅데이터 분석, 맵핑 등 자율주행기술을 지속적으로 개발하여 자율주행기술의 선도기업으로 인정받고 있고 많은 글로벌 자동차 메이커에게 OEM(주문자 생산방식) 방식으로 납품하고 있다. 이를 글로벌자동차 메이커의 90%가 사용하고 있다. 모빌아이는 자동차메이커가 아니고 인공지능을 통한 자율주행프로그램 개발 소프트웨어 플랫폼 기업이다. 아무리 모빌아이의 기술력이 있어도 자동차가 없으면 개발 단계의 프로그램에 한정 된다. 이렇듯 소프트웨어 개발 기업은 프로그램이 제대로 구현되기 위해서는 시범 운행이 필요하고 시범운행을 하기 위해서는 차량이 반드시 필요하다. 이에 반해 글로벌자동차메이커는 자동차기술과 자본을 가지고 있어 그들도 자율주행기술을 개발하고자 한다. 하지만 직접 개발하기에는 위험부담이 너무 커 소프트웨어 기업에 대한 투자나 제휴를 통해 기술 개발을 하고 있다.

　모빌아이는 자동차업계의 자율주행자동차기술개발 이라는 고민을 전략

Chapter 2 4차 산업혁명의 기술은 무엇인가?

적으로 해결하고 있다. 어떤 자동차기업도 혼자서 모든 자율주행기술을 해결하지 못한다. 이유는 비용과 위험관리의 문제때문이다. 현재 인공지능기술은 초보 수준이고 자율주행에 요구되는 기술은 현재수준을 능가하기 때문에 이런 문제를 해결하기 위해서는 많은 인력과 기술이 필요한데 어떤 자동차기업도 혼자서 문제해결을 감당할 수 없다. 이유는 비용의 문제도 있고 위험부담도 크기 때문이다. 이런 비용 문제와 위험부담이 모빌아이의 가치를 높이는 결과가 된 것이다. 모빌아이는 BMW, 인텔 등과 제휴관계를 맺고 공동으로 자율주행 플랫폼개발을 하고 있다.

"표준화(standardization)는 시장을 장악하게 된다."

인텔은 2017년 153억 달러(한화 약 17조 5,000억원)에 모빌아이를 인수했다. 인텔이 153억 달러라는 거액을 들이고 모빌아이를 인수한 이유는 무엇일까? 결국 미래가치에 대한 투자이다. 아직 자율주행은 초기 단계이다. 특히, 표준화가 안되어 있는 상태에서 기술 표준화는 매우 중요한 가치이다.

표준화 경쟁의 대표적 사례이자 첫 번째라고 할 수 있는 사례는 지금은 볼 수 없는 유물이지만 비디오테이프가 있다. 비디오 테이프가 세계시장을 휩쓸고 있을 때 비디오테이프기술은 일본 소니의 Beta방식과 JVC/미쓰비시의 VHS방식이 시장을 양분하고 있었다. 당시 많은 전문가들은 Sony의 Beta방식이 표준화가 것으로 예상했다. 이유는 음질과 화질 면에서 VHS방식보다 우월했기 때문이다. 하지만 결과는 VHS방식의 승리였다. 동영상의 본질인 음질과 화질이 뛰어난 Sony가 패배한 것이다. 비디오테이프의 본질은 음질과 화질이 틀림없다. 하지만 비디오테이프의 표준화는 비디오

테이프가 가지는 본질보다 답은 시장에 있었다. 비디오테이프 콘텐츠는 대부분 영화였고 영화를 보는 용도로 주로 이용되었다. 영화시장이 비디오테이프를 급속히 보급하게 된 계기가 되었다. 이런 비디오테이프의 용도에서 음질이나 화질보다 중요한 요인이 된 것은 재생시간이었다. Sony의 beta방식은 재생시간이 1시간인데 반해 JVC의 VHS 방식은 재생시간이 2시간이었다. 통상 영화는 1시간 이상 상영을 하는데 Sony의 Beta방식은 테이프를 2개 사용하고 영화를 보는 도중 테이프를 교체해야 하는 불편이 있었다. 하지만 VHS방식은 2시간 이상의 장편 영화를 제외하고는 테이프 교체 없이 한 편의 영화를 볼 수 있어 사람들이 VHS방식을 선호하게 된 것이다. 비록 Sony는 고화질, 고음질을 장점으로 전문가 시장은 점유했다고 하지만 기본이 되는 대중시장은 VHS 방식이 표준화가 된 것이다. 그리고 VHS방식이 대중화가 가능했던 다른 이유는 유통망이다. 당시 Mitsubishi는 Sony에 비해 유통망이 넓어 대중화를 확고히 할 수 있었다. 그리고 아이러니하게도 유통망중에 미국 홈 비디오 포르노 산업이었는데 Sony는 Bete방식을 포르노산업에 사용하지 못하도록 했기 때문에 자연스럽게 VHS방식을 통해 제작하고 유통 되었다. 이러한 이유로 사업화와 대중화에 성공한 VHS방식이 표준화가 되었고 표준화는 대중시장을 장악하는 사례가 된 것이다.

   인텔이 모빌아이에 주목한 것이 바로 표준화이다. 모빌아이는 자율주행시장에서 높은 기술력으로 사장을 장악하고 있다. 글로벌자동차메이커의 대부분이 모빌아이 시스템을 OEM방식으로 사용하고 있다. 자율주행시장에서 표준화는 시장을 장악할 확률을 높게 한다. 이유는 표준화를 통해 시장선점을 하고 후발기업에게 진입장벽을 높이는 역할을 할 수 있기 때문이

Chapter 2 4차 산업혁명의 기술은 무엇인가?

다. 인텔이 모빌아이 인수를 통해 자율주행의 표준화를 추진할 것으로 예상한다. 이유는 모빌아이의 자율주행 기술과 인텔의 고성능 컴퓨팅기술, 인공지능 기술 등이 결합할 경우 표준화가 가능하기 때문이다. 비디오테이프의 사례에서 보듯이 비디오 테이프 기술의 본질은 화질과 음질이다. 하지만 결과는 화질과 음질이 아니었다. 이렇듯 자율주행자동차의 본질은 자동차이다. 하지만 자율주행자동차에서 자동차는 이동수단으로써 본질이지만 결과는 자율주행기술이 본질이 되는 셈이다. 자율주행자동차의 본질은 자동차가 가지는 이동수단이 아닌 사람이 개입 없이 운행하는 이동수단인 셈이다. 그러므로 자동차가 가지고 있던 엔진성능이 아닌 편하게 운영되는 자율주행기술이 되는 것이다. 이렇듯 모빌아이의 기술이 표준화가 된다면 시장을 장악한다는 의미가 되는 것이기 때문에 인텔은 153억 달러라는 거액을 드리고 모빌아이를 인수한 것이다.

"자율주행기술은 자동차에 국한되는 것이 아니다."

자율주행기술이 마치 자동차에만 적용하는 기술로 이해되고 있는 것은 사실과 다르다. 지금은 자율주행기술이 자동차에서 가장 큰 관심을 받고 있지만 드론, 선박 등 다른 이동수단으로 확대가 가능하다. 예를 들어 공장의 물류 이동용으로도 상당한 시장이 존재한다. 공장에서 A동에 있는 부품 또는 반제품을 B동으로 이동 할 경우 사람이 지게차나 다른 이동수단으로 운반하는 것이 아니라 자율주행기술을 통해 무인으로 운반하게 하는 수단으로도 가능하다. 지금도 많은 공장에서 컨베이어 등으로 유사한 기능을 수행하고 있지만 자율주행기술이 발전하면 고정식이 아닌 자유롭게 이동이 가능한 수단으로 이용될 수 있다.

자율주행기술은 자동차뿐 아니라 전 산업 분야에 필요한 기술이고 관련 기술이 지속적으로 발전하고 있다. 자율주행기술을 선박에 적용하면 선박 운항의 비용을 감소시키고 해상사고 가능성을 줄일 수 있다. 경제전문지 블룸버그(Bloomberg)에 따르면 자율주행 선박 기술개발에 해운업체 니혼유센(NYK), 선박엔진 제조업체 롤스로이스, 광산업체 BHP빌링턴 등 다양한 회사가 참여한다고 했다. 그리고 자율주행 선박이 도입되면 최대 22%의 비용절감과 해상사고의 안전성 강화가 기대된다고 하였다. 이외에도 움직이기 어려운 장애우를 위한 이동수단인 휠체어(Wheelchair) 등에도 자율주행기술이 적용될 수 있다. 이렇듯 자율주행기술은 산업 전 분야에 응용이 가능한 4차 산업기술이다.

"드론(Drone)이 먼저 자율주행기술이 될 수 있다."

드론(drone)은 무선전파로 조정할 수 있는 무인 비행체이다. 드론은 손바닥 정도의 작은 크기에서 화물용으로 쓰이는 1,200Kg정도의 크기까지 다양하다. 모양도 헬리콥터, 비행기모양 등 매우 다양한 형태를 가지고 있다. 드론이 처음 사용된 분야는 국방 분야이다. 잠자리나 새 모양 등으로 위장도 가능하고 카메라를 장착하여 원거리까지 사람이 이동하지 않고 정찰 임무 등을 수행할 수 있어 국방 분야에서 발전하기 시작하였다. 최근 들어서는 그 쓰임새가 다양해졌는데 방송용으로도 많이 쓰이지만 상업용으로 개발이 급속히 이루어지고 있다. 특히 화물용 드론 개발이 본격화 되면서 택배용 또는 화물운송용으로 활용하고자 하는 기업들이 늘어나고 있다. 화물용

Chapter 2 4차 산업혁명의 기술은 무엇인가?

드론 이용에 먼저 뛰어든 기업은 아마존이다. 아마존은 글로벌 전자상거래 플랫폼기업으로 전자상거래 기업의 가장 큰 고민인 물건배달 문제를 드론으로 해결하려고 했고 지금도 진행하고 있다.

드론이 자율주행자동차보다 먼저 자율주행기술이 도입될 수도 있다. 이유는 드론개발 역시 초기단계이기 때문이다. 기술이 초기 단계라는 것은 표준화, 법제화가 미비하다는 것이다. 표준화와 법제화가 미비하다는 것은 시장이 형성되면서 정비되고 갖춰나가게 된다는 것이다. 이때 드론시장에서 자율주행기술의 표준화와 법제화가 같이 진행된다면 드론산업은 급속히 확대될 수 있을 것이다. 자동차는 평면을 이동하는 반면 드론은 공간을 이동하게 되어 기술적으로 복잡하지만 자동차는 사람, 도로, 장애물 등 예측하지 못하는 돌발사태 경우가 상상하기 어려울 정도로 많으나 드론은 그런 면에서 상대적으로 장점을 가지고 있다. 이런 점에서 드론의 자율주행 기술이 앞서나갈 수 있다고 하는 것이다.

빅데이터(Big Data)

"4차 산업혁명시대 정보는 빅데이터이다."

데이터라고 하면 의미 있는 모든 정보를 말한다. 의미 있는 정보는 단순히 기술분야에서만 중요한 것이 아니고 역사, 정치, 경제 모든 분야에서 중요하게 활용되고 있다. 그럼 하나의 데이터는 의미가 없는 것인가? 하나의 데이터도 분명 의미가 있다. 특히 역사, 정치적 측면에서는 그러하다.

빅데이터 이전 데이터를 가치화 한 것은 통계이다. 통계는 여러 가지 현상을 수치로 나타내는 것이다. 예를 들어 인구통계는 인구를 나이, 성별, 지역 등 현상을 수치로 나타내는 것이다. 이런 통계는 사회에서 중요한 자원이며 현재도 유용한 자원으로 가치를 가지고 있다. 국가는 통계를 매우 중요시 한다. 특히, 세금징수, 인구 정책 등 국가운영과 정책수립에 매우 중요한 자료로 사용하고 있다.

기업에서도 통계를 사용하고 있는데 통계를 상업적으로 이용하는 대표적인 분야가 금융분야이다. 그 중에서도 보험산업에서 통계를 매우 가치 있게 사용한다. 보험은 과거의 사고율 및 경제적 손실을 바탕으로 향후에 일어날 예상 사고금액에 가입자 수로 나누어 보험료를 산출한다. 이를 쉽게 얘기하면 100명이 과거 10년간 100만원의 사고가 발생했다고 가정하면 평균 1년에 10만원의 사고금액이 발생한 셈이다. 이를 100명에게 균일하게 배분하면 1인당 1,000원에 해당하는 보험료가 발생하게 된다. 통계는 같은 결과값이어도 해당되는 경우의 수가 많을수록 그리고 기간이 길수록 통계의 정확성은 높아진다. 통계의 정확성이 높아진다는 것은 많은 경우의 수와 긴 시간에 정규분포 한다는 것이다. 1년에 100건씩 10년 동안 쌓인 1,000건의 통계와 1년에 500건이 2년 동안 쌓인 1,000건의 통계의 가치는 분명 다르다. 짧은 시간의 통계는 대형사고 또는 천재지변 등 변동성이 정규분포에 왜곡을 줄 수 있기 때문이다. 반대로 1년에 10건씩 100년 동안 1,000건의 통계 역시 가입건수가 너무 작아 이 역시 통계의 왜곡을 나타낼 수 있다. 통계에서 중요한 것은 통계로서 유의미한 데이터가 존재해야 하고 그 데이터가 정규분포 할 수 있어야 가치가 높다고 할 수 있다.

4차 산업시대에 의미있는 정보가 되기 위해서는 빅데이터이어야 한다.

Chapter 2 4차 산업혁명의 기술은 무엇인가?

빅데이터란 말 그대로 방대한 데이터를 의미한다. 방대하다는 의미는 데이터의 양이 어떤 사물이나 현상 등을 분석하고 예측할 수 있을 만큼의 양인가 하는 것이다. 이런 의미에서 과거의 데이터와 현재의 빅데이터는 분명 다르다. 과거에도 데이터는 존재했다. 하지만 빅데이터와는 차이가 있다. 과거 데이터는 절대량이 부족하다. 인구나 경제규모나 산업의 다양성 면에서 현재와는 분명 차이가 있다. 그리고 데이터로서 저장된 양에 한계를 가지고 있다. 빅데이터는 디지털환경에서 만들어지는 수치, 문자, 사진, 동영상 등 모든 정보를 말한다. 빅데이터는 양에서도 방대하지만 생성주기도 짧고 수집, 분석 등이 어려운 데이터를 의미한다. 이런 빅데이터가 로데이터(Raw-data)로 있는 것은 의미가 없다. 빅데이터가 의미 있는 데이터가 되기 위해서는 가공되어야 한다. 그래서 빅데이터가 중요하면서도 의미 있는 정보로 존재하기가 어려운 이유이다.

정보통신기술의 발달로 방대한 양의 데이터가 만들어지고 있는데 2016년 기준 세계에서 생성되는 디지털 정보량은 무려 5.4제타바이크(ZB, Zettabyte, 1ZB는 10의 21제곱으로 1,000,000,000,000,000,000,000. 10해(垓)에 해당)이다. 이 정도의 정보량은 우리나라 전 국민이 114만 년 쉬지 않고 1분마다 트위트에 3개의 글을 올리는 양이다. 만약 이 정보량을 영화로 만든다면 영화 1조 3,500억 개의 양이며, 이 영화를 다 보려면 3억1천6백만 년이 걸리는 데이터 양이다. 이런 어마어마한 정보량이 앞으로 3년 후인 2020년에는 35제타 바이트로 증가한다는 것이다. (출처: 전자신문(2017. 7. 13) [SBA컬럼] 삶의 우선순위는 항상 속도보다 방향설정이 먼저다(김영호 숭실대학교 겸임교수))

이런 빅데이터의 특징은 첫째 양(量)의 크기이다. 빅데이터 양은 우리의 숫자단위로 인식하기 어려울 정도의 방대한 양이고 이를 사람이 가공한다는 것은 불가능한 양이다. 둘째는 속도이다. 빅데이터는 디지털환경에서 만들어지는 데이터로 디지털환경에서 유의미한 데이터로 처리될 수 있는 속도이어야 한다. 셋째는 다양성이다. 데이터 유형이 수치만이 아니라 문자, 사진, 동영상 등 유형이 매우 다양하게 나타난다. 넷째는 가공(모델링, Modeling)이다. 빅데이터의 특징은 가공할 수 있어야 한다. 디지털환경에서 방대한 양의 데이터를 가공할 수 없으면 데이터로 의미가 없고 가공을 통해 사용자가 정보로서 가치를 극대화 할 수 있어야 하는 특징을 가지고 있다.

"빅데이터의 사용분야는 다양하다."

금융분야에서 데이터는 매우 중요한 자산이다. 금융산업은 대부분 통계를 기반으로 상품을 만든다. 이렇기 때문에 데이터는 매우 중요하고 필요한 자산이기도 하다. 금융산업에서 데이터가 중요한 이유는 앞에서 설명한 것처럼 많은 데이터를 정확히 가공할 수 있다면 불확실성을 감소시키고 그로 인한 사업성이 보장될 수 있기 때문이다. 빅데이터는 많은 분야에서 매우 중요한 자산이지만 금융분야에서는 그 중요성이 다른 산업보다 월등하다고 할 수 있다.

한국에 소액 신용대출에 상당한 경쟁력을 가진 저축은행이 있다. 이 저축은행은 소액에 대해 극히 일부 신용불량자를 제외하고 신용대출을 해준다. 기존 금융권에서는 상상도 할 수 없는 파격적인 상품이었다. 이유는 신용대출은 위험하다고 생각하기 때문이다. 이 상품에 대해 금융권에서는 엄청난 손실이 날 것으로 예상하였다. 하지만 결과는 정반대이다. 비록 기존 금융권에 비해 대출금리가 높은 것은 사실이나 우려했던 손실이 아닌 수익으

Chapter 2   4차 산업혁명의 기술은 무엇인가?

로 나타난 것이다. 여기에서 가장 주목해볼 필요가 있는 것은 데이터의 가공 능력이다. 많은 금융기관이 각자 데이터를 가지고 있다. 하지만 성공한 저축은행은 그 데이터를 정확히 가공하고 이를 상품화하여 성공하게 된 것이다.

  빅데이터의 활용사례는 일상생활 곳곳에서 볼 수 있다. 우리는 매일 인터넷을 통해 정보를 검색하고 필요한 정보를 얻는다. 이런 사용자의 활동을 데이터로 수집하고 분석하면 이용자가 일정시간에 어느 분야에 관심을 갖는지 알 수 있고 이를 통해 적합한 광고를 보여줌으로 마케팅에 연계시키곤 한다. 그리고 쇼핑몰에서 이용자의 구매 내력뿐 아니라 이용자가 머문 시간, 구매하려고 했던 흔적, 관심 있게 보는 상품 등 이런 데이터를 바탕으로 구매를 유도하기도 한다.

  빅데이터가 상업적으로만 이용되는 것은 아니다. 범죄데이터에 지역, 인구, 날씨 등 여러 정보를 더해 범죄 발생 가능성을 예측하고 예방하는 시스템을 만들기도 한다. 미국 국세청은 빅데이터를 활용한 시스템을 구축하였는데 이 시스템은 사기 방지 솔루션으로 이상 징후를 사전에 감지하고 이와 유사한 패턴을 찾아 범죄 예방에 활용하였다. 또한 SNS(페이스북, 트위터 등)를 분석하여 범죄자를 찾아내는 성과를 거두기도 했다. 검색 사이트인 구글에서는 특정지역의 독감과 연관된 검색어 분석을 통해 특정지역에 독감예보 서비스를 제공하는 등 공공분야에서도 빅데이터를 활용하는 사례가 나타나고 있다.

"빅데이터의 성공은 가공(모델링)능력이 좌우한다."

빅데이터는 디지털환경에서 축적되는 데이터이다. 모든 활동이 디지털화된 시대에서 원하든 원하지 않든 방대한 양의 데이터는 발생하게 되었다. 이 데이터를 수집하고 가공하고 활용하느냐는 전적으로 데이터를 발생시키는 주체(기업 등)에 달려 있다. 아무리 많은 데이터가 있다고 해도 이를 가공하고 활용하지 않으면 아무런 가치가 없는 데이터가 된다. 4차 산업시대 빅데이터의 발생은 당연한 것이다. 필연적으로 발생하는 데이터를 어떻게 수집하고 정리하고 분석하여 활용하는지가 빅데이터의 열쇠이다. 결국 빅데이터를 제대로 활용하려면 먼저 빅데이터를 활용하려는 기업(기관, 개인 등)의 요구사항을 명확히 정의하여야 한다. 요구사항을 명확히 정의하지 못하면 빅데이터의 결과가 왜곡되는 현상이 나타날 수 있기 때문이다. 이런 요구사항을 확인하면 데이터를 수집하여야 한다. 수집단계의 데이터는 로데이터이다. 로데이터는 가공되지 않은 상태의 데이터로 보석으로 따지면 원석이 되는 셈이다. 바로 여기서 중요한 것이 가공 능력이다. 기업이 요구하는 사항에 적절한 분석이 가능하도록 모델을 구축하는 것이다. 이런 모델을 구축하고 검증하여 활용기업에 사용 또는 제공되어야 한다. 결국 **아무리 좋은 데이터가 있어도 이를 정확히 정의하고 가공(모델링)하지 못하면 의미 없는 결과가 되는 것이다.**

로봇공학(Robotics)

"로봇(ROBOT)은 상상 속 물건이 아니다."
로봇이라고 하면 로보트태권브이와 마징가제트가 떠오른다. 어려서 TV

Chapter 2   4차 산업혁명의 기술은 무엇인가?

만화영화로 너무나 강하게 각인되어 로봇은 인간의 형상을 하고 큰 덩치로 인간과 똑같이 행동할 수 있다고 믿었었다. 여기에는 로보트태권브이와 마징가제트만 로봇이 아니고 상대방 악당 역시 로봇으로 동등한 성능을 가진 로봇이 등장한다. 비록 권선징악(勸善懲惡)의 결말로 항상 주인공 로봇이 이기지만 주인공 로봇과 상대할 수 있는 로봇이 존재한다는 것도 신기하였다. 어려서 본 만화영화는 단순히 만화의 상상이 아니라 실제 존재한다고 믿기까지 하였다. 우스개 소리지만 로보트태권브이가 나오는 돔이 서울에 있어 전쟁이 일어나면 돔 지붕이 열리면서 로보트태권브이가 나타나 전쟁에 이긴다는 농담이 회자된 적도 있다. 이렇듯 나에게 로봇은 상상의 기계나 형상이 아닌 실존하는 인물 같은 존재였던 것이다. 이런 로봇은 실제 존재할 수 있나? 당연히 있다. 로봇은 자기 스스로 어떠한 일이나 작업을 하기 위해 만들어진 기계나 장치이다. 로보트태권브이나 마징가제트처럼 사람 형태인 인간형 로봇도 있지만 스스로 어떠한 일이나 작업을 할 수 있는 기계나 장치는 모두 로봇이라 할 수 있다. 로봇의 쓰임새는 너무 많아 굳이 설명하지 않아도 알고 있다. 로봇의 이미지로 널리 알려진 한 장면은 자동차 생산 라인에서 차체를 조립하고 생산하는 이미지이다. 무거운 철판을 너무나 쉽고 가볍게 이동하고 순식간에 작업하는 장면은 마치 만화영화에서 나온 거대한 팔뚝이 혼자 알아서 일을 처리하는 느낌을 준다. 이런 작업은 도저히 사람의 힘으로는 따라 갈 수 없는 작업이며 굳이 사람이 그 일을 하려 할 필요도 없는 것이다.

"서비스하는 로봇으로 진화하고 있다."

자동화와 로봇은 크게 차이가 없다. 굳이 따진다면 자동화는 공장, 제조 등 기계적 분야라고 한다면 로봇은 일상생활을 포함한 전 분야라고 할 수 있다. 로봇이 처음 나오게 된 분야는 공장이다. 공장에서 생산성 향상, 위험한 작업에 사람을 대체하기 위한 방법 등으로 자동화 로봇을 도입하기 시작했다. 이런 필요성은 당연한 것이고 필요성을 해결하기 위해 로봇이 발전하고 진화하게 된 것이다. 여기서 주목해야 할 점은 사람을 대체하는 분야이다. 과거 로봇이나 자동화는 기계적 생산성 향상이나 위험한 작업을 대신한다고 하면 현재의 로봇은 사람이 제공하는 서비스 분야로 발전하고 진화하는 것에 주목해야 한다. 서비스라고 하면 사람에게 편익을 제공하는 모든 행위를 포함한다. 서비스는 사람에게 편익을 제공해야 하기 때문에 고객이나 로봇, 일방의 형태로 진행될 수 없다. 사람의 다양한 요구를 로봇이 이해하고 대응해야 하므로 과거 사람의 일을 대신하는 로봇구조로는 사람을 대신하는 서비스를 제공하는 로봇개발이 어려웠던 것이 사실이다. 하지만 인공지능 등 4차 산업기술이 발전함에 따라 다양한 솔류션이 개발되고 이를 로봇에 적용하고 서비스를 제공하는 경우 사람 일을 대신하는 로봇기술은 급속히 확대되고 발전하게 된다.

과거 자동화를 위한 로봇의 형태는 굳이 사람을 닮거나 사람과 동일한 기능을 가질 필요가 없었다. 필요한 공정, 기능 등에 맞게 사용하면 되기 때문에 사람의 모습일 필요도 없고 이유도 없었다. 로봇이 자동화 분야에서 서비스 분야로 범위가 확대되면서 인간과 유사한, 인간을 닮은 로봇이 등장하게 되고 그런 로봇을 휴머노이드(로봇)(Humanoid (robot)), 즉 인간형로봇이라고 한다. 인간형로봇은 인간의 모습과 행위를 비슷하게 할 뿐 아니라 인간을 상대로 로봇이 일을 한다고 할 수 있다. 즉, 내가 사람과 얘기하고 서비

Chapter 2 4차 산업혁명의 기술은 무엇인가?

스 받거나 일을 하는 것이 로봇에게 얘기하고 서비스 받고 일을 같이하게 되는 것이다. 이런 일들은 영화나 만화 같은 상상에서나 가능했던 것이 현실로 나타나게 된 것이다. 특히 사람의 관절의 원리와 안면 근육의 변화 등 인간과 똑같은 로봇 개발이 확대 되면서 로봇과 사람을 구분할 수 없을 정도로 발전하고 있는 것이 사실이다.

로봇이 서비스를 제공하는 분야는 확대되고 있다. 음식점에서 음식을 서빙하는 로봇은 더 이상 기사거리가 되지 않는다. 일본 도쿄의 식당, 미국 LA소재 BBQ 식당, 중국 청두(成都)시 소재 식당 등 음식점에서 서빙뿐 아니라 3D프린터를 이용한 식당까지 확대 되고 있다. 또한 서비스 관련 로봇 중에는 간호보조 로봇, 재난대응 로봇 등이 있는데 그 사용범위가 어디까지 확대 될 지는 상상이 가지 않는다.

우리나라에서 인간형 로봇이 개발되기 시작한 곳은 KAIST(Korea Advanced Institute of Science and Technology)이다. 2004년 KAIST는 인간형 로봇 휴보(HUBO)를 개발하였는데 성인 키 보다 약간 작은 120㎝ 크기로 몸을 움직이고 손가락을 움직일 수 있게 개발되었다. 이후 지속적인 성능 향상을 통해 2015년 세계재난로봇대회(DRC, DARPA Robotics Challenge)에서 우승을 하였다. 세계재난로봇대회는 미국국방연구원이 후원하는 대회로 재난 발생 시 재난현장에서 얼마나 빨리 로봇이 미션을 수행하는지 겨루는 대회이다. 여기에서 수행하는 미션은 운전하기, 차에서 내리기, 문 열고 들어가기, 밸브 잠그기, 장애물 통과하기, 계단 오르기, 돌발 미션 등이다. 이 같은 미션은 로봇이 실제 재난현장에서 수행해야 하는 일이고 사람을 대신해야 할 작업들인 것이다. 아직 시간적으로나 정밀도에서는 사람을 능가할 수 없지만 로봇기술 발전은 언젠가 사람을 대신할 것이다.

"인간이 로봇을 대할 때 소름 돋는 느낌 'Uncanny Valley(언캐니 밸리)'"

인간형 로봇의 발전은 과연 인간에게 정서적으로 어떤 영향을 미칠까 궁금하다. 인간형 로봇을 접해본 사람 중 로봇이 너무 사람 같아 소름이 돋거나 불쾌한 느낌을 가진 적이 있다고 하는 사람들이 많이 있다. 이런 느낌을 언캐니 밸리라고 한다. 로봇이 인간과 상호작용을 함에 있어 인간은 로봇에게 안락함과 편안함을 느껴야 함에도 반대로 불쾌함을 느끼게 된다는 것이다. 사람은 사람과 비슷한 것에 호감을 갖는다. 로보트태권브이나, 마징가제트처럼 사람과 비슷하게 생기고 유사한 행동을 하는 것에 호감을 갖는 것이다. 이런 호감도는 사람과 유사할수록 증가하게 되지만 어느 시점에서 강하게 떨어지게 되는데 이 현상을 'Uncanny Valley(언캐니 밸리)'라고 한다. 언캐니 밸리 현상이 나타나는 이유로 인간과 지나치게 닮은 로봇은 죽음을 연상시켜 외관이 움직이면 로봇을 마치 좀비(Zombie)처럼 인식하여 소름이 돋거나 섬뜩함을 느끼게 된다는 것이다. 언캐니 밸리 원인은 밀랍인형을 볼 때와 같이 생명이 있는지 없는지 불확실성에서 기인한다. 이처럼 인간형 로봇은 단순히 기계적인 장치로 기술혁신만을 대신하지 않고 우리의 감정에도 영향을 끼치게 되는 것이다. 여기서 중요한 것은 로봇을 기계로만 볼 수 없고 생활에 부작용 없이 도입될 수 있도록 하는 단계가 필요하다고 하겠다.

Chapter 2 　4차 산업혁명의 기술은 무엇인가?

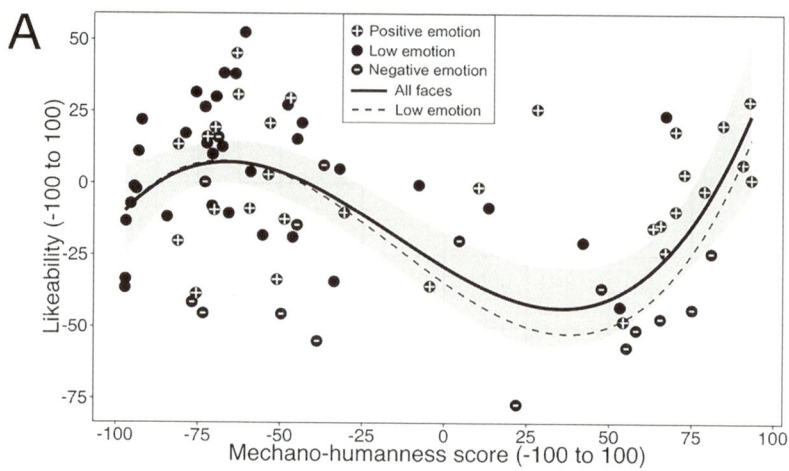

(출처: 위키피디아 https://en.wikipedia.org/wiki/Uncanny_valley)

좀비는 부활한 시체를 일컫는 단어로 쓰이는데 아이티를 중심으로 믿는 부두교에서 유래하였다. 부두교 사제 보커(Boker)는 영혼을 뽑아낸 존재이다. 보커에게 영혼을 붙잡힌 사람은 지성을 잃은 좀비가 되어 보커의 명령에 복종해야만 하며, 보커는 간혹 이 좀비들을 노동자로서 착취하거나 팔아버리기도 한다. 가끔씩 좀비가 정신을 차리는 경우가 있는데, 부두교는 이러한 현상을 '본제(아이티어: bondye, 착한 신)가 영혼을 되돌려 준 것'이라고 해석한다

〈출처: 위키피디아(Wikipedia)〉

"전쟁도 로봇이 하는 시대가 4차 산업시대이다."

한반도는 아직까지 휴전상태로 전쟁위험이 상존하는 지역이다. 항상 전

쟁위험이 상존하고 매일 북한과 대치하고 있는 우리는 국방전력 향상에 힘을 쏟고 있다. 이런 국방분야에 로봇이 도입되고 사용되고 있다. 로봇은 사람을 대신할 수 있고 인명피해를 최소화시키면서 전쟁을 수행할 수 있어 국방분야에서 로봇은 꾸준히 개발되고 있고 성능이 향상되고 있다. 전쟁은 한반도뿐 아니라 세계 어디서든 일어날 수 있다. 국가는 전쟁에서 국민을 지키기 위해 군대를 운영하고 있기 때문에 국방에 로봇의 등장은 당연하고 중요한 변수라고 할 수 있다. 전쟁은 일어나서는 안 되는 사건이지만 전쟁이 없었던 시기는 인류 역사에 존재하지 않는다.

전쟁에서 사람과 무기는 매우 중요하다. 전쟁을 수행하는 도구는 무기이고 무기를 운영하고 사용하는 것은 사람이다. 이것을 무기를 사용하는 사람 대신 로봇을 사용하게 되는 것이다. 아직은 로봇이 사람을 대신하여 전쟁을 수행한 사례는 없지만 경계임무를 대신하는 사례는 많이 있다. 경계임무는 사람을 인지할 수 있는 센서를 통해 시설이나 장소에 사람이 접근하면 센서가 감지하고 경고를 하거나 실제 대응하는 행동을 취하는 임무이다. 이런 경계임무를 하는 로봇은 많이 발전하고 있는데 국방분야뿐 아니라 민간분야에서도 널리 사용되고 있기도 하다.

로봇이 전쟁을 수행할 때 윤리적, 도덕적 문제는 어떻게 할 것이냐의 문제가 있다. 만약 A라는 국가는 자본과 기술이 발달하여 군인을 사람이 아닌 로봇으로 대체하고 B라는 국가는 자본과 기술이 발달하지 못해 사람이 전쟁을 수행한다고 하면 결국 A라는 국가는 한 명도 인명피해가 없는 대신 B라는 국가는 엄청난 인명피해가 발생하게 된다. 결국 돈과 기술이 전쟁을 좌우하고 로봇이 사람을 해치는 결과가 나오게 되는 것이다. 여기서 아무리 전쟁이라고 해도 로봇이 사람을 해치게 하는 것을 용인하는 것이 합당

Chapter 2 4차 산업혁명의 기술은 무엇인가?

한지의 문제가 존재할 수 밖에 없다. 하지만 이런 논란을 뒤로하고 기술혁신은 이미 그런 문제를 뛰어 넘는 단계에 도달하고 있다.

정보통신기술(ICT, Information and Communication Technology)

"ICT는 IT기술에 통신기술을 확대한 것이다."

4차 산업기술 중 사람들이 혼동하는 기술이 IoT(사물인터넷, Internet of Things)와 ICT(정보통신기술, Information and Communication Technology)이다. IoT와 ICT는 영어표현만 비슷할 뿐 내용은 확연히 다르다. IoT는 사물, 사람, 프로세스 등을 인터넷으로 연결하는 기술이라면 ICT는 말 그대로 정보기술(Information Technology)과 통신기술(Communication Technology)을 합친 것이다. ICT는 우리가 통상 사용하는 IT기술을 통신기술로 확대한 것으로 이해하면 된다.

ICT의 시스템 구조(아키텍처, Architecture)는 콘텐츠(C, Contents), 플랫폼(P, Platform), 네트워크(N, Network), 디바이스(D, Device)이다. 콘텐츠(C)는 문자, 사진, 동영상 등 우리가 알고 있는 자료들이다. 이런 자료들은 디지털화 되어있어 수집, 처리, 저장 등이 용이하게 되어있다. 플랫폼(P)은 이런 콘텐츠를 제공하는데 예를 들어 유튜브 같은 플랫폼은 이런 콘텐츠를 처리하고 축적하고 저장하는 기능을 담당하는 플랫폼이다. 플랫폼은 콘텐츠를 수요자와 공급자를 연결시켜주는 기능을 가져야 하므로 크라우드 인프라가 잘되어 있어야 한다. 네트워크(N)는 인터넷(IP망)을 말하는데 결국 통신망을 의미한다. 디바이스(D)는 일종의 운영체계로 인터넷을 운영하거나 스마트폰을 운영하는 소프트웨어를 의미한다. ICT는 이렇게 C(콘텐츠), P(플랫폼), N(네트워크), D(디바이스)가 밀접하고 상호유기적으로 작동하는 것을 의미한다.

우리나라는 ICT(정보통신기술)산업을 4가지로 구분하는데 첫째는 하드웨어 산업으로 컴퓨터 및 정보통신기기의 제조와 관련된 산업으로 본다. 하드웨어는 기계적 기능이 중심인데 컴퓨터와 관련된 기계적 부분을 얘기한다. 둘째는 소프트웨어 산업으로 하드웨어에 상대적 기능이다. 하드웨어가 기계적 기능 중심이면 소프트웨어는 프로그램기능으로 하드웨어를 작동하게 하거나 실행 시키는 프로그램을 총칭한다. 결국 소프트웨어 산업은 하드웨어 운영을 위한 산업인 것이다. 셋째는 IT서비스 산업이다. IT서비스는 정보통신 사용자에게 편의를 제공하는 서비스로 IT와 관련된 서비스 산업이다. 넷째는 통신서비스산업이다. 통신서비스산업은 말 그대로 통신을 서비스하는 산업이다. 유/무선 통신서비스, 인터넷 네트워크 서비스 등 통신을 제공하거나 통신망을 통해 정보를 처리하는 서비스 산업이다.

양자컴퓨터(Quantum computing)

"최초의 컴퓨터를 현재의 컴퓨터로 비교하면 양자컴퓨터는 슈퍼컴퓨터 수준이다."

현재 존재하는 컴퓨터 중 가장 뛰어난 능력을 가진 컴퓨터를 슈퍼컴퓨터라고 한다. 슈퍼컴퓨터는 연산처리능력과 처리시간 등 컴퓨터의 성능에 따라 세계 500위까지의 컴퓨터를 말한다. 슈퍼컴퓨터는 CPU(중앙처리장치)를 여

Chapter 2 4차 산업혁명의 기술은 무엇인가?

러개 연결해서 만드는데 플롭스(Flops, floating operations per second, 플롭스는 초당 수행할 수 있는 소수점 이하의 연산 횟수를 의미하며 1기가플롭스는 1초에 10억번의 연산이 가능한 속도)라는 단위를 사용한다. 현재 개발된 슈퍼컴퓨터의 능력은 페타플롭스(Peta Flops) 수준을 넘는데 페타플롭스는 1초에 1,000조의 연산이 가능한 처리속도이다. 이런 처리능력만으로도 상상을 초월하지만 시장은 슈퍼컴퓨터에 만족하지 않고 더 빠르고 처리능력이 뛰어난 컴퓨터를 요구하고 있다. 이런 시장의 요구를 해결하기 위해 기업들은 새로운 컴퓨터를 개발하고 있다. 슈퍼컴퓨터의 능력을 능가하는 컴퓨터를 만들기 위해서는 기존방식으로는 한계가 있어 이에 대한 대안으로 양자컴퓨터가 나오게 된 것이다.

　기존컴퓨터는 비트(Bit)라는 단위를 쓰는데 비트는 2진법인 0과 1의 조합을 사용한다. 이에 비해 Quantum Computing(양자컴퓨터)는 반도체가 아닌 원자를 기억소자로 사용하는데 여기에는 양자의 중첩(Superposition)원리를 적용한다. 양자물리학적으로 중첩된 상태의 기본 단위를 qubit(큐비트, quantum bit)라고 하는데 2개의 큐비트는 4개의 상태(00,01,10,11)가 되는 것이다. 이렇게 얘기하면 이해도 어렵고 상상이 되지 않는데 간단히 예를 들면 56비트로 되어 있는 비밀암호를 푸는데 컴퓨터로는 약1,000년이 걸리지만 양자컴퓨터는 4분이면 가능하다는 것이다. 또한 양자컴퓨터의 능력을 보면 연산장치를 100배 늘린다고 하면 단순히 계산능력이 100배가 늘어나는 것이 아니라 최고 2의 100제곱으로 증가하게 된다는 것이다. 2의 100제곱은 약 10의 30제곱으로 1경(京, 1조의 1만배)의 100배에 달하는 어마어마한 능력으로 증가하게 되는 것이다.

　이렇듯 양자컴퓨터가 상용화가 되면 18,000여개의 진공관을 사용한 최초의 컴퓨터 애니악을 현재의 컴퓨터로 가정하면 양자컴퓨터는 현재의 슈퍼컴퓨터로 비유하면 이해가 빠를 것이다.

(출처: https://www.weforum.org/agenda/2017/06/these-are-the-top-10-emerging-technologies-of-2017/)

블록체인(The Blockchain, Blockchain Security Technology)

"'블록체인(Blockchain)'은 해킹을 막는 기술이다."

블록체인은 '비트코인(Bitcoin)'이라는 가상화폐를 거래할 때 발생할 수 있는 해킹을 막는 기술이다. 블록체인은 비트코인 거래가 발생하면 모든 사용자에게 해당거래 블록을 생성해서 네트워크상으로 전송하여 거래 때마다 이를 대조하는 상호검증시스템으로 데이터의 위조를 막는 기술이다.

블록체인은 가상화폐인 비트코인에 대한 관리시스템으로 비트코인의 개

Chapter 2 4차 산업혁명의 기술은 무엇인가?

념과 함께 한다. (블록체인에 대한 설명은 네이버지식백과 '용어로 보는 IT 블록체인' 내용을 중심으로 요약하여 설명함. 출처:http://terms.naver.com/entry.nhn?docId=3578241&cid=59088&categoryId=59096)

 인류는 오랜 전 경제활동을 하면서 제품(서비스)을 만들었다. 그렇게 해서 만들어진 제품은 물물교환을 통해 이루어졌고 물물교환 방식은 시간이 지나면서 이를 효과적으로 유통하기 위해 화폐가 생기게 되었다. 이런 화폐가 발전하여 디지털화 되면서 새로운 화폐 개념이 등장하게 되었는데 이를 '가상화폐'라 한다. 가상화폐는 우리가 실제로 거래하는 실물화폐와는 달리 말 그대로 가상환경에서 거래되는 실체가 없는 화폐를 말하는 것이다. 가상화폐는 P2P(Peer to Peer) 네트워크 기반의 전자 금융거래 시스템이자 새로운 개념의 화폐다.

 기본적으로 모든 화폐는 발행 주체를 지니며 화폐로 통용되기 위한 가치와 지급을 보장받아야 한다. 화폐뿐 아니라 하다못해 사이버머니의 경우에도 발행과 운영주체가 존재한다. 실물화폐든 사이버머니든 모든 화폐 구조는 이용자들은 운영주체가 구축한 지급 결제 인프라를 통해 수직적인 관계를 맺을 수밖에 없다. 하지만 가상화폐의 구조는 중앙 집중 통제 방식을 배제한 개인들끼리 수평적으로 상호 연결되는 P2P 구조로 설계되었다.

 가상화폐의 출현은 기존 화폐에 대한 불신이 확산되면서 이상적인 화폐를 구현하려는 동기에서 출발했다. 글로벌 금융 위기 이후 중앙은행이나 국가가 보장해 주는 신용이 절대적이지 않다는 점이 드러났다. 재정 위기를 겪은 국가에서는 뱅크 런(bank run, 은행의 대규모 예금 인출 사태)이 일어났으며 많은 국가에서도 화폐 가치가 시장의 가치와 상관없이 요동쳤다. 이런 화폐에 비해 가상화폐는 처음부터 통화량이 정해져 있고 단일 운영 주체에 의존하고 있지 않기 때문에 화폐 가치가 불안할 때는 오히려 신뢰할 수 있는 지급

수단이 될 수도 있었던 것이다. 또 다른 이유는 거래에 수수료가 저렴하고 사용이 편하다는 점이다.

"비트코인(Bitcoin)은 가상화폐이다."

비트코인(Bitcoin)은 가상화폐 중에서 최초이자 가장 대표적으로 가상화폐이다. 이 비트코인이 지속될 수 있는 이유는 블록체인이 있기 때문이다. 비트코인은 '은행 없는 글로벌 금융시스템'이다. 비트코인을 만든 사토시 나카모토는 'P2P 네트워크를 이용해 이중지불을 막는 기술'이라는 논문에서 설명한 기술을 비트코인이라는 가상화폐를 통해 직접 구현해 보였다. 내게 1만원 짜리 지폐 한 장이 있다. 이 돈으로 1만원 짜리 책을 한 권 사면 돈이 없다. 내게 없는 돈을 마치 있는 것처럼 꾸며댈 도리가 없다. 그런데 그 1만원이 전자화폐라면 상황은 달라진다. 전자화폐는 지폐처럼 물리적인 실체 없이 그저 컴퓨터상에 데이터로만 존재하기 때문이다. 데이터는 쉽게 복제할 수 있다. 원본과 사본에도 차이가 없다. 컴퓨터 파일을 복사하듯 돈을 복제해낼 수도 있다는 뜻이다. 무한정 복제할 수 있는 돈은 가치가 없다. 그렇기 때문에 전자화폐를 돈으로 쓰려면 해킹(데이터를 고치려는 시도)을 할 수 없도록 해야 하는 것이다.

비트코인에서 해킹을 불가능 하게 하는 것이 블록체인이다. 이 블록체인이 비트코인을 혁명적인 기술로 만드는 가장 큰 특징이다. 블록체인은 '공공거래장부'라고도 한다. 말 그대로 거래장부를 공개해두고 관리한다는 뜻이다. 만일 내가 은행 창구를 찾아가 '1만원을 인출하겠다'고 요구하면, 은행은 거래장부를 뒤져 내가 돈을 맡긴 기록이 있는지 확인한다. 1만원을 맡

Chapter 2 | 4차 산업혁명의 기술은 무엇인가?

긴 기록이 장부에 있다면 은행은 1만원을 지급할 것이고 만약 거래내역이 없다면 은행은 지급을 거부할 것이다. 거래 내역을 제대로 확인하지 못하면 은행은 제 역할을 하지 못하는 것이다. 거래장부는 금융 거래의 핵심이다. 입출금 내역을 장부에 기록하는 이유는 이 기록을 바탕으로 금융거래가 이뤄지기 때문이다. 그러므로 거래장부를 안전하게 보관하는 일은 굉장히 중요하다. 나쁜 마음을 가진 사람이 거래장부를 손에 넣으면 데이터를 조작해 돈을 빼돌릴 수 있다. 이것이 바로 해킹이다. 은행이나 신용카드 회사 등 금융회사는 거래장부를 안전하게 보관하기 위해 복잡한 인적·물적 보안 대책을 세운다. 거래장부를 함부로 서버에 접근할 수 없도록 저장하고 또한 서버의 파손이나 해킹에 대비한 백업서버를 별도의 장소에 두고 있다. 심지어 EMP(Electro Magetic Pulse)폭탄에 대비하여 외국에 서버를 두어야 한다는 주장도 나오고 있다. 그리고 각종 보안 장비와 프로그램을 설치하는 것은 물론이고, 경비원과 보안담당직원을 고용하여 서버를 보호한다.

비트코인은 이런 상식을 뒤집었다. 사토시 나카모토가 내놓은 해법은 비트코인을 사용하는 모든 사용자가 함께 거래장부를 관리하도록 하는 것이다. 모든 비트코인 사용자는 P2P 네트워크에 접속해 똑같은 거래장부 사본을 나눠 보관한다. 새로 생긴 거래내역을 거래장부에 써넣는 일도 사용자 몫이다. 그리고 이들은 10분에 한 번씩 모여 거래장부를 최신 상태로 갱신한다. 모든 비트코인 사용자는 가장 최근 10분 동안 주고받은 내역을 갖고 있던 거래장부 끝에 더한다. 이때 사람이 멋대로 장부를 조작할 수 없도록 과반수가 인정한 거래내역만 장부에 기록한다. 최근 거래내역을 적어 넣었으면, 새로 만든 거래장부를 다시 모든 비트코인 사용자가 나눠 가져간다. 이런 작업을 10분에 한 번씩 반복한다. 이 때 10분에 한 번씩 만드는 거래내역 묶음을 '블록(block)'이라고 부른다. 블록체인은 블록이 모인 거래장부 전체를 가리킨다. 비트코인은 처음 만들어진 2009년 1월부터 지금까지 이뤄진 모든 거래내역을 블록체인 안에 쌓아두고 있다. 지금도 전세계 비트코인 사용자는 10분에 한 번씩 비트코인 네트워크에서 만나 블록체인을 연장하고 있다. 물론 이런 작업을 사용자가 직접 하는 건 아니다. 비트코인 네트워크에 연결된 컴퓨터가 알아서 처리한다. 사용자는 자기 컴퓨터를 비트코인 네트워크를 유지하는 데 품앗이하는 셈이다.

"블록체인은 다수를 이용하여 문제를 해결한다."

사토시 나카모토는 전자화폐 비트코인을 작동시킬 기반으로 블록체인을 선보였지만 **블록체인에는 훨씬 큰 가능성이 숨어 있었다. 그 동안 아무도 풀지 못한 분산 컴퓨팅의 문제점을 블록체인이 해결했기 때문이다.** P2P란 인터넷에서 사용자끼리 직접 연결해 데이터를 주고받는 구조다. P2P 네트워크는 수많은 사용자가 거미줄처럼 서로 물고 물린 네트워크를 일컫는다. P2P 네트워크 자체는 새로운 기술이 아니다. P2P서비스는 어딘가 서버 한 곳에 저장된 데이터를 내려 받는 게 아니라 다른 사용자가 공유한 파일을 직접 가져오는 방식이다. 이 방식은 여러 사용자에게서 파일을 모아 서버에 파일을 올려둔 것 같은 효과를 누리는 것이다. 여기서 중요한 것은 P2P 네트워크로 연결된 사용자는 서로를 믿을 수 없다는 점이다. 비트코인 네트워크에 접속한 모든 사람이 진짜 거래 내역을 장부에 덧붙이는 것인지 알 도리가 없다. 누군가는 나쁜 마음을 먹고 장부를 조작해서 자기의 비트코인을 더 많이 가지고 있는 것처럼 조작할 수 있다. 하지만 비트코인

Chapter 2   4차 산업혁명의 기술은 무엇인가?

은 이런 문제를 블록체인으로 다수가 이용하게 하면서 문제를 해결했다. 비트코인 사용자는 비트코인이 망하길 원치 않는다. 비트코인이 가치를 잃으면 자기가 비트코인에 투입한 자원도 사라지기 때문이다. 공공의 이익이 아니라 자기 이익을 지키기 위해서 비트코인의 가치가 사라지지 않도록 할 것이기 때문이다. 하지만 몇몇 사람은 자기 주머니를 채울 생각에 비트코인 거래장부를 조작하려 덤빌 수도 있다. 이들이 비트코인 거래장부를 조작하려면 전체 비트코인 네트워크가 지닌 계산 능력의 절반이 넘는 자원을 투입해야 한다. 이렇듯 과반수의 비트코인 거래장부를 조작하기는 현실적으로 불가능하다. 비트코인 사용자가 각자 자기 이익을 지키려고 노력하는 것만으로도 비트코인 시스템의 안정성은 커지는 것이다. 결국 해커는 다수의 비트코인 사용자를 상대해야 한다는 것이다. **블록체인의 기술적 의미는 분산 컴퓨팅 시스템의 난제를 해결한 덕분에 큰 자원이 필요한 서비스를 P2P 네트워크의 힘을 빌려 손쉽게 시작할 수 있는 길이 열린 것이다.**

"비트코인의 가능성은 예측할 수 없다. 다만 블록체인의 기술은 의미가 있다."

비트코인의 가능성은 예측하기 어렵다. 이유는 각 국가별로 법과 제도가 상이하여 성공할지 실패할지 알 수 없다. 많은 전문가들도 비트코인 성공 여부에 대해서는 의견이 분분하다. 하지만 **비트코인의 해킹을 방지하기 위해 개발된 블록체인 기술은 매우 유의미하다.** 그리고 블록체인기술은 패러다임을 변화시키기 충분하다. 만약 비트코인이 성공한다면 금융시스템이 중앙집중적 구조에서 4차 산업시대에는 사용자들이 수평적 시스템을 만들고 운영한다는 것이다. 비트코인이 혁명적인 기술로 불리는 이유가 이 때문이다. 그래서 4차 산업시대에 인류 삶에 중대한 영향을 줄 수 있는 기술이 바로 'The Blockchain(블록체인)'이다.

(출처: https://www.weforum.org/agenda/2016/06/top-10-emerging-technologies-2016/)

Chapter

3

4차 산업혁명의 주인공은 기업이다

4차 산업혁명의 주인공은 기업이다

* * *
* * * * * *

"기업은 지속 가능하여야 한다."

최근 많은 사람이나 언론 등에서 4차 산업에서 유망한 기술, 유망한 직종 등 4차 산업혁명에서 누가 승자가 될 것인지에 대해 이슈가 되고 있다. 아무리 언론 등에서 이슈가 되고 있어도 '기업은 지속 가능'하여야 한다. 이런 점이 4차 산업혁명을 진단하고 고민하는 이유이다. 4차 산업기술은 다양하다. 이런 기술의 상용화 역시 급속히 진행되고 있다. 4차 산업기술혁신은 기업에게는 위기이자 기회이다. 왜냐하면 아직 어떤 기술도 완벽하다고 할 수 없고 승자라고 할 수 없기 때문이다.

4차 산업혁명을 주도할 기술로 많은 사람들이 인공지능, 사물인터넷, 자율주행차, 3D 프린터, 나노기술 등을 꼽는다. 이 주장에 동의한다. 하지만 여기서 열거되는 개별 기술이 4차 산업혁명을 주도하지 못한다. 개별기술마다 개발 단계, 발전 속도, 상업화 등에 대해 많은 차이가 있다. 그래서 현재 어떤 기업(사업모델 포함)도 4차 산업을 주도하는 기업이라고 하기는 어렵지

Chapter 3　4차 산업혁명의 주인공은 기업이다

만 4차 산업혁명에 가장 근접하고 선도적인 기업을 통해 미래를 예측할 수 는 있을 것이다.

　기업을 평가하는 방법은 매출 기준, 시가 총액, 브랜드 가치, 신기술 평가 등 여러 가지가 있고 다양한 기관이나 언론 등에서 정기적으로 기업을 평가하고 순위를 발표한다. 이런 발표는 기업의 현재와 미래를 평가하는데 요긴하게 사용된다. 기업을 가장 잘 평가하는 방법중 하나는 '시가총액(Market Cap)'이다. 시가총액은 기업이 가지는 주식가치로 현재가치뿐 아니라 미래가치도 반영되기 때문이다. 4차 산업혁명을 주도할 기업은 현재가치보다 미래가치가 중요한데 시가총액은 현재 가치, 즉 현재 경제가치(오프라인 중심)의 비중이 커서 시가총액이 반드시 4차 산업선도기업으로 미래에도 생존할 수 있는 척도가 된다고 할 수는 없지만 그래도 가장 근접 하게 예측할 수 지표이므로 유의미 하다고 할 수 있다. 4차 산업혁명을 주도할 기업은 현재 기술보다 미래 기술이 더 중요하다. 그래서 많은 사람들은 4차 산업혁명을 주도할 기업을 신기술분야에서 주로 찾는다. 4차 산업혁명이 기술혁신을 통해 이루어 지는 것은 틀림 없고 IT산업을 중심으로 산업간 하이브리드를 통해 이루어 진다.

"어떤 기업이 4차 산업혁명을 주도하나?"

4차 산업혁명의 주인공은 기업이다. 기업이 주인공이라는 것은 기업이 혁명을 주도하고 만들어 간다는 것이다. 혁명이라고 하면 대중이 힘으로 거대한 권력을 바꾸는 이미지가 강한데 기업이 이런 혁명의 주인공이라는데 의아해 할 수 있다. 기업이 혁명을 주도한다는 것은 기업이 제품(서비스)을 소비자에게 제공하는 것으로 기업은 제품을 소비자에게 제공하여 사람이 편리하고 안전하게 사용할 수 있게 하는 것이다. 이런 편리하고 안전한 제품은 사람의 생활 패턴을 변화 시키고 이런 변화는 사회의 패러다임을 변화시키는데 이런 변화의 크기가 혁명에 해당할 만큼 큰 변화로 발전하고 확대된다는 것이다.

기업은 제품을 제공하는데 정보통신기술을 이용한다. 이런 정보통신기술은 제조업뿐 아니라 금융·서비스업에도 적용되고 사용되고 있어 정보통신기술 없이 기업을 운영하는 것은 불가능하다. 이런 정보통신기술이 4차 산업혁명을 주도하는 주요기술이다. 4차 산업혁명에서 한 가지 기술은 의미가 없다. 이유는 여러 기술이 하이브리드 되지 않으면 새로운 기술로 변화될 수 없기 때문이다. 4차 산업혁명을 주도하는 기업들은 하이브리드 기술을 적용한 비즈니스모델을 가진 기업이다. 여기서는 4차 산업시대를 선도할 기업으로 글로벌 메이져 기업보다 4차 산업기술 중심의 스타트 업(Start-up)기업을 통해 기술혁신과 변화를 어떻게 주도하게 되는지 살펴보도록 하겠다.

1) 기술혁신은 기업이 하고 기업이 세상을 바꾼다

"원하든 원하지 않든 기술혁신은 기업이 하고 기업이 세상을 바꾼다."

기업이 세상을 바꾸는 경우는 많이 있다. 단지 우리가 그걸 느끼지 못하고 지나갈 뿐이다. 우리가 생활의 변화를 느끼지 못한다고 해도 문제가 되

| Chapter 3 | 4차 산업혁명의 주인공은 기업이다

지 않는다. 이런 변화는 편리하고 안전하게 변화되기 때문에 세상이 좋게 바꿔졌다고 생각하고 지나간다. 이렇듯 우리는 사회 변화에 크게 신경 쓰고 살지는 않지만 이런 변화가 세상을 바꾸는 것은 사실이다. 최근 기술이 세상을 바꾼 사례는 전자상거래(온라인시장, On-line Market)시장이라고 하겠다. 전자상거래시장은 인류가 수 천년 동안 하던 거래의 방법을 완전히 뒤집어 놓은 것이다. 인류는 기본적으로 현물을 가지고 거래를 했다. 과거 물물교환 시대에는 현물(용역, 서비스 포함)을 직접 가지고 현물과 현물끼리 물물교환 방식으로 거래를 했고 시간이 지나고 사회화되면서 화폐를 통한 거래로 변화하였다. 이런 거래는 시장을 통해 이루어 졌는데 사람이 시장에서 물건을 확인하고 그에 대한 가격을 지불하고 거래를 완성하였다. 하지만 온라인시장에서는 이런 시장을 없앴다. 시장이 없어진 것이 아니라 시장이 정보통신기술로 온라인(On-line)안에 들어온 것이다. 온라인시장이 처음 도입될 당시만 해도 사람들은 온라인마켓에 대해 반신반의 했고 성공에 회의적인 생각을 가진 것도 사실이다. 하지만 온라인시장은 기존시장(오프라인시장, Off-line Market)보다 규모가 커졌고 이로 인해 생활, 유통의 구조 등 많은 변화를 가져왔다.

　4차 산업혁명에서는 전자상거래의 변화보다 더 큰 변화가 나타날 것이다. 이제까지 모든 거래는 현물이었다고 한다면 4차 산업혁명시대에는 현물이 없는 거래가 나타날 것이다. 현물이 없는 거래는 상상이 불가능하다. 현물 없이 거래가 가능하다? 도대체 무엇을 가지고 거래를 한다는 것인가? 냉장고를 사려고 하면 오프라인마켓에서 돈을 지불하고 냉장고를 직접 가지고 오든 배달을 통해 가지고 오든 한다. 온라인에서도 마찬가지로 온라인을 통해 돈을 지불하고 택배를 통해 냉장고를 받는다. 결국 냉장고라는 현물을 받게 되는 것이다. 하지만 **4차 산업시대에는 이런 현물거래가 아닌**

도면이 거래될 것이다. 현물이 아닌 도면이 거래가 된다는 것은 물건을 파는 사람(공급자)은 도면을 팔고 사는 사람(소비자)은 도면을 사서 자기가 직접 물건을 만드는 구조가 된다. 어떻게 소비자가 직접 물건을 만들 수 있는가? 공장도 없고 아무것도 없는 개인이 무슨 수로 도면만 사서 물건을 만들 수 있는가? 답은 3D프린터다. 소비자는 도면을 사서 3D프린터로 원하는 제품을 만들면 된다. 예를 들어 주방용구를 시장에서 현물로 사는 것이 아니라 도면을 사서 직접 3D프린터를 통해 출력해서 사용하면 되는 구조이다.

　4차 산업기술은 우리 패러다임을 어떻게 변화시킬지 모른다. 아마 우리가 상상하는 것 이상으로 변화를 가지고 올 것이다. 그래서 혁명이라 하는 것이고 그렇게 될 것이다. 4차 산업혁명의 기술혁신은 매우 우리생활과 밀접하게 이루어 진다. 과거 1차, 2차 산업혁명이 제조능력을 변화시키는 기술혁신이고 3차 산업혁명은 정보기술이 도입되어 제조능력과 서비스능력 혁명이라고 한다면 4차 산업혁명은 소비자 중심의 기술혁신(제조, 금융, 서비스 등 전 분야)으로 우리에게 직접적인 변화를 주는 패러다임의 변화인 것이다.

　4차 산업시대는 기술혁신이 패러다임의 변화를 주도할 것이지만 기술혁신을 실현시키는 것은 기업이다. 아무리 기술이 발전한다고 해도 이를 실제 산업에 도입하고 현실화 시키는 것은 기업이다. 기업이 기술을 상용화 시키지 않으면 기술은 단순히 학문적인 단계에 머무는 것이기 때문이다. **기술혁신은 기업을 통해 이루어지고 기업을 통해 완성된다. 결국 기업이 기술혁신을 주도하고 기업이 패러다임의 변화를 이끌 것이다.**

"신기술기업이 4차 산업시대 주인공이다."

Chapter 3 | 4차 산업혁명의 주인공은 기업이다

세계경제 규모는 날로 증가하고 있다. 산업구조가 고도화되고 생산능력과 자본 규모가 커짐에 따라 세계경제 규모가 커지는 것은 당연하다고 할 수 있다. 세계은행에 따르면 1960년~2016년 동안 세계 GDP 규모는 지속적으로 성장하였다고 발표했는데 이를 수치로 보면 1960년에는 약 1조 달러, 2010년에는 약 63조 달러, 2016년에는 약 75조 달러로 증가하였다. 이를 국가별로 보면 2010년 1위인 미국의 GDP는 약 14조 달러로 세계 전체 GDP의 23.1%를 차지하였고, 2016년에는 약 18조 달러로 24.0%를 차지했다. 주목할만한 것은 2위인 중국과 3위인 일본이다. 중국은 2010년 약 5.8조 달러로 9.3%에서 2016년에는 약 11조 달러로 14.8%로 급성장하였다. 이에 반해 일본은 2010년 약 5.4조 달러로 8.7%에서 2016년 약 4.9조 달러로 6.5%로 감소 하였다.

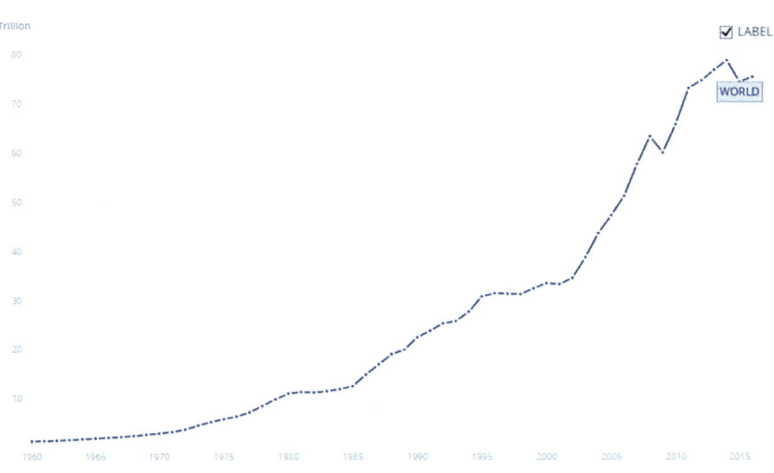

(출처: https://data.worldbank.org/indicator/NY.GDP.MKTP.CD)

이런 결과는 단순히 경제규모 수치의 변화가 아닌 신기술기업에 대해서도 확연히 나타났다. MIT공과대학교가 매년 세계 50대 Smartest Companies(스마트한 기업)을 선정하는데 이에 대한 통계를 보면 2015~2017년 기업수가 중국이 16개인 반면 일본은 4개에 불과했다. 2016년에는 중국 기업이 5개인 반면 일본기업은 3개인데 2017년에는 중국기업이 7개인 반면 일본기업은 하나도 없다. 이 결과를 대학교가 매긴 순위인데 뭐가 중요하냐고 생각할 수 있다. 하지만 결과가 시사하는 바는 매우 의미 있다. 과거 중국은 모방과 세계공장 역할만 한다고 생각했겠지만 이 결과는 4차 산업기술을 주도할 기업이 중국이 다수를 차지한다는 점이 의미 있기 때문이다. 과거 화려했던 일본 기업들이 신기술기업의 중심에서 사라졌다기 보다 중국기업들이 4차 산업기술 중심의 기업으로 이동하고 있다는 점이 의미 있는 것이다. 4차 산업기술을 주도할 기업은 단순히 한 국가의 성장에 머무는 것이 아니고 세계 시장을 주도한다는 점을 명심해야 한다.

순위	2017	2016	2015
1	Nvidia(미국)	Amazon(미국)	Tesla Motors(미국)
2	SpaceX(미국)	Baidu(중국)	Xiaomi(중국)
3	Amazon(미국)	Illumina(미국)	Illumina(미국)
4	23andMe(미국)	Tesla Motors(미국)	Alibaba(중국)
5	Alphabet(미국)	Aquion Energy(미국)	Counsyl(미국)
6	iFlytek(중국)	Mobileye(이스라엘)	SunEdison(미국)
7	Kite Pharma(미국)	23andMe(미국)	Tencent(중국)
8	Tencent(중국)	Alphabet(미국)	Juno Therapeutics(미국)
9	Regeneron(미국)	Spark Therapeutics(미국)	SolarCity(미국)
10	Spark Therapeutics(미국)	Huawei(중국)	Netflix(미국)
11	Face++(중국)	First Solar(미국)	OvaScience(미국)

Chapter 3 4차 산업혁명의 주인공은 기업이다

순위	2017	2016	2015
12	First Solar(미국)	Nvidia(미국)	Google(미국)
13	Intel(미국)	Cellectis(미국)	Amazon(미국)
14	Quanergy Systems(미국)	Enlitic(미국)	AliveCor(미국)
15	Vestas Wind Systems(덴마크)	Facebook(미국)	Gilead Sciences(미국)
16	Apple(미국)	SpaceX(미국)	Apple(미국)
17	Merck(미국)	Toyota(일본)	Voxel8(미국)
18	Carbon(미국)	Airware(미국)	IDE Technologies(이스라엘)
19	Desktop Metal(미국)	IDE Technologies(이스라엘)	Amgen(미국)
20	Ionis Pharmaceuticals(미국)	Tencent(중국)	Aquion Energy(미국)
21	Gamalon(미국)	Didi Chuxing(중국)	Baidu(중국)
22	Illumina(미국)	Oxford Nanopore(영국)	SpaceX(미국)
23	Facebook(미국)	24M(미국)	Sakti3(미국)
24	Udacity(미국)	Alibaba(중국)	Freescale Semiconductor(미국)
25	DJI(중국)	Bristol-Myers Squibb(미국)	Universal Robots(덴마크)
26	MercadoLibre(아르헨티나)	Microsoft(미국)	Bristol-Myers Squibb(미국)
27	Microsoft(미국)	Fanuc(일본)	Teladoc(미국)
28	Rigetti Computing(미국)	Sonnen(독일)	Nvidia(미국)
29	Kindred AI(미국)	Improbable(영국)	Facebook(미국)
30	Sophia Genetics(스위스)	Movidius(미국)	Alnylam(미국)
31	Tesla(미국)	Intrexon(미국)	Rethink Robotics(미국)
32	Oxford Nanopore(영국)	Carbon(미국)	Philips(네덜란드)
33	Foxconn(타이완)	Bosch(독일)	Cellectis(프랑스)
34	M-KOPA(케냐)	T2 Biosystems(미국)	Bluebird Bio(미국)
35	ForAllSecure(미국)	Editas Medicine(미국)	ThyssenKrupp(독일)
36	Flipkart(인도)	Nestlé(스위스)	Slack(미국)
37	Bluebird Bio(미국)	RetroSense Therapeutics(미국)	Line(일본)
38	Adidas(독일)	Line, subsidiary of Naver(일본)	Improbable(영국)
39	IBM(미국)	TransferWise(영국)	Enlitic(미국)
40	General Electric(미국)	Veritas Genetics(미국)	Coinbase(미국)

순위	2017	2016	2015
41	Alibaba(중국)	FireEye(미국)	HaCon(독일)
42	HTC(타이완)	Seven Bridges(미국)	3D Systems(미국)
43	Blue Prism(영국)	Slack(미국)	Generali(이태리)
44	Jumia (Africa Internet Group)(나이지리아)	Coupang(한국)	Intrexon(미국)
45	Veritas Genetics(미국)	IBM(미국)	DNAnexus(미국)
46	Daimler(독일)	Snapchat(미국)	IBM(미국)
47	Salesforce(미국)	Africa Internet Group(나이지리아)	Snapchat(미국)
48	Snap(미국)	LittleBits(미국)	Microsoft(미국)
49	Ant Financial(중국)	Intel(미국)	Imprint Energy(미국)
50	Baidu(중국)	Monsanto(미국)	Uber(미국)
출처	https://www.technologyreview.com/lists/companies/2017/	https://www.technologyreview.com/lists/companies/2016/	https://www.technologyreview.com/lists/companies/2015/

4차 산업혁명 시대 금융업을 선도할 Ant Financial(앤트파이낸셜)

"세계 금융시장은 알리바바가 선도한다."

4차 산업혁명을 주도하는 것은 기술혁신이 분명하다. 그리고 기술혁신이 IT분야와 제조업분야를 중심으로 전개되는 것도 분명하다. 하지만 금융·서비스기업도 업의 본질과 IT기술을 하이브리드하여 4차 산업혁명을 주도할 분야임은 분명하다. 이런 4차 산업시대 금융업을 주도할 기업이 IT 기업인 알리바바(Alibaba)의 Ant Financial(앤트파이낸셜)이다. 앤트파이낸셜은 중국기업이다. 금융업은 자본주의의 꽃으로 미국과 유럽을 중심으로 금융구조가 만들어지고 선도되고 있는데 중국기업이 4차 산업시대의 금융업을 주도할

Chapter 3   4차 산업혁명의 주인공은 기업이다

것이라는 것에 많은 사람들이 동의하지 않을 것으로 본다. 하지만 골드만 삭스가 IT기업이라고 선언한 것처럼 4차 산업시대에서 금융기업은 금융기업이 아니다. 다만 금융상품(서비스)를 제공하는 서비스기업으로 변화할 뿐이다.

4차 산업시대 세계금융시장을 선도할 기업을 꼽으라면 주저 없이 알리바바라고 할 것이다. 알리바바를 주저 없이 꼽는 이유는 금융시장 비즈니스모델을 가장 잘 만들고 있기 때문이다. 아직도 세계 금융시장을 주무르는 대형 은행, 보험, IB(투자은행)은행 들이 즐비하다. 하지만 이런 기존 금융기업들은 4차 산업시대에는 맞지 않는 비즈니스모델을 가지고 있다. 이에 비해 알리바바는 4차 산업기술을 기반으로 4차 산업시대 본질에 최적의 금융환경(생태계)을 만들고 실현하고 있기 때문이다.

알리바바는 중국을 기반으로 하는 전자상거래회사로 시가총액이 2017년 9월 약 4,380억 달러(한화 약 519조원)이고 2017년 상반기 매출은 약 74억달러(한화 약 8조5천억원)에 달할 정도의 글로벌기업이다. 하지만 알리바바는 전자상거래 영역에 한정하지 않고 금융분야로 사업을 확대하고 있다. 알리바바는 알리페이를 중심으로 금융시장에 어느 글로벌 IT기업보다 적극적으로 참여하고 있다. 알리바바는 8억명이 넘는 사용자를 기반으로 알리페이를 중심으로 금융시장에서 성장하고 있다.

알리바바는 앤트파이낸셜을 중심으로 금융분야를 알리바바 사업구조의 한 축으로 변화를 꾀하고 있다. 알리바바는 인터넷전문은행을 비롯하여 전자결제시스템인 알리페이(모바일 전자결제시스템 애플리케이션 알리페이 월렛 포함), 금융펀드 위어바오, 금융서비스 플랫폼 자오카이바오 등이 있다. 알리바바가 금융시장 분야에서 두각을 나타내는 분야는 전자결제시스템인 알리페이이다. 알리

페이는 개인이 알리페이에 금액을 충전해 놓고 이를 알리페이 가맹점에서 화폐처럼 사용할 수 있게 하는 일종의 전자화폐인 셈이다.

　알리페이의 가장 큰 무기는 글로벌 진출이다. 중국의 많은 사용자를 보유한 알리페이는 중국관광객을 대상으로 해외에서 알리페이를 사용하게 함으로 이를 통해 글로벌화로 적극 유도하고 있다. 이런 알리바바의 정책은 금융시장에서 매우 중요한 정책이다. 4차 산업기술은 금융산업으로 국경 없는 금융거래가 가능한 분야이기 때문이다. 글로벌화는 기업의 생존과 직결될 수 있을 만큼 중요하다.

　"금융산업에서 가장 주목해야 할 비즈니스모델은 알리페이와 연동이 가능한 '위어바오'이다."

　위어바오는 알리페이를 통해 충전 된 자금으로 가입하는 MMF(머니마켓펀드)이다. 중국인민은행(人民銀行)발표에 따르면 2017년 상반기 위어바오 자산규모는 약 1조4억 위안(한화 약 242조원)이며, 가입자는 약 3억명 이상이다. 위어바오를 주목하는 이유는 자금 흐름에서 가장 중요한 고객을 지속적으로 플랫폼에 남을 수 있도록 유도하는 것이다. 알리페이를 사용하기 위해서는 고객은 먼저 알리페이에 가입해야 한다. 고객은 먼저 현금을 알리페이에 충전하는데 충전한 금액을 MMF로 전환할 수 있게 한 것이다. 보통 고객은 금액을 충전할 때 여유자금을 충전하게 된다. 이때 충전된 자금은 아무런 수익 없이 알리페이에 남아있게 된다. 이를 알리바바는 위어바오라는 MMF상품으로 유도한 것이다. 여유자금을 MMF에 가입하고 이를 통해 수익을 얻을 수 있도록 유도한 것이다. 고객 입장에서 알리페이 결제를 위

Chapter 3 4차 산업혁명의 주인공은 기업이다

해 충전한 자금을 통해 수익을 얻을 수 있게 된다. 고객은 위어바오 가입으로 펀드가입 경험을 가지게 되고 일정 수익율을 경험하게 되면 굳이 다른 펀드를 가입하지 않고 위어바오를 통해 펀드를 가입하게 된다. 위어바오는 알리페이라는 전자결제시스템에 펀드라는 금융상품을 판매하는 복합화를 통해 금융산업의 영역을 파괴하는 모델을 만든 것이다.

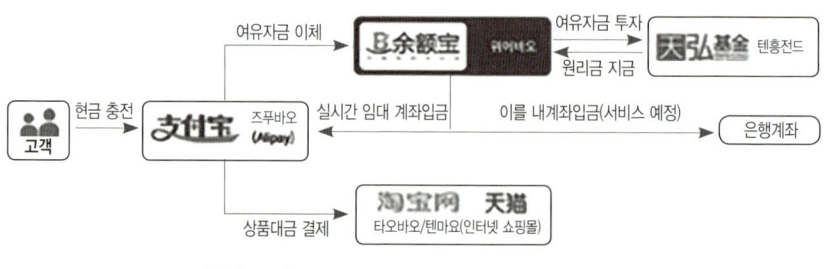

(출처: http://blog.naver.com/jungjang5682/220243726379)

"알리바바의 마케팅 능력 등을 고려할 경우 금융시장 장악력은 폭발적일 수 밖에 없다."

알리바바는 알리페이를 통한 전자결제시스템에 참여하여 시장을 창출하고 있을 뿐 아니라 핑안보험 증자에 참여하는 등 금융산업 영역에 진출하였다. 그리고 텐센트, 핑안보험 등과 2013년 중국 최초로 중앙온라인재산보험공사를 설립하고 본격적인 보험시장에 참여 하였다. 중앙온라인재산보험공사가 주목 받고 있는 이유는 참여 기업들의 시너지가 결합되면 상상을 초월할 결과가 예상되기 때문이다. 온라인 전자상거래를 기반으로 하는 알리바바의 마케팅 능력, 8억명 이상 가입자수를 보유하고 있는 텐센트의 회원 수, 핑안보험의 보험상품능력과 인프라가 결합하면 중국보험시장의 파괴력은 상상을 초월할 것으로 예상된다. 알리바바가 참여한 금융산업의 다른 비즈니스모델은 인터넷전문은행이다. 2015년 6월 영업을 개시한 마이뱅크(My Bank)는 인터넷을 활용해 중소기업이나 개인을 대상으로 금융서비스를 제공하는 것으로 중국에서 2번째 인가 받은 인터넷전문은행이다.

알리바바의 금융시장 진출은 마케팅 능력을 감안할 때 중국 내에서 엄청난 폭발력을 가질 것이다. 이런 폭발력은 단순히 중국 내에 있지 않고 글로벌 시장으로 확대되고 있다. 알리바바의 전략은 중국 내수시장에 안주하지 않고 글로벌 진출을 목표로 하고 있다. 알리바바의 전략은 당연한 것이고 그렇게 해야 한다. 인터넷 발전의 사례와 같이 국가에 상관없이 금융거래가 이루어질 개연성이 높기 때문이다. 알리바바는 이런 중국 시장뿐 아니라 글로벌시장에도 다양한 비즈니스모델로 시장을 선점하려고 하고 있다.

앞에서 설명한 알리바바가 4차 산업시대 금융시장에서 주목해야 하는 이유는 크게 3가지이다. 첫째는 금융플랫폼이다. 알리바바는 세계 최대 전자상거래 플랫폼인 알리바바를 통해 지급결제시스템인 알리페이 서비스를 시작하였다. 다른 전자상거래기업과 달리 알리페이를 중심으로 금융플랫폼을 만들었다. 알리바바의 전자상거래 플랫폼을 금융플랫폼으로 연계하여 알리바바의 업의 본질인 전자상거래 서비스를 기반으로 금융플랫폼으로 확대한 것이다. 둘째는 비즈니스모델이다. 알리바바가 다른 전자상거래 기업처럼 지급결제시스템 플랫폼만 제공한다면 아무런 의미가 없다. 하지만 알리바바는 금융관련 비즈니스모델을 하나로 제공한다. 알리바바는 알리페이를 필두로 위어바오, 온라인 전용보험, 인터넷전문은행 등 금융관련 비즈니스모델을 극대화 하고 있다. 마지막으로 수익모델이다. 알리바바의

Chapter 3 | 4차 산업혁명의 주인공은 기업이다

금융수익모델을 만드는 경쟁력을 단적으로 보여준 사례가 위어바오이다. 위어바오는 MMF(머니마켓펀드)로 알리페이를 결제하기 위해 충전한 금액 중 여유자금을 MMF에 투자하도록 유도한 것이다. 이런 수익모델은 세계 금융시장을 선도 할 원동력이다.

"앤트파이낸셜은 알리바바의 금융부문이다."

앤트파이낸셜은 우리에게 익숙한 기업이 아니다. 앤트파이낸셜은 알리바바 그룹의 금융부문기업이다. 우리가 주목해야 할 점은 알리바바가 금융계열사 내지 그룹의 금융창구로 앤트파이낸셜을 운영하는 것이 아니고 명확한 철학과 금융비즈니스모델을 가지고 운영한다는 것이다. 알리바바의 총수인 마윈(Ma Yun)은 앤트 파이낸셜 설립과 관련해서 3대 미래전략을 발표했는데 ① '온라인 플랫폼', ② '금융', ③ '빅 데이터'이다. 앤트파이낸셜이 금융을 주도할 것이라고 확신하는 것은 미래전략이 4차 산업혁명을 주도할 키워드이기 때문이다. 4차 산업에서 가장 중요한 산업을 금융으로 보고 금융을 금융산업이라는 과거의 본질로 보지 않고 4차 산업의 핵심인 플랫폼으로 사업모델을 삼고 빅데이터를 활용한 전략을 구사하겠다는 것이다. 이것이야 말로 금융에서 4차 산업혁명에 가장 적절한 모델임에 틀림없다. 따라서 나는 '앤트파이낸셜=알리바바'가 세계 금융시장을 장악할 것이라고 확신한다. 전자상거래 사이트인 알리바바의 플랫폼은 과거 아마존이나 이베이를 모방한 비즈니스모델로 중국에서는 성공할 수 있지만 세계적인 전자상거래기업은 될 수 없다고 생각하는 사람이 많이 있었다. 하지만 그런 예상은 틀렸고 세계적인 전자상거래기업으로 입지를 확고히 다지고 있다.

알리바바라는 거대 온라인 플랫폼을 가지고 거기에 앤트파이낸셜의 미래 전략이 합쳐질 때 알리바바의 비즈니스 모델은 최고의 힘을 발휘할 것은 자명한 것이다.

"앤트파이낸셜은 금융기업이 아니고 금융서비스를 제공하는 기업이다."

앤트파이낸셜은 대외적으로 금융기업이 아닌 '금융서비스를 제공하는 기업'이라고 한다. 몇몇 사람들은 이를 두고 금융기업으로 정부의 규제나 법적으로 생길 수 있는 문제를 회피하기 위한 꼼수라고 하는 사람들도 있지만 나는 **'금융서비스 제공 기업'이라는 것은 4차 산업혁명의 본질을 정확히 파악하고 대체하는 탁월한 비즈니스모델이라고 확신한다.** 이렇듯 '금융서비스제공기업'이 중요한 것은 4차 산업시대에 금융소비자는 과거처럼 더 이상 '을'의 입장이 아니고 금융서비스를 제공 받고자 하는 새로운 패러다임(소비문화, 패턴, 방향 등)을 만들어가는 주체가 된다는 것이다. 이처럼 소비자가 창출하고 이끌어 가는 시장이 4차 산업시대의 소비구조인 것이다.

2004년 12월 Alipay(알리페이)가 설립되었다. 이것이 앤트파이낸셜의 시작이다. 이후 2005년 Alipay와 Taobao(타오바오, www.tmall.com 알리바바가 운영하는 오픈 마켓)회원이 Alipay 플랫폼에 대한 인증으로 사용할 수 있도록 업그레이드 하였고 2010년 알리페이의 consumer version을 출시하였다. 2013년 6월 Yu'e Bao(위어바오)가 출범했고 2014년 'Ant Financial service Group'으로 알리바바 그룹의 금융서비스기업으로 독립했다. 2015년에는 Ant Fortune(Smart Wealth management Platform)을 런칭하고 MYbank(마이뱅크, 인터넷전문은행)를 설립하였다.

Chapter 3 4차 산업혁명의 주인공은 기업이다

앤트파이낸셜은 Alipay(알리페이, 지급결제 플랫폼), Ant Fortune(마이쥐바오, 재테크 플랫폼), MYbank(마이뱅크, 인터넷전문은행), Zhima Credit(즈마신용, 개인신용평가기관), Ant Financial Cloud(앤트파이낸셜크라우드, 크라우드 컴퓨팅 서비스 제공) 등 5개의 Ant Family(구성원)로 구성하였다. 가장 잘 알려진 알리페이는 제3자 지불 플랫폼이다. 2004년 출시된 알리페이는 2016년 4억5천만명 이상의 사용자, 200개 이상의 금융기업 파트너, 약 1,000만점의 가맹점에 대한 지불서비스를 하고 있다. 알리페이는 다양한 소비와 산업을 통합하는 개방형 플랫폼이고 Ant Fortune는 2015년 8월에 출시한 자산관리 애플리케이션이다. Ant Fortune은 2013년 알리바바가 출시한 MMF 상품인 위어바오(Yu'e Bao)와 같은 상품 또는 Ant Fortune 플랫폼의 펀드에 엑세스 할 수 있다. 또한 금융뉴스, 투자자 커뮤니티, 투자권장사항 등 여러 서비스를 제공하고 있다. MYbank(마이뱅크)는 2015년 6월 설립된 인터넷전문은행이다. Zhima Credit(즈마신용)은 제3자 신용평가기관으로 신용카드, 소비자 금융, 주택임대, 렌터카 등 100가지 이상 사용 사례를 통해 얻어진 신용평가 결과를 고객 및 판매자에게 서비스를 제공한다. Ant Financial Cloud는 2015년 출시된 금융기업대상 맞춤형 크라우드 컴퓨팅 서비스를 제공하는 개방형 플랫폼이다. Ant Financial Cloud는 금융기업의 요구에 따라 맞춤형 R & D를 통해 다양한 기능을 제공하고 있다.

"앤트파이낸셜의 차별화된 'Technology(금융기술)'"

앤트파이낸셜의 금융기술은 차별화된 강점이다. 앤트파이낸셜은 IT기술을 사용하여 지속적으로 기술혁신을 하고 있고 고객에게 새로운 가치를 제공하고 있다. 현재 앤트파이낸셜은 5개 분야에서 기술혁신을 하고 있다. 이 기술은 ① 'Big Data Technology(빅데이터 기술)' ② 'Facial Recognition Technology(얼굴인식 기술)' ③ 'Cloud Computing Technology(클라우드 컴퓨팅 기술)' ④ 'Risk Control Technology(위험관리 기술)' ⑤ 'Artificial Intelligence Technology(인공지능(AI) 기술)'이다.

① 'Big Data Technology(빅데이터 기술)'은 앤트파이낸셜의 금융서비스에 적용하고 있다. 앤트파이낸셜의 빅데이터 사례를 보면 앤트 파이낸셜의 Ant Family(계열사)인 My Bank와 전신(前身)인 "Alibaba Micro Loan"에 적용하고 있는데 빅데이터 모델을 적용하여 고객이 대출을 신청하면 고객과 관련 데이터를 기반으로 위험평가프로세스를 수행하여 3분 대출신청프로세스와 1초의 대출승인, 수작업 0(Zero)의 서비스가 가능하도록 했다. 앤트파이낸셜은 이 시스템을 통해 7,000억RBM(한화 약 120조원)의 대출을 하였다. 그리고 제3자 신용평가회사인 'Zhima Credit'에서도 사용되는데 'Zhima Credit Score'는 5개 항목(익명사용자의 신용기록, 행동기호, 계약이행 능력, 정체성, 사회적 관계)과 연관된 데이터 평가와 프로세싱을 통해 신용평가 결과를 얻는다. Zhima Credit의 신용평가 결과는 알리바바와 앤트파이낸셜의 온라인 금융정보로부터 얻은 e-커머스 거래정보와 다른 보안업체, 공공기관 등 파트너들의 데이터도 포함된다. Zhima Credit Score는 기존 신용점수데이터와 달리 신용카드 결제, 온라인 쇼핑 결제 등 익명의 데이터까지 포함된다. Zhima Credit는 방대한 온라인 트렌젝션(On-line Transactions)과 행동데이터 분석을 통해 개인들에게 신용정보 서비스를 제공하고 있다. 이런 빅데이터기술은 고객에게 맞춤신용등급을 제공하고 부실대출을 줄이는 최적의 기술이 되고 있다.

② 'Facial Recognition Technology(얼굴인식 기술)'은 생체인식 기반의 기술

Chapter 3   4차 산업혁명의 주인공은 기업이다

로 온라인 신분확인에 적용했다. 커팅엣지(Cutting-edge) 얼굴인식 알고리즘을 기반으로 시스템 보안구조를 설계했고 My Bank와 Alipay의 신원인증 프로세스에 적용되고 있다. 그리고 2016년 6월 생체인식 인공지능 마크(Mark)도 출시했다.

③ 'Cloud Computing Technology(크라우드 컴퓨팅 기술)'이다. 앤트파이낸셜의 Cloud Computing Technology은 금융기업에 제공된다. 알리바바와 앤트파이낸셜에서 발전된 기술과 경험을 크라우드 컴퓨팅에 녹여 알리바바 크라우드의 기본적인 역량을 충족시켰고, 금융산업의 구체적인 요구를 충족시키기 위해 고객에게 최적화된 상품으로 제공할 수 있게 발전되었다. '앤트파이낸셜 크라우드'는 오픈 크라우드 플랫폼으로, 금융관련 응용 프로그램을 만들려는 금융기관을 위해 금융혁신과 IT 기반시설을 제공하여 금융기업의 기술을 향상시킬 수 있게 하였다.

④ 'Risk Control Technology(위험관리기술)'이다. 고객들은 신속하고 안전한 결제서비스를 요구하는데 이런 고객의 요구를 만족시키는 것이 Risk Control Technology의 핵심이다. 위험관리기술의 핵심 이슈는 리스크 관리이다. Risk Control Technology은 알리페이를 통해 많은 데이터를 얻었고 이를 계정 별로 위험 평가를 한다. 이런 위험관리기술로 알리페이의 자본손실률은 0.001%이하가 되었다.

⑤ 'Artificial Intelligence Technology(인공지능(AI) 기술)'이다. 앤트파이낸셜 인공지능기술은 data Mining(데이터 마이닝)과 의미해석 기술로 사용자에 대한 질문을 통해 판단과 예측을 한다. 앤트파이낸셜 인공지능 기술은 고객의 신원정보와 행동 논리를 결합하여 문제점을 통보하게 된다. 앤트파이낸셜의 'My Customer service'는 의미해석에 기반하여 적용 가능한 중요 정보와

답변들을 선별한다. 이런 앤트파이낸셜 인공지능 기술 적용사례로 2015년 11월11일 중국 Single's Day(광군절)를 들 수 있는데 광군절을 이용하는 고객에 대한 서비스의 95%을 인공지능을 기반으로 한 빅데이터에 의해 제공하였다. 또 다른 기능인 지능형 보험 클레임 처리인 'My Customer Service'는 보험 클레임을 평균 24시간 안에 처리할 수 있게 한 사례이다.

앤트파이낸셜은 단순히 온라인 금융기업이 아닌 **금융기술을 도입하여 금융업의 본질에 4차 산업기술을 접목한 금융서비스제공기업으로 세계 금융시장을 주도할 것이라고 확신한다.**

얼굴이 지갑이고 통역사가 사라진다. Face++, Gooolgle, iFlytek

"출입증과 지갑을 사라지게 하는 Face++"

중국의 우버라고 할 수 있는 Didi택시(디디택시)가 있다. Didi택시의 비즈니스모델은 애플리케이션으로 택시를 호출하는 서비스를 제공하는 것이다. 디디택시는 서비스를 제공하는데 있어 이용자가 운전자를 택시회사에 등록된 정식기사인지 확인할 수 있도록 얼굴인식시스템을 제공하고 있다. 이는 택시 이용자가 택시기사를 확인할 수 있어 범죄 또는 문제가 발생하지 않을 것이라는 믿음과 안정감을 주게 된다. 이런 얼굴인식시스템이 중국에 확산되는데 결정적인 역할을 한 기업이 Face++(페이스플러스플러스)이다. Face++의 얼굴인식시스템은 중국 최고 IT기업인 알리바바에서도 이용하고 있는데 알리바바 직원들의 출입 ID카드(Identity card)를 대신하고 있고 알리

Chapter 3 　4차 산업혁명의 주인공은 기업이다

바바의 전자결제 시스템인 알리페이에 적용하여 알리페이에 등록된 신용카드 결제 시 얼굴인식을 통해 결제할 수 있도록 하고 있다. 다른 사례로는 북경의 기차역에서 승객얼굴과 ID카드 얼굴이 일치하면 출입문이 열려 승객을 탑승시키고 있고 항저우 지하철에는 범죄자를 발견할 수 있는 얼굴인식 감시 카메라 시스템을 사용하고 있다. 이 모든 것이 가능한 것은 Face++의 얼굴인식시스템기술이 있기 때문이다. Face++는 베이징을 본사로 둔 메그비(Megvii)의 자회사이며 세계에서 가장 큰 규모의 얼굴인식기술 플랫폼이다. Face++는 얼굴인식시스템 시장을 석권하기 위해 150여개국에서 기존에 사용하고 있는 다양한 종류의 ID카드 보다 인식율이 뛰어난 얼굴인식 시스템을 준비하고 있다.

　Face++는 API(Application Programming Interface, 응용 프로그램 프로그래밍 인터페이스)와 SDK(Software Development Kit, 소프트웨어 개발 키트) 기술을 이용하는 얼굴인식 기술 플랫폼이다. API는 운영체계와 응용프로그램 사이의 통신에 사용되는 언어나 메시지 형식을 말하고 SDK기술은 소프트웨어 개발자가 특정 응용프로그램을 만들 수 있게 해주는 소스(Source)와 도구 패키지이다.

　Face++는 Face Detection(얼굴탐지), Face Comparing(얼굴 비교), Face Searching(얼굴검색), Land Mark(대표특징), Attributes(속성)의 기능이 있는데 Face Detection은 다양한 얼굴의 차이점을 구분하여 특정사람의 얼굴을 찾는 것이고 Face Comparing은 신원확인이 필요한 서비스에 활용되는 기능이다. 그리고 Face Searching은 다양한 얼굴에서 동일한 얼굴을 찾는 것이고 Land Mark는 얼굴에서 눈썹이나 입술 등 가장 대표되는 특징을 찾는 것이다. 마지막으로 Attributes는 나이, 성별 등 개인이 가지고 있는 속성을 분석하는 것이다. Face++는 얼굴인식시스템을 단순히 ID카드

대용 등의 기능에 한정하지 않고 지갑 없는 결제, 범죄자 검거 등 사회생활 전반에 적용 가능할 수 있는 기능을 시도하고 있다. Face++의 얼굴인식시스템이 완성된다면 우리 생활 패턴에 엄청난 변화가 올 것이고 '얼굴이 신용이다.'라는 말처럼 얼굴로 사회생활이 가능한 시대가 될 것이다.

"음성인식은 통역을 사라지게 한다. Google"

인공지능이 발전하면 인류에게 가장 편한 기능을 제공할 분야가 언어분야이다. 언어는 국가, 민족, 지역을 중심으로 고유한 사회, 문화, 경제 등 모든 분야에 걸쳐 몇 천년 동안 같은 공동체에서 같은 의식을 가지고 만들어졌다. 이런 언어는 언어마다 같은 사물이나, 느낌도 표현하는 방법과 내용이 천차만별이다. 예를 들어 우리말에는 맛과 관련된 형용사가 많이 있다. 맛에 관련된 표현에는 '구수하다', '담백하다', '맹맹하다', '밍밍하다', '심심하다', '싱겁다', '칼칼하다' 등 많은 표현을 가지고 있지만 영어에는 이런 표현이 없다. 반대로 영어에는 있는 표현이 우리말에는 없는 표현도 많이 있다. 이런 언어의 차이는 단순히 우리말과 영어와의 차이만이 아니고 모든 언어에 해당된다. 이런 이유로 외국어를 정확히 이해하는 것은 매우 어려운 일이다. 외국어를 번역하는 것 역시 어려운일인데 이유는 문장의 뜻보다 언어가 주는 느낌과 뉘앙스 차이가 크기 때문이다. 언어는 비즈니스, 법률 등에서 오류를 범하기 쉬운데 이유는 뜻보다 그 속에 포함된 정확한 의미와 행간의 의미를 이해하기 어렵기 때문이다.

이동수단의 발달과 정보통신의 발전으로 지속적인 국가간 교류가 있고 이런 국제간 교류가 활성화되면서 국제공용어의 필요성이 부각되었다. 이

Chapter 3 4차 산업혁명의 주인공은 기업이다

런 국제공용어의 필요성은 세계강대국 지위가 영국에서 미국으로 이어지면서 자연스럽게 영어가 국제공용어로 정착하게 되었다. 그래서 많은 사람들은 국제공용어인 영어로 중심으로 소통하고 있다. 많은 사람이 자국어와 영어를 중심으로 소통을 하게 되는데 예를 들어 우리나라사람과 중국사람이 소통하기 위해 서로 중국어와 우리나라말을 배우는 것보다 영어로 소통하는 것이 편하게 되었다. 결국 영어를 통해 의사소통을 하게 되는 셈인데 만약 우리나라사람이 영어를 제대로 이해하지 못하고 중국사람도 영어를 제대로 이해하지 못해도 전혀 모르는 우리나라 말과 중국어로 소통하는 것보다 낫다고 하겠다. 4차 산업기술에서는 국제공용어 필요 없이 언어인식이 가능한 기술들이 개발되고 있다.

이미 많은 언어자동번역 시스템이 나오고 있다. 하지만 아직까지 한계가 있는 것이 분명하다. 현재의 번역시스템은 여러 표현과 뉘앙스 등 언어가 가지는 다양한 의미를 단어가 가지는 대표적인 한가지 의미로 밖에 표현할 수 없어 번역에 어려움이 있지만 인공지능기술은 실시간으로 학습하여 번역이 가능할 수 있기 때문에 다양한 표현과 뉘앙스를 원어에 맞게 번역할 수 있게 된다.

4차 산업혁명의 핵심기술인 인공지능기술에서 언어인식기술이 개발되고 있는데 대표적인 기업이 구글이다. 구글은 인공지능을 사용한 번역기를 개발하고 있다. 구글은 최근 크라우드 자연어 처리 API(Application Programming Interface, 응용 프로그램 프로그래밍 인터페이스)와 크라우드 스피치 API 베타버전을 공개했다. 크라우드 자연어처리 API는 문장 구조와 의미를 여러 언어로 간편하게 분석해 주는 기술이다. API는 응용프로그램에서 사용할 수 있도록 운영체계나 프로그래밍언어가 제공하는 기능을 제어할 수 있도록 만든 인터페이스이다. 주로 파일제어, 창 제어, 화상처리, 문자 제어 등을 위한 인터페이스를 제공한다.(위키피디아 참고) 구글이 지속적으로 개발하고 있는 자연어처리 API는 단순히 문장을 해석하는 것이 아니라 문장의 뉘앙스와 의미도 분석한다. 그리고 단어의 뜻이 어떤 의미로 쓰여지는지를 파악해 단어를 유형별로 분류하고 이를 분석하는 파스 트리(Parse Tree)를 적용한다. 구글의 자연어처리 API의 장점은 온라인 제품에 대한 평가, 콜센터의 고객 상담 통화내용의 뉘앙스까지 파악하고 분석할 수 있다. 여기에는 3가지 기능이 있는데 문장의 전반적인 분위기와 감정을 이해하는 감성분석, 가장 관련성이 높은 개체를 파악하고 이 개체를 인물, 조직, 위치 등 유형에 따라 분류하는 개체 인식, 문장의 구성요소들을 파악하고 이들 사이의 관계를 분석하여 문장의 구조와 의미를 인식하는 구문분석 기능으로 이루어 진다. 이를 통해 과거 하나의 단어를 하나의 뜻으로만 이해하는 언어인식 기술을 문장 고유의 의미로 인식하는 기술로 발전하고 있는 것이다. 크라우드 스피치 API는 음성을 문자(문장)로 변환해주는 기술이다. 우리가 '나는 학교에 간다.'라고 말하면 영어로 'I go to the school.'라는 문장으로 표기되는 것이다. 크라우드 스피치 API 버전은 80여개 이상 언어의 음성인식 기능이 추가되어 있다. 이런 음성인식 기술은 언어의 장벽을 없애는 기술이 되는 것이고 통역 없이 자유롭게 외국인과 의사소통이 가능하게 되는 것이다. 이렇게 된다면 **세계 모든 사람과 인적 네트워크가 가능하다는 의미이다.**

"사물인터넷과 사람을 연결시키는 기업 iFlytek(커다쉰페이)"

iFlytek(커다쉰페이)는 1999년 중국에서 설립되어 교육, 커뮤니케이션, 음악,

Chapter 3 4차 산업혁명의 주인공은 기업이다

지능형 장난감 등을 대상으로 음성인식 소프트웨어와 음성인식 기반의 인터넷/모바일 프로그램을 제공하는 기업이다. iFlytek의 음성인식기술 사용자는 4억 3천만 명에 달하고 음성인식, 음성합성, 통역 등 iFlytek가 제공하는 서비스 이용횟수는 하루에 35억 회에 이른다. 이렇듯 중국에서 많은 사람들이 사용하는 서비스이다. 하지만 iFlytek가 주목 받는 이유는 사용자나 사용회수가 아니라 기술력이다.

iFlytek는 개방형 플랫폼을 운영하고 있고 이는 세계 최대의 음성 및 인공지능 개방형 플랫폼이라고 평가 받고 있다. 이 플랫폼은 iFlytek의 음성기술을 사용하는 인공지능 생태계를 구축하여 시장을 선점하고자 하는데 성공적이라 할 수 있다. 왜냐하면 현재 이 플랫폼을 이용해 프로그램 개발에 나선 개인이나 기업이 3~4십만 개에 이르기 때문이다. 이렇게 많은 개인이나 기업이 이용하는 이유는 기술력이다. iFlytek의 음성인식 기술의 방향은 크게 2가지이다. 첫째는 사물인터넷을 통한 사람과의 소통이다. iFlytek는 가전, 완구 등 사물이 사람의 음성을 인식하여 소통을 하게끔 하려 한다. 이렇게 되면 교육, 의료, 자동차, 금융 등 사회전반에 걸쳐 변화가 일어나고 사람에게 유익한 비서나 파트너가 만들어 지는 셈이기도 하다. 또 다른 영역은 통역분야이다. 특히, 중국어와 영어의 통역 기술은 세계적 수준으로 영어 통역능력은 중국 대학영어 6급 시험을 보는 학생의 90% 수준을 웃돈다고 한다. 중국의 대학영어 6급 시험은 매년 중국 교육부 주관으로 치러지는데 TOEIC처럼 중국에서 취업 등의 기준이 된다. 중국은 영어시험 수준이 1급에서 6급까지 있는데 대학영어는 4급(CET-4)과 6급(CET-6)이다. 4급은 학사 수준이고 6급은 석사수준이라고 보면 된다. 그만큼 4급과 6급은 수준차이가 있어 4급과 6급 사이 5급이 없을 정도로 6급 수준이 높다. 이 정도로 영어통역기술력이 높다고 하겠다. iFlytek은 중국어와 영어 뿐 아니라 위구르, 일어, 한국어도 실시간 번역하고 자막으로 보여주는 기술도 개발했다. 이렇듯 음성을 문자로 전환하는 기술 역시 선도한다고 할 수 있다.

　iFlytek의 음성기술이 중요한 것은 생활의 변화이다. 앞에서 얘기한 것처럼 인공지능을 통한 언어인식이 사물과 연계되고 실시간 통역이 된다면 사람에게 매우 유용하게 사용될 수 있다. 예를 들어 미국에서 들여온 새로운 MRI(자기공명영상)가 있다고 하면 굳이 MRI의 사용법이나 기능에 대해 현지에 가서 교육받거나 영어로 된 매뉴얼을 번역하고 통역 할 필요 없이 사용하면서 자국어 음성으로 들을 수 있고 MRI에서 나온 결과를 인공지능을 통해 환자에게 음성으로 전달할 수 있게 되는 것이다. 이런 기술들이 iFlytek를 주목하게 만드는 이유이다.

인공지능 등 4차 산업기술을 구현할 수 있게 하는 GPU: Envidia(엔비디아)

"기술을 구현해야 할 도구가 필요하다."

　아무리 좋은 기술이 있어도 그 기술을 구현할 도구가 있어야 한다. 4차 산업기술은 IT기술과 통신기술이 아우러져 구현하는 기술이다. 이렇듯 4차 산업혁명을 주도하는 기술은 IT기술이 기반이 되는 데 IT기술의 능력은 컴퓨터의 처리능력에 달려있다고 할 수 있다. 4차 산업의 많은 기술들은 과거 컴퓨터가 처리할 수 있는 한계를 벗어나고 있고 이런 한계를 극복

Chapter 3 4차 산업혁명의 주인공은 기업이다

하기 위해 더 빠른 처리속도를 위해 다양한 방법이 강구되고 있다. 이런 컴퓨터의 처리능력을 극대화 시켜야 4차 산업기술이 구현할 수 있다. 처리능력은 컴퓨터가 가지는 능력으로 CPU(중앙처리장치)를 통해 이루어 진다. CPU는 컴퓨터의 두뇌와 같은 역할을 하는 장치로 프로그램을 실행하는 장치이다. CPU는 크게 산술연산과 논리연산을 하는 연산장치와 명령어에 따라 동작을 지시하는 제어장치로 나눌 수 있다. 컴퓨터의 성능을 좌우하는 것이 CPU인데 1초당 작업단계의 처리능력을 Hz(헤르츠)로 나타내고 이런 CPU의 처리회로를 코어(Core)라고 한다. 1개의 CPU에 1개의 코어(Single Core)가 있는 것이 기본이었는데 최근에는 1개의 CPU안에 여러 개의 코어가 들어있는 다중코어(Multi Core)방식이 보편화 되고 있다. 다중코어는 듀얼코어(Dual Core, 코어 2개), 쿼드코어(Quad Core, 코어 4개), 헥사코어(Hexa Core, 코어 6개), 옥타코어(Octa Core, 코어 8개)로 점점 고성능화 되고 있다. 다중코어는 말 그대로 코어가 동시에 작업을 처리하게 되는 것인데 쿼드코어 CPU는 1개의 CPU에서 4개의 코어가 작업을 하게 되는 것이므로 4번에 처리될 작업을 1번에 마칠 수 있게 성능을 높이는 것이다. 하지만 코어 수가 많아 CPU 속도를 빠르게 하면 열이 발생하고 전력소모가 심해지는 단점이 있다. 이런 이유로 다중코어를 스마트폰 등 휴대용 IT기기에 사용하기에는 어려운 문제를 가지고 있다.

　인공지능은 머신러닝(Machine Learning), 딥러닝(Deep Learning) 등의 알고리즘을 통해 스스로 학습하는 프로그램이다. 이렇게 인공지능 프로그램을 구현하기 위해서는 텍스트(Text, 문자), 사진, 동영상 등 다양한 자료(데이터, data)를 구분하고 분석하고 저장해야 하는 능력이 필요하다. 이런 능력을 가지지 위해서는 빠른 처리속도와 능력이 필요로 한데 기존 CPU로는 처리에 한계가 있다. 이런 한계를 극복할 수 있는 처리장치가 GPU(Graphics Processing Unit)이다. GPU

는 말 그대로 그래픽처리를 위한 처리장치이다. GPU는 CPU에 비해 그래픽과 관련된 연산처리 능력이 탁월하고 3차원 그래픽에 최적화 되어있다고 하겠다. 그래서 GPU가 CPU를 대체하기 시작했다.

인공지능은 크라우드 컴퓨팅(서버에 데이터 저장, 네트워크, 콘텐츠 사용 등 정보처리를 인터넷으로 통해 처리하는 컴퓨팅 환경)을 통해 구현되고 있다. 이세돌과 대국으로 우리에게 인공지능으로 각인을 시킨 알파고는 바둑대국에서 천개가 넘는 CPU와 100여개의 GPU를 사용했다. 당시 알파고를 구동하는데 약 170kw의 전력을 사용하였는데 이는 가장 전기사용량이 많은 여름(2017년 8월) 우리나라 가구당 평균 전기사용량이 286kwh (출처: http://www.hani.co.kr/arti/economy/consumer/809090.html)이므로 우리나라 가구의 약 20일 전력사용량과 같다고 볼 수 있다. 이렇듯 알파고의 전력 사용량은 상상을 초월하고 인공지능을 구동하는 크라우드 컴퓨팅의 전력소모량은 상상을 초월하는 수준이다. 이런 인공지능을 구현하는데 저전력 반도체가 있다면 인공지능의 영역과 사용을 확대될 것이고 스마트폰, 드론, 자율주행차 등으로 사용범위가 확대될 것이다. 이런 점이 GPU의 선두기업인 '엔디비아(Envidia)'가 주목 받는 이유이다.

2) 기업에도 슈퍼스타가 있다.

"슈퍼스타마켓은 소수의 공급자가 세계 시장을 장악하는 것이다. 슈퍼스타기업의 출현은 필연적이다."

슈퍼스타마켓은 소수의 공급자가 세계 시장을 장악하는 것이다. 이러한

Chapter 3 4차 산업혁명의 주인공은 기업이다

슈퍼스타마켓과 유사한 개념이 독과점이다. 독과점 역시 소수의 공급자가 시장을 지배하는 것이다. 슈퍼스타마켓과 독과점간의 차이는 첫째, IT기술이 기반이 되느냐 이다. 슈퍼스타마켓은 IT기술을 기반으로 하고 있어 국경과 상관없이 국가별 진출이 용이하다는 것이다. 둘째, 세계 시장에 대한 장악력이다. 독과점은 각 나라마다 판매량과 침투도가 상이한 반면 슈퍼스타마켓은 나라마다 판매량과 침투도의 편차가 크지 않게 된다.

앞으로 기술혁신에 따라 슈퍼스타마켓은 더욱 확대될 것이다. 과거 시장구조에서는 소수의 공급자가 세계 시장을 장악하기 어렵다. 하지만 4차 산업시대에서는 IT기술과 통신기술이 결합하여 소수의 공급자가 세계시장을 장악하기 어렵지 않게 된다. 이렇기 때문에 슈퍼스타기업의 출현은 필연적이다. 많은 사람들은 4차 산업시대라고 해도 슈퍼스타마켓은 형성되지 않을 것이라고 생각 할 수 있다. 그 이유는 국가마다 법과 제도가 상이하고 기존 기업의 영향력이 막강하기 때문이라고 한다. 이 부분에 대해 부정하는 것은 아니다. 하지만 IT기술의 발전은 이러한 제도, 기존 기업의 브랜드에 대한 신뢰 등을 뛰어 넘는다. 과거 사례에서 보면 인터넷 정보검색서비스 및 메일 서비스 기업들이 우후죽순처럼 생겼고 많은 기업들이 성공하는 것처럼 보였지만 결국에 생존한 기업은 구글, 네이버(한국)처럼 소수에 불과했다. 하지만 이렇게 생존한 기업들이 가지는 시장 지배력은 막강하게 되었고 이를 시장에서 증명하고 있다.

"슈퍼스타마켓은 시장선점을 한 기업이 지속적으로 시장을 지배할 확률이 높다. 이유는 한번 사용자가 익숙해지면 바꾸지 않는 특성이 있기 때문이다."

슈퍼스타마켓의 특징은 시장을 선점한 기업이 지속적으로 시장을 지배할 확률이 높다. 과거 시장은 후발기업이 선발기업을 모방하고 시장에 참여하더라도 선발기업을 뛰어넘는 경우가 많았으나 4차 산업시대의 시장상황은 다르다. 4차 산업시대에서 시장선점을 강조하는 것은 고객이 사용법에 대해 익숙해지기 때문이다. 고객은 아무리 단순한 조작이라도 새로운 조작법을 배우는데 부담을 가지고 있다. 이런 부담감은 한번 익숙해진 서비스에서 이동하지 않으려는 특징을 가지고 있다. 예를 들어 보안상 이유로 대표적인 모바일 문자서비스인 카카오톡 사용자가 텔레그램으로 이동한 적이 있다. 하지만 그 영향은 미미 했는데 이유는 카카오톡 사용에 익숙해져 있고 다수가 사용하는 프로그램을 쉽게 바꾸기 어렵기 때문이었다.

　슈퍼스타마켓은 온라인 구조이다. 슈퍼스타기업의 비즈니스모델에는 다수의 수요자와 공급자가 존재하고 이를 기반으로 지속적으로 수요자와 공급자가 확대되는 선 순환구조를 구축하고 있다. 이런 슈퍼스타기업의 비즈니스모델은 다수가 사용한다는 신뢰와 자주 사용하게 되므로 생기는 사용법에 대한 적응력이 커지게 됨에 따라 슈퍼스타기업은 시장을 지배하게 된다.

3) "혁신가의 딜레마"가 기업 혁신의 적이다.

　"우리에게 해당되지 않을 것이라는 기대감은 일찍 버려야 한다."
　'혁신가의 딜레마'는 Clayton Christensen(클레이튼 크리스텐센) 하버드 교수가 출간한 'The Innovator's Dilemma(혁신가의 딜레마)'에서 사용하였다. 혁신가의 딜레마란 시장을 선도하는 기술을 가진 거대 기업이 기술혁신이 한계에 이

Chapter 3   **4차 산업혁명의 주인공은 기업이다**

르러 더 이상 혁신을 이루지 못하고 기존 제품의 성능개선에 만족하면서 새로운 기술력을 가진 후발기업에게 시장지배력을 잠식당하는 현상을 말한다. 시장선도기업은 자신들이 기술혁신에 대해 일반 고객이 요구하는 기대 수준에 맞춰 새롭고 혁신적인 기술을 개발하는 것이 아니라 기존 제품(서비스)의 성능을 개선하는 정도에 만족하는 것이다. 이런 형상은 새로운 환경의 기술이 요구되는 경우 한 순간 시장에서 도태되게 된다. 여기서 기술혁신은 선도기업이 가지는 기술에 대한 성능개선을 말하고 새로운 기술은 성능 개선이 아닌 새로운 방식 또는 환경 등을 말한다.

  1980년대 무선호출기(일명 삐삐, Beeper)가 처음 등장 했을 때 많은 사람들은 통신분야에 기술혁신으로 생각했다. 무선호출기는 무선호출기에 간단한 정보(전화번호, 음성녹음 여부 등)를 알려주고 이를 수신한 사람이 수신된 내용을 보고 연락을 하는 방식이었다. 유선전화는 부재중이거나 공간이 떨어져있을 경우 실질적인 소통이 불가능하지만 무선호출기는 장소에 상관없이 수신내용을 확인하고 즉시 응답할 수 있어 인기가 많았다. 비슷한 시기에 휴대전화가 나타나기는 했지만 고가의 단말기 금액과 통신요금으로 인해 대중화되지 못했고 이에 비해 무선호출기는 전 국민이 사용할 정도로 급속히 시장을 장악했다. 하지만 무선호출기 시장은 1990년대 후반을 고비로 순식간에 시장에서 사라지기 시작했다. 이유는 휴대전화의 대중화에 있다. 유사한 무선통신의 기능이기는 하지만 실시간 음성 정보전달이 가능한 휴대전화에 비해 무선호출기는 그런 기능이 없기 때문에 사용자들은 휴대전화로 급속히 이동하였다. 무선호출기 기업들이 시장에서 대응에 실패하게 된 이유로 무선호출기 기업들은 휴대전화의 보급과 확대에 부정적이었고 무선호출기시장은 휴대전화와 달리 고유한 시장이 지속될 것을 기대하였다.

무선호출기의 성공과 실패과정은 4차 산업시대 비즈니스모델 개발에서도 시사하는 바가 매우 크다. 성공한 것 같은 사업도 새로운 환경의 기술이 요구되는 순간 시장에서 순식간에 도태될 수 있다는 것이다. 무선호출기와 휴대전화의 기능은 다르지만 무선통신에 대한 본질은 같다. 이러한 상태에서 무선호출기는 저렴한 가격과 비용으로 시장에서 급속히 성장했고 무선호출기 기업은 휴대전화 시장이 한동안 형성하지 못할 것으로 판단했다. 이런 판단은 무선호출기시장이 오래가기를 기대했고 그런 기대감으로 휴대전화의 성장을 인정하려 하지 않으려는 속성을 가지고 있었다. 이렇게 휴대전화시장을 인정하지 않으려는 기업문화와 시장에 대한 기대감은 시장대응에 대한 전략 부재로 나타났고 휴대전화라는 새로운 시장이 도래 했을 때 무선호출기시장은 순식간에 무너지기 시작 했다. 이렇듯 4차 산업기술이 고객을 새로운 환경으로 유도하게 되면 이에 대한 준비가 없는 기업의 생존은 장담할 수 없는 것이다.

　대표적으로 '혁신가의 딜레마' 사례를 보여준 기업은 휴대전화 기업인 노키아(NOKIA)이다. 노키아는 1998년 세계 1위 휴대전화 기업이었고 2007년에는 휴대전화 시장의 점유율이 40%에 달할 정도로 시장을 선도하였다. 하지만 그 후 불과 6년이 지난 2013년 마이크로소프트에 인수되었다. 여기서 눈여겨볼 시점은 2007년이다. 2007년은 노키아가 휴대전화시장을 독차지하면서 선도기업으로 가장 잘 나가는 시점이었는데 반대로 애플의 스마트폰인 아이폰이 출시된 연도이기도 하기 때문이다. 이것이 혁신가의 딜레마가 시장과 기업을 어떻게 만드는지 잘 보여주는 것이다. 노키아의 몰락은 새로운 환경을 무시하고 자만심에 변화를 무시하였다. 노키아도 스마트폰과 관련된 기술을 개발하고 기술혁신을 했음에도 스마트폰 시장은 형성되

Chapter 3 | 4차 산업혁명의 주인공은 기업이다

지 않는다는 판단으로 기술을 사장(死藏) 시켰다. 노키아는 스마트폰 기술이 있었음에도 스마트폰이라는 새로운 환경은 나타나지 않을 것이라는 기대감으로 휴대전화의 성능개선에만 주력한 것이다. 이는 변화에 대응하기 보다는 스마트폰시장이 형성되지 않을 것이라는 막연한 기대감으로 대응할 수 있는 기술이 있음에도 대응할 수 있는 시기를 놓쳐 시장에서 도태된 것이다.

"애플도 혁신가의 딜레마에 빠졌다."

iOS 운영체계를 기반으로 세계 스마트폰시장을 선도하는 기업인 애플이 있다. 2016년 세계 시가총액 1위일 정도로 세계를 선도하는 기업이다. 이런 기업에게도 혁신가의 딜레마의 조짐이 보인다는 소리가 들리고 있다. 많은 사람들이 애플에 대해 혁신가의 딜레마 조짐이 보인다고 하는 것은 아이폰 출시 이후 제품 성능개선에 몰두하고만 있지 새로운 기술 환경 변화에 둔감하다는 평가가 나오기 때문이다. 이런한 평가의 배경은 시장은 다양한 성능개선을 이룬 아이폰이 이제는 새로운 기술혁신을 이룬 새로운 제품이 나오길 기대하고 있기 때문이다. 이렇듯 세계 1위 기업인 애플에까지 혁신가의 딜레마 조짐이 나온다는 우려는 기업이 얼마나 변화에 능동적이고 신속하게 대응해야 하는지를 단적으로 보여주는 것이다.

4) 특허로 사업보호가 우선인가? 특허 공유로 시장형성이 우선인가?

"시장 형성이 우선이기는 하지만 사업보호를 위해 특허는 필요하다."

기술(비즈니스모델 등 포함)개발을 하는 경우 특허로 보호받아야 한다는 생각을 가지고 있다. 이는 분명 맞는 얘기이고 필요한 것이다. 특허가 분명 기업의 비즈니스모델을 보호하고 다른 경쟁자의 진입을 억제시키는 데는 효과적이다. 하지만 관점을 달리해서 볼 필요가 있다. 특허로 기업이 보호 받는 것도 중요하지만 이로 인해 시장 형성이 어렵다고 하면 어떤 선택을 해야 하는지 생각해봐야 한다.

특허는 발명에 대해 보호기간 동안 배타적, 독점적 권리를 법적으로 보장 받는 것으로 발명이 보호 받을 수 있다는 장점이 있지만 발명 내용이 공개됨에 따라 타인이 이를 참고하여 특허를 피해가거나 모방이나 개량을 통해 발명할 수 있는 단점을 동시에 가지고 있다. 이런 딜레마는 기업이 특허를 어떻게 사용하느냐를 결정하는데 고려사항이 되는데 기업이 특허를 선택 할 수 있는 경우는 세가지가 있다. 첫째는 아예 특허 등록을 하지 않는 것이다. 보유하고 있는 기술이 탁월해서 어느 누구도 모방하거나 변형 할 수 없다는 확신이 있다면 특허 등록기간에 대한 제한이 없게 굳이 특허로 등록하지 않아도 된다. 둘째는 특허로 자기 기술을 보호 받는 것이다. 이 경우 다른 기업은 특허등록기간 동안 기술을 사용할 수 없다. 셋째는 특허를 공개해서 누구나 사용할 수 있게 한다. 이 경우 누구나 사용하게 됨에 따라 기술의 보호를 받을 수는 없지만 기술의 발전은 기대할 수 있다.

기업은 세가지 방법 중에 어떤 방법을 선택하는 것이 가장 적합한 방법인

Chapter 3 4차 산업혁명의 주인공은 기업이다

지 고민해야 한다.

첫째 '특허를 등록하지 않는다'이다. 보통 사람은 이런 기술이 있을까 하는 의아심을 가질 수 있다. 특허로 등록되지 않지만 지금도 사용되는 기술은 무엇인가? 이에 대한 가장 대표적인 사례는 코카콜라(Coca-Cola)이다. 코카콜라는 1886년 미국의 존 펨버튼 박사(Dr. John Pemberton)가 만든 탄산음료이다. 코카콜라는 만들어진 지 100년이 훨씬 지났지만 아직까지 제조방법에 대해 알 수 없다. 많은 사람들이 콜라 성분을 분석해 제조방법을 알려고 했지만 아직까지 성공한 사례는 없다. 다만 이와 비슷한 맛과 성분의 음료수가 나오기는 하지만 코카콜라의 벽을 넘지는 못하고 있는 것이 현실이다. 이처럼 제조방법에 대해 특허를 받지 않더라도 영업비밀로 아직까지 독점 생산을 하고 있다.

둘째는 '특허로 보호 받는다.'이다. 이 경우는 너무 많고 당연한 것인데 특허라는 제도를 통해 기술을 보호받고 비즈니스도 보호 받으려 하는 것은 당연하다.

셋째는 '특허를 공개하고 누구나 사용할 수 있게 한다'이다. 단순히 생각하면 내가 가지고 있는 특허를 누구나 무료로 사용하게 허락할 수 있겠냐 하는 것이다. 분명 발명을 위해 들어간 시간과 비용이 있는데 이에 대한 보호 없이 무료로 공개한다면 무엇하러 특허등록을 하느냐고 생각할 것이다. 이 점이 우리에게 던지는 질문이다. 시장이 형성되어 있어 특허로 다른 기업을 막지 않는다면 사업에 대한 진입장벽이 낮아져 경쟁자가 속출할 수 있는 경우라면 특허를 통한 보호가 필요할 것이다. 하지만 그와 반대 경우라면 어떻게 특허를 활용할 지에 대한 문제는 고민이 필요하다. 반대 경우라 하면 특허 기술이 널리 사용되지 않아 사업화가 안되고 있는 경우를 말한다. 이런 경우 기업은 특허를 공유해서 시장을 먼저 만드는 것이 유리한지, 아니면 기술을 특허로 보호 받으면서 시장을 만들어가는 것이 유리한지의 여부를 선택하고 결정해야 한다.

"특허는 매우 중요한 기업의 자산이며 가치이다."

특허는 기업에게 있어 매우 중요한 자산이며 가치이다. 맞는 말이다. 하지만 중요한 것은 과연 특허가 기업에게 중요한 자원의 역할을 하느냐 하는 것이다. 아무리 좋은 기술도 시장이 형성되지 않으면 아무 의미가 없는 것이다.

2014년 6월 테슬라의 CEO(최고경영자) Elon Musk(엘론 머스크)가 홈페이지에 특허와 관련해서 'All Our Patent Are Belong To You(모든 우리의 특허는 당신에게 있습니다)'라는 글을 게재하였다. 엘론 머스크는 이 글에서 'Tesla will not initiate patent lawsuits against anyone who, in good faith, wants to use our technology.(테슬라는 선의로 우리 기술을 사용하고자 하는 사람에 대해서는 특허소송을 제기하지 않겠습니다.)'라고 발표하였다. 여기서 테슬라는 'in good faith(선의로)'라는 단서를 달았지만 이는 특허를 공유하겠다는 의미로 볼 수 있다. 엘론 머스크의 글을 요약하면 테슬라도 초기 사업보호를 위해 특허를 등록하려고 열심히 노력했다. 하지만 거대자동차기업들은 전기자동차에 관심이 없었고 전기자동차 시장점유율은 1%에도 미치지 못했다. 이런 상황에서 테슬라 혼자 전기자동차 생산을 늘리는 것은 어렵다고 판단했고 테슬라의 경쟁상대는 다른 전기자동차기업이 아니고 가솔린자동차기업이라고 규정했다. 그래서 전기자동차 후발주자들에게 기술 플랫폼을 같이하자고 했고 이런 테슬라의 정책은 테슬라의 입지를 약화시키기 보다 오히려 더욱 강하게 만들 것이라고 했

Chapter 3   4차 산업혁명의 주인공은 기업이다

다. 너무나 잘한 결정이라고 확신한다. 만약 시장이 조성되어 있고 그로 인한 경쟁자가 많아 비즈니스모델에 대한 보호가 필요하다면 테슬라가 초기에 한 것처럼 특허 등록을 위해 심혈을 기울이는 것이 맞고 특허를 통해 비즈니스모델에 대해 보호 받는것이 타당하다. 하지만 시장이 형성되어 있지 않고 거대자동차 기업들로 인해 시장형성 자체가 위협받는 상황에서 전기자동차 시장 형성을 위해 특허를 오픈소스로 공유한다는 것은 정확한 분석이고 바른 선택이라고 확신한다. 만약 테슬라의 정책이 없었다면 세계 전기자동차시장은 성공을 위한 변곡점에도 도달하지 못하고 사라졌을 수도 있기 때문이다.

   3D프린터의 역사는 생각보다 오래됐다. 3D프린터의 상업화를 위해 1986년 찰스 헐 박사는 특허가 등록되면서 3D 시스템즈(3D Systems)라는 회사를 창업하였고 스콧 크럼프는 스트라타시스(Strstasys)라는 회사를 창업하였다. 이 두 회사는 현재까지 3D 프린터 시장을 주도하고 있기는 하지만 아이러니하게도 두 회사의 특허가 3D 프린터 시장발전을 더디게 하는 꼴이 되었다. 보통 특허는 제품(서비스)을 상용화하게 하고 자신들의 기술을 보호 받는데 매우 요긴하게 사용된다. 하지만 3D 프린터 시장에서는 뜻밖에 결과가 나타났다. 특허로 인해 기술이 보호 받은 것은 사실이나 그로 인해 시장 발전을 더디게 하는 꼴이 된 것이다. 3D 프린터 출력방식에는 FDM 방식과 SLA방식 외 SLS(Selective Laser Sintering), DLP(Digital Light Processing), PBP(Powder Bed and Inkjet Head 3D Printing), Polyjet(Protopolymer Jetting), MJM(Multi Jet Modeling) 등 다양한 방식이 있다. 하지만 이 중에서 가장 효과적이고 경쟁력이 있는 방식이 FDM방식과 SLA방식인데 이들 모두가 특허로 등록되어 있어 쉽게 기술을 사용할 수 없었던 것이다. 그래서 1980년대부터 시작된 3D프린터 시장은 특허기간이 종료되기 시작

한 2010년대 중반 이후부터 활성화되는 조짐을 보이게 된 것이다.

"All Our Patent Are Belong To You 전문"

> **All Our Patent Are Belong To You**
> Elon Musk, CEO · June 12, 2014
>
> Yesterday, there was a wall of Tesla patents in the lobby of our Palo Alto headquarters. That is no longer the case. They have been removed, in the spirit of the open source movement, for the advancement of electric vehicle technology.
>
> Tesla Motors was created to accelerate the advent of sustainable transport. If we clear a path to the creation of compelling electric vehicles, but then lay intellectual property landmines behind us to inhibit others, we are acting in a manner contrary to that goal. Tesla will not initiate patent lawsuits against anyone who, in good faith, wants to use our technology.
>
> When I started out with my first company, Zip2, I thought patents were a good thing and worked hard to obtain them. And maybe they were good long ago, but too often these days they serve merely to stifle progress, entrench the positions of giant corporations and enrich those in the legal profession, rather than the actual inventors. After Zip2, when I realized that receiving a patent really just meant that you bought a lottery ticket to a lawsuit, I avoided them whenever possible.
>
> At Tesla, however, we felt compelled to create patents out of concern that the big car companies would copy our technology and then use their massive manufacturing, sales and marketing power to overwhelm Tesla. We couldn't have been more wrong. The unfortunate reality is the opposite: electric car programs (or programs for any vehicle that doesn't burn hydrocarbons) at the major manufacturers are small to non-existent, constituting an average of far less than 1% of their total vehicle sales.
>
> At best, the large automakers are producing electric cars with limited range in limited volume. Some produce no zero emission cars at all.
>
> Given that annual new vehicle production is approaching 100 million per year and the global fleet is approximately 2 billion cars, it is impossible for Tesla to build electric cars fast enough to address the carbon crisis. By the same token, it means the market is enormous. Our true competition is not the small trickle of non-Tesla electric cars being produced, but rather the enormous flood of gasoline cars pouring out of the world's factories every day.
>
> We believe that Tesla, other companies making electric cars, and the world would all benefit from a common, rapidly-evolving technology platform.
>
> Technology leadership is not defined by patents, which history has repeatedly shown to be small protection indeed against a determined competitor, but rather by the ability of a company to attract and motivate the world's most talented engineers. We believe that applying the open source philosophy to our patents will strengthen rather than diminish Tesla's position in this regard.

(출처: https://www.tesla.com/blog/all-our-patent-are-belong-you)

"특허의 중요성이 부각되면서 비즈니스모델 개발 과정에서도 특허를 등록해야 한다."

| Chapter 3 | 4차 산업혁명의 주인공은 기업이다

얼마 전 세계경제에서 이슈화가 된 사건 중 하나가 애플과 삼성의 특허전쟁이다. 삼성과 애플의 특허전쟁은 원천기술에 대한 특허뿐 아니라 디자인에 대한 특허도 포함되었다. 보통 특허라고 하면 (원천)기술에 대한 특허라고 생각하지만 특허는 (원천)기술뿐 아니라 디자인, 비즈니스모델 등 다양하게 해당된다. 이렇듯 삼성과 애플의 특허전쟁은 다양한 분야에서 진행되었고 삼성과 애플간의 소송만이 아닌 많은 기업간 소송으로도 확대되었다. 그리고 이런 특허를 이용하여 기업을 상대로 소송을 전문으로 하는 기업이 나타날 정도로 특허의 중요성은 부각되고 있다. 4차 산업시대 특허는 더욱 중요하다. 하지만 기업은 특허에 대해서 중요성은 인지하고 있으면서 기업이 가져야 하는 특허에 대해서는 중요성을 크게 인지 하지 못하는 것 같다.

특허에는 BM(Business Model)특허도 있는데 BM특허는 컴퓨터 등 정보시스템을 결합하여 비즈니스모델을 특허로 등록하는 것이다. 이는 사업을 진행하는데 경쟁력을 갖게 되는 중요한 요소이다. BM특허가 비즈니스모델을 100% 보호할 수는 없지만 다른 경쟁기업들이 쉽게 모방하는 것은 방지할 수 있도록 한다. 이런 BM특허는 신규 사업을 진출하는 기업이 아이디어를 도용 당하지 않고 일정기간 사업에 대한 진입장벽을 만드는데 가장 유용한 방법이며 비즈니스모델을 보호 받기 위해서는 매우 요긴한 방법이다. BM특허 권리 기간은 20년이다. IT기술이 급속히 발달하고 있는 상황에서 20년 특허기간은 매우 의미 있는 기간이다. BM특허가 변형을 통해 피해갈 수는 있지만 특허로 인정되는 특정방법에 대해서는 보호를 받을 수 있다. 만약 다른 방법을 통해 특허를 침해하지 않게 되려면 그 만큼 준비가 필요하고 그에 따른 기술과 시간이 필요하기 때문에 진입장벽을 만드는 효과라고 볼 수 있다.

"BM(Business Model) 특허는 기업을 보호하기 위한 기본적인 장치이다."

비즈니스모델 아이디어는 콜럼버스의 달걀 같아 만들어 놓으면 너무 쉽게 모방이 가능하다. 이렇게 쉽게 모방이 가능한 비즈니스모델도 특허로 보호 받을 수 있다. 특히 플랫폼을 통한 다양한 비즈니스모델이 창출되는 4차 산업시대 비즈니스모델도 개발 초기부터 특허를 고려하며 진행해야 한다. 비록 BM특허는 원천기술 특허와 같이 비즈니스모델에 대해 공격적으로 활용할 수는 없으나 최소한 자기 비즈니스모델을 방어하는 데는 충분히 가치가 있다. 이렇듯 비즈니스모델에 대해서도 특허를 준비해야 한다. 기업의 비즈니스모델도 특허로 보호받을 수 있다. 4차 산업기업의 비즈니스모델 중에는 특허로 등록할 만큼 새로운 획기적인 모델이라 하기 어려울 수도 있지만 4차 산업기술을 기반으로 하기 때문에 특허 등록이 충분히 가능하다.

5) 3D프린터로 무인자율주행전기자동차를 만드는 기업 : 로컬모터스(Local Motors)

"로컬모터스(Local Motors)는 상식을 파괴한다."

3D프린터로 무인자율주행자동차를 만드는 기업은 미국 테네시 주 녹스빌에 위치한 Local Motors(로컬모터스)라는 기업이다. 로컬모터스는 2007년 애리조나 주 피닉스 인근 챈들러에 설립하였다. 로컬모터스는 2014년 미국

| Chapter 3 | 4차 산업혁명의 주인공은 기업이다

백악관에서 열린 '2014 White House Maker Fair(백악관 메이커 페어)'에서 오바마 대통령이 혁신의 대표적인 기업이라고 할 정도로 기존 제조업의 개념을 완전히 뒤집은 기업이다. 로컬모터스는 오바마대통령이 혁신의 아이콘이라고 할 정도의 경쟁력을 가지고 있는데 이 경쟁력은 4차 산업기술이 기반이 되어 있다. 로컬모터스의 경쟁력을 가지게 하는 기반기술은 ①분산제조시스템(Distributed Manufacturing) 개념인 마이크로팩토리(Micro Factory) ② 플랫폼 ③ 공동창조(Co-creation) FORTH(포스)시스템 ④ 인공지능(AI) 왓슨(Watson) ⑤ 무인자율주행 ⑥ 3D프린터 ⑦ 전기자동차이다. 로컬모터스는 이 기반기술을 중심으로 기존 제조업과는 차별화된 경쟁력을 가지고 있다.

로컬모터스의 경쟁력은 5가지이다. 첫째 마이크로팩토리이다. 마이크로팩토리는 기존 공장의 개념을 바꾸는 공장의 형태이다. 둘째 플랫폼이다. 플랫폼은 로컬모터스를 단순히 전기자동차회사가 아닌 새로운 형태의 기업으로 변화할 수 있는 기반이다. 셋째 FORTH(포스)이다. 크라우드 소싱 커뮤니티인 포스는 다양한 기술과 기업들과 공유하며 협업하는 시스템을 구축한 것이다. 넷째 인공지능 무인자율주행 올리(Olli)이다. 올리는 IBM의 인공지능 왓슨을 탑재한 Level 4수준의 자율주행 전기버스이다. 다섯째 3D프린터로 만든 전기자동차이다. 이는 말 그대로 전기자동차를 3D프린터로 만들었다.

로컬모터스가 처음 생산한 자동차는 랠리파이터(Rally Fighter)이다. 랠리파이터는 생산하기 이전부터 제작과정이 자동차업계뿐 아니라 산업계에 큰 반향을 불러 일으켰는데 그것은 제작과정이 기존 자동차업계의 상식을 파괴하는 방식이었기 때문이다. 보통 자동차메이커는 신형 모델 또는 기존 모델의 모델체인지에도 제작과정을 철저히 감추고 기술에 대해 공개하지 않는다. 이런 방식을 파괴한 기업이 로컬모터스이다. 로컬모터스는 랠리파이터 제작과정에 회사 엔지니어는 물론 자동차에 관심 있는 일반인, 전문가를 망라하여 참여할 수 있게 하였다. 2016년 2월 로컬모터스 챈들러공장을 갔을 때 랠리파이터를 보고 강한 인상을 받았다. 랠리파이터의 외형과 승차했을 때 받은 느낌은 코뿔소 같은 강인한 느낌이 들었고 국내에도 이런 모델의 자동차가 있었으면 하였다. 미국은 개인이 직접 자동차를 만들거나, 키트를 사용해 제작하는 등 개인의 참여가 일정부분이 넘으면 인증과 상관없이 자동차등록이 가능한데 이런 문화가 랠리파이터를 만들게 하는 밑바탕이 된 것이다. 미국에서는 직접 제작한 차에 대한 운행이 가능해 랠리파이터가 제작되고 판매하는데 어려움이 없었던 것이다. 하지만 아무리 좋은 디자인이고 운행이 가능하다고 해도 성능과 안전에 문제가 있어서는 안 된다. 랠리파이터는 사막경주용 자동차로 성능과 안전에 인정을 받았다. 이렇듯 **로컬모터스는 처음부터 기존 방식을 파괴하고 새로운 방식으로 문제를 해결하고 발전시키고 있다.**

로컬모터스가 도입한 방식은 오픈소스(Open Source), 크라우드소싱(Crowsourcing)이다. 오픈소스가 처음 나온 것은 컴퓨터 프로그램에서 시작되었는데 프로그램 개발자가 자기가 개발한 프로그램을 개발의 권리와 요구를 지켜주는 범위에서 자유롭게 사용할 수 있도록 하는 것이다. 이는 개발자의 개발범위가 한정되는 것이 아니라 다른 사람들이 자유롭게 사용하고 개발이 가능하므로 본인이 원하는 사양(仕樣)에 맞게 만들 수 있게 된다. 오픈소스와 유사한 개념으로 쓰이는 용어가 크라우드소싱이다. 크라우드소싱은 일반인, 전문가 등이 참여하는 커뮤니티(온라인 공동체)를 통해 제품, 기술, 콘텐츠, 디자인 등을 공유하고 제작하는 과정을 얘기한다. 쉽게 얘기하면 커뮤니티를

Chapter 3   4차 산업혁명의 주인공은 기업이다

통해 아이디어를 공유하고 기술을 논의하여 제품(서비스)을 만들어 내는 것이다. 이런 크라우드소싱에는 서비스까지 포함해서 다양한 결과물을 도출할 수 있다. 결국 다수의 사람이 모여 많은 아이디어와 기술을 가지고 결과물을 만들어 내는 과정인 것이다.

"디자인부터 마케팅이 동시에 이루어 진다."

로컬모터스는 플랫폼을 이용해서 자동차 디자인을 얻는다. 이런 플랫폼에 가장 중요한 것은 커뮤니티에 소속된 사람들의 충성도(Loyalty)이다. 아무리 많은 대가를 주더라도 충성도가 없으면 자발적 참여가 불가능하고 자발적 참여 없이는 원하는 성과가 나올 수 없기 때문이다. 또한 이러한 커뮤니티를 운영할 수 있는 플랫폼은 물리적 거리와 시간에 상관없이 문제를 해결할 수 있는 온라인 공간이기 때문이다. 로컬모터스는 이렇듯 새로운 방식을 도입하여 디자이너가 없어도 자동차기업을 만들 수가 있었다. 이렇듯 많은 사람들에게 공개되고 참여하는 크라우드소싱의 장점 중 하나는 마케팅이 자연스럽게 이루어진다는 것이다. 로컬모터스가 새로운 모델의 디자인 챌린지를 하게 되면 자연스럽게 어떤 스팩(Spec, 사양)의 자동차가 나올 것에 대한 예상이 가능하고 시장은 관심을 가지게 된다. 디자인과정과 기술이 공개되면서 사람들의 관심은 더욱 더해지고 이는 자연스럽게 마케팅에 연계되는 결과를 가지게 된다.

(내셔널 하버 2016년 6월)

"로컬모터스의 비즈니스모델(Business Model)은 4차 산업시대 기업의 생존전략을 보여준다."

로컬모터스는 다양하게 자동차를 발전시켜왔다. 랠리파이터를 시작으로 3D프린터로 전기자동차 Strati(스트라티)를 생산한 것이다. 비록 배터리, 타이어, 구동장치 등 부품들까지 3D프린터로 출력한 것은 아니지만 차체는 3D프린터로 만들었다. 로컬모터스는 시카고에서 열린 IMTS(International Manufacturing Technology Show)에서 3D프린터로 제작과정을 시현하여 전세계 이목을 받기도 하였다. 이후 크라우드소싱을 통한 기술개발을 진행하였고 다른 모델인 LM3D Swim 모델로 발전했다. 2016년 6월 워싱턴D.C 근교 내셔날하버(National Harbor)에서 인공지능 무인자율주행전기셔틀버스 Olli(올리)를 출시하였

Chapter 3 4차 산업혁명의 주인공은 기업이다

다. 이렇듯 로컬모터스는 4차 산업기술을 바탕으로 기존 방식이 아닌 새로운 방식으로 비즈니스모델을 수립한 4차 산업시대에 기업의 생존전략을 보여주는 대표적 사례라 할 수 있다.

로컬모터스의 경쟁력 1: 마이크로팩토리(Micro-factory)

"마이크로 팩토리는 작은 공장이 아니고 새로운 개념의 공장이다."

미국 테네시(Tennessee)주 녹스빌(Knoxville)에 가면 로컬모터스 본사 겸 공장이 있다. 녹스빌 공장에 가면 먼저 자동차기업이라기 보다는 작고 깨끗한 일반건물 같은 느낌을 가지게 된다. 녹스빌 공장은 약간 높은 지대에 위치하고 있어 큰 길에서 잘 보이는 건물이라 그냥 지나가면서 보면 자동차공장인지 일반건물인지 모를 정도이다. 공장을 보면 그 크기가 크지 않다. 한 눈에 봐도 한국 산업 단지 내에 있는 웬만한 공장보다도 적은 느낌을 갖는다. 그럴 수 밖에 없는 게 공장 전체 연면적이 3,700㎡에 불과하다. 3,700㎡은 평으로 환산하면 약1,120평 정도의 면적인데 자동차제조공장이 1천 평 조금 넘는다고 하면 '그게 자동차공장이냐' 라고 할 것이다. 그만큼 3,700㎡라는 면적은 공장으로서는 크지 않은 면적이다. 또한 공장의 총 부지는 40,000㎡(약12,121평)이다. 1만2천 평이라고 하면 적지 않은 크기이기는 한데 1만2천 평 부지에 1,100평 연면적이라고 하면 건폐율이 약 10%정도 밖에 되지 않고 건물 면적에 비해 부지가 크다고 느낄 것이다. 국내 산업단지를 보면 지역마다 다르지만 건폐율이 40~60% 수준은 된다. 이런 국내

공장의 구조에 비해 부지 대비 연면적 비율이 적어서 그런지 현장에 가면 공장에 대해 쾌적한 느낌을 갖게 되는 것인지도 모른다. 이 녹스빌 공장 형태가 로컬모터스가 생각하는 한 마이크로팩토리의 기준(Standard, 표준)이다. 이 녹스빌 공장이 건물면적에 비해 부지 면적이 큰 이유는 미국적 문화의 차이도 있지만 무인자율주행전기자동차를 생산하는 기업으로 자동차 주행테스트를 위해 필요한 면적이기 때문이다. 여기서 말하는 자동차 주행테스트는 공식적인 도로 주행테스트라기 보다 간단한 자체 주행 테스트를 의미하는 것이다. 한국 산업단지에서 최소 건폐율이 있어 10% 미만으로 건물을 건설할 수 없어 로컬모터스에 문의하였다. '국내에서 여러 가지 규정으로 인해 부지와 건물 조성이 어렵다면 어떻게 하느냐'는 질문을 했다. 녹스빌 마이크로팩토리는 로컬모터스의 기준이고 자동차 주행테스트로 인한 배상 책임이 발생할 수 있어 기준을 준수할 것을 주문했다. 당연히 로컬모터스의 의도는 이해한다. 그리고 로컬모터스가 요구하는 조건을 국내에서도 충족할 수 있으면 좋을 것이다.

　로컬모터스의 녹스빌 공장을 가면 공장이라는 느낌이 들지 않는다. 그럴 수밖에 없는 것이 공장을 반으로 나눠 반은 공장으로 사용하고 나머지 면적 중 1/2은 2개의 Lab실로 1/2은 샵(Shop, 자동차 전시 및 리테일 샵)으로 구성되어 있다. 그리고 샵 공간 일부에 2층을 만들어 사무실로 사용하고 있다. 이렇게 공장, 사무실, Lab, Shop까지 모두 한 건물에 입주하여 하나의 완전체로 운영할 수 있도록 하였다. 또한 건물내부는 공장과 나머지 공간을 분리 했지만 서로 보일 수 있도록 오픈 하였다. 이유는 샵을 찾아온 고객이 공정을 한 눈에 볼 수 있고 지역에 있는 학생이나 고객이 공장에서 제작에 동참 할 수 있도록 하게 하기 위해서다.

Chapter 3 | 4차 산업혁명의 주인공은 기업이다

(로컬모터스 녹스빌 공장)

"마이크로팩토리는 운영시스템이 본질이다."

로컬모터스의 마이크로팩토리가 4차 산업시대 공장의 패러다임을 변화시키는 대표적인 사례인 이유는 기존 공장과 운영시스템이 본질적으로 다른데 있다. 먼저 마이크로팩토리는 지역중심이다. 지역중심이라는 것은 대형공장을 건설하는 것이 아니라 지역에 해당하는 허브공장을 만들되 필요한 재료, 자원, 부품 등을 모두 사물인터넷, 인공지능과 연계하여 수요와 주문을 정확히 예측하고 확인하여 그에 맞는 재료를 조달해서 재고를 최소화하고 생산과 동시에 판매가 가능하도록 하는 것이다. 이런 시스템으로 제품을 유통하고 배달하면서 생기는 비용과 환경오염을 모두 줄일 수 있도록 하는 개념인 것이다.

마이크로팩토리는 기존 대량생산체계 대신 3D프린터라는 생산설비를 갖추고 사물인터넷, 빅데이터, 인공지능 등의 기술과 결합하여 최소의 자원을 최적의 시간에 보급하고 조달하여 최고의 효율로 생산하는 시스템이다. 결론은 **기존에 예측할 수 없었던 생산시스템을 고도화하여 지역에 맞는 생산 시스템을 갖추는 형태를 의미하는것이다.**

로컬모터스 마이크로팩토리의 강점은 하나의 생산품이 아닌 다양한 업종의 생산품을 생산할 수 있는 시스템이다. 예를 들어 마이크로팩토리는 전기자동차를 생산하기 위해 3D프린터로 생산을 하다가 주문이 없거나 전기자전거 주문이 급하게 들어오면 전기자동차를 생산하는 대신 전기자전거를 생산할 수도 있다. 실제 로컬모터스의 마이크로팩토리에서는 전기자동차 외에 직원들의 필요에 의해 의자를 생산해서 직접 사용하기도 한다. 이렇듯 로컬모터스의 마이크로팩토리는 의자면 의자, 자동차면 자동차처럼 하나의 업종의 제품만을 생산하는 것이 아니라 전혀 다른 자동차, 의자 등 다양한 업종의 제품을 생산할 수 있다. 이것이 마이크로팩토리의 본질이다.

"마이크로팩토리에 재고가 없는 이유는 선 주문 후 생산 시스템이기 때문이다."

대량생산체계에서 기업이 가지는 고민 중 하나는 재고이다. 대량생산체계는 대량생산을 위해 최적화를 하였기 때문에 지속적으로 생산하지 않으면 단가가 높아지고 고정비로 인해 손해가 발생하는 구조이다. 그래서 기존 공장에서는 생산을 중단하기 어려운 시스템을 가지고 있다. 이렇게 생

| Chapter 3 | 4차 산업혁명의 주인공은 기업이다

산된 제품은 판매망을 통해 소비 되어야 하는데 과거에는 수요가 공급보다 많아 생산하면 제품에 대한 소비가 가능했지만 현재 세계경제는 공급이 소비를 추월한 상태로 공급과잉으로 인해 공급이 넘쳐나는 상태이다. 이런 공급과잉상태는 재고를 발생시키는데 바로 이 재고문제가 기업에게 문제가 된다. 재고가 발생하면 대부분의 기업은 재고처리를 위해 세일 또는 가격인하를 하게 되는데 가격인하를 통한 처리가 (제조)원가 이하일 경우 기업은 손실이 발생할 수밖에 없게 된다.

마이크로팩토리에서는 재고가 발생하지 않는다. 재고가 없다는 것은 그만큼 기업의 경쟁력을 높이는 것이고 손실 발생 위험을 줄이게 되는 것이다. 여기서 대량생산체계를 경험하는 사람들은 의문을 던질 수 있다. 먼저 생산을 하지 않고 어떻게 상품을 판매하고 수요에 공급할 수 있느냐 하는 의문이다. 이런 의문을 던지는 것은 맞다. 하지만 마이크로팩토리에서는 가능하다. 가능하다는 것은 주문과 동시에 제품을 생산하고 공급이 가능하다는 의미이다. 자동차를 예를 들면 보통 우리가 자동차 딜러(Dealer)에게 자동차를 구매하면 최소 1주일은 걸린다. 자동차가 인기 모델이거나 주문이 밀려 있으면 몇 개월도 걸릴 수 있다. 로컬모터스의 전기자동차는 주문이 들어오면 주문과 동시에 출력하고 조립하고 제작하면 된다. 로컬모터스의 스트라티(Strati)는 초기 3D프린터 출력시간이 44시간에서 18시간으로 단축되고 조립까지 포함해서 이틀이면 생산이 가능하게 되었다. 그리고 마이크로팩토리가 지역을 대상으로 하는 것이기 때문에 유통이나 공급에 시간이 걸리지 않아 주문과 동시에 공급되는 시간이 최대 1주일이 넘지않는다. 이는 기존 자동차 구매 후 인도되는 시점과 별반 다르지 않다. 이렇게 주문과 동시 생산을 해도 제품 공급에 문제가 없다. 자동차는 규모가 크고 주문이 적은 상품이어서 가능할 수 있다고 하더라도 단순하고 수요가 많은 제품에도 가능한 가에 대한 의문이 있을 수 있다. 이 부분에 대해서도 답은 '가능하다' 이다. 신발처럼 널리 대량으로 판매되고 있는 제품도 가능하다. 이유는 글로벌 스포츠용품기업인 아디다스(Adidas)에서 개인별 맞춤 신발 10만개 생산 프로젝트를 진행하고 있다. 이는 개인별맞춤신발 10만개를 3D프린터를 통해 생산하여 공급하는 프로젝트이다. 아디다스의 프로젝트는 일반적으로 대규모 수요가 있는 신발도 제품 생산이 가능하다는 것을 반증하는 셈이다.

(Strati(스트라티) 녹스빌 공장 전시)

Chapter 3 　 4차 산업혁명의 주인공은 기업이다

로컬모터스의 경쟁력 2: 플랫폼

"로컬모터스의 플랫폼은 인력운영과 조직에 대한 개념을 변화시킨다."

'100명 대 60,000명' 이는 마치 영화의 제목을 연상하게 한다. 하지만 영화제목이 아니다. 1백명 대 6만명은 로컬모터스의 힘을 말하는 것이다. 로컬모터스의 직원은 한 마이크로팩토리 당 최대 100명을 티오(TO, 정원)로 한다. 하지만 로컬모터스의 직원은 1백명이 아닌 6만 여명이다. 로컬모터스의 직원이 1백명이 아니고 6만 여명이라고 하는 이유는 로컬모터스가 무인 자율주행전기자동차기업이 아니고 플랫폼기업이기 때문이다. 이렇게 얘기하면 많은 사람들이 반문을 할 것이다. 플랫폼기업인 것은 좋은데 플랫폼을 이용하는 사람들을 모두 직원이라고 얘기하는 것은 문제가 있다고 할 것이다. 이런 지적은 분명 맞는 말이다. 그 지적이 틀렸다는 것이 아니고 '직원이 6만 명이다'라고 말하는 의미는 **4차 산업혁명에서 고용형태의 패러다임이 바뀌는 것처럼 인력운영과 조직에 대한 개념도 바꿀 필요가 있어야 한다는 것이다**. 물론 커뮤니티에 있는 6만 여명이 모두 같은 분야, 비슷한 능력, 같은 참여도로 활동 하는 것은 아니다. 커뮤니티에는 전문가도 있지만 일반인, 학생 등 다양한 사람들이 있다. 그리고 경력이 많은 사람, 짧은 사람 등 개인별로 가지고 있는 능력이나 지식수준도 천차만별이다. 또한 로컬모터스에 관심이 있어 적극적으로 활동하는 사람이 있는가 하면 한 번 지나치는 사람도 있는 것은 분명하다. 하지만 여기서 중요한 것은 플랫폼이 기존 조직을 대신할 수 있다는 것이다.

"기업은 최소의 인력으로 조직을 운영하고자 한다."

우리는 직장을 평생직장, 평생은 아니어도 오랜 기간 안정적으로 유지하기를 바라고 있다. 이런 욕구는 거의 모든 사람들이 가지고 있다고 해도 틀린 말이 아니다. 하지만 4차 산업시대에도 이런 직장의 개념이 지속될지는 의문이다. 기업이 추구하는 목적은 기업의 효율성을 극대화 하는 것이다. 공장에 사람 대신 로봇으로 대체하고 금융 컨설팅에 사람 대신 인공지능 컴퓨터를 활용하는 것 등은 모두 기업의 효율성을 극대화하기 위한 기술혁신 방향인 것이다. 기업의 효율성 극대화는 결국 최소의 자원으로 최대의 효과를 만든다는 것인데 아이러니하게도 효율을 극대화 하기 위해서는 사람보다 로봇, 인공지능시스템 등 기계가 사람을 대신하게 되는 것이다. 기업이 효율성을 쫓으며 최소의 인력으로 조직을 운영하게 된다. 이렇게 최소의 인력으로 조직을 운영하다 기업에게 다양한 문제가 발생하게 되면 기업은 문제해결을 위한 방법을 찾아야 한다. 기업은 이런 문제해결을 위해 직원을 고용하고 조직을 운영한다. 이렇듯 기업은 문제해결을 위해서 다양한 경험이 있는 인력을 고용하고 유지하는데 이런 문제를 다른 방법으로 해결 할 수 있다면 기업은 다른 방법도 고민할 것이다. 기업은 문제해결을 위해 많은 인력을 고용상태로 운영할 수도 있지만 그렇게 되면 기업의 효율성을 떨어뜨리게 된다. 로컬모터스는 이런 문제를 해결하기 위해 플랫폼을 이용한다. 로컬모터스처럼 문제 해결을 위한 플랫폼이 되기 위해서는 다양한 경력, 능력, 경험, 지식 등이 필요하고 관심과 충성도가 높은 사람들을 필요로 하게 된다. 만약 기업이 로컬모터스 같은 플랫폼을 보유하지 못하면 이런 기능의 플랫폼을 가진 기업이나 단체에 비용을 주고 의뢰

> Chapter 3   4차 산업혁명의 주인공은 기업이다

하면 문제를 해결할 수 있다. 로컬모터스는 이렇게 문제해결이 가능한 플랫폼을 보유하고 있고 다른 기업의 의뢰를 받고 문제해결하는 비즈니스모델(FORTH, 포스)도 만들어 추진하고 있다. 결국 로컬모터스는 6만 여명이라는 사람과 함께 하는 기업인 것이 분명하다.

1백명 대 6만 여명은 단순히 인력에 대한 숫자 비교가 아니다. 이는 로컬모터스의 경쟁력과 힘을 말하는 것이다. 특히 **로컬모터스의 플랫폼은 문제해결을 위한 방법, 최소의 조직으로 지속 가능한 기업이 될 수 있도록 하는 방법론을 제시한다.** 결국 기업은 로컬모터스처럼 플랫폼을 통해 일을 같이 할 수 있는 조직(인력)시스템을 고민하고 준비해야 한다.

"로컬모터스는 자동차회사가 아니고 플랫폼회사이다."

로컬모터스는 3D프린터로 무인자율주행전기자동차를 만드는 기업이다. 전기자동차를 만드는 자동차기업은 분명하다. 하지만 본질은 다르다. 로컬모터스의 비즈니스(사업) 본질은 자동차 제작회사가 아닌 플랫폼기업이다. 로컬모터스의 커뮤니티에는 6만명 이상의 사람이 있고 이 커뮤니티를 통해 디자인, 기술 분야 등 다양한 챌린지들이 일어나고 있다. 내가 주목하고 있는 것이 **커뮤니티(온라인 공동체)를 통한 플랫폼이다.** 기업이 단순히 공모전이나 마케팅을 위한 커뮤니티가 아닌 오픈소스로 기술을 공유하고 공개하면서 크라우드소싱을 통해 다양한 아이디어가 집합되고 문제를 해결하는 새로운 방식의 비즈니스모델인 것이다.

로컬모터스의 경쟁력 3: 포스(FORTH) 시스템

"크라우드소싱 커뮤니티(Crowdingsourcing Community)."

로컬모터스는 3D프린터로 무인자율주행전기자동차를 생산하는 기업이 아니고 플랫폼기업이라고 강조하고 있다. 로컬모터스의 경쟁력을 3D프린터로 전기자동차를 생산하는 기업이라고 하면 로컬모터스의 경쟁력은 부족하다. 3D프린터로 전기자동차를 생산하는 것 자체도 경쟁력은 있지만 플랫폼에 비해서는 부족하기 때문이다. 이유는 로컬모터스는 3D프린터를 제작하는 기업이 아니다. 이를 뒤집어 설명하면 3D프린터는 자기 기술이 아닌 것이다. 로컬모터스의 3D프린터는 BAAM(Big Area Additive Manufacturing, 대형 3D프린터)으로 기존 3D프린터에 비해 규모가 크지만 로컬모터스 제품이 아니다. 로컬모터스가 전기자동차를 제작하기 위한 스펙을 정하고 3D프린터 개발에 참여하므로 경쟁력이 없다고 하기는 어렵지만 3D프린터 제작기업이 아니므로 3D프린터 자체에 대해 경쟁력을 가지고 있는 것은 아니다. 그리고 전기자동차는 많은 기업들이 제작에 참여하고 있다. 전기자동차 개발에 참여하는 기업은 글로벌자동차메이커부터 중소기업에 이르기까지 다양하다. 중소기업이 참여하는 이유는 내연기관 자동차에 비해 개발이 수월하다는 것이다. 내연기관 자동차는 엔진이 생명이고 엔진을 개발하기 위해서는 많은 비용과 노하우를 가지고 있어야 하고 엔진을 자체 개발해서 보유하기가 쉽지 않아 자동차 산업의 진입장벽은 높다고 하겠다. 이에 비해 전기자동차생산은 동력인 배터리를 전기자동차기업이 직접 개발하는 것이 아니고 BYD(비와이디), LG화학 등 배터리를 전문적으로 생산하는

Chapter 3 4차 산업혁명의 주인공은 기업이다

기업이 별도로 개발하고 납품하고 있다. 그리고 전기자동차는 내연기관에 비해 부품수가 약 30%정도 적기 때문에 전기자동차 개발이 상대적으로 쉽다고 하는 것이다. 전기자동차 제작에 참여하는 기업이 많다는 것은 그만큼 경쟁이 심하다는 것이다. 그리고 다른 이유는 자율주행자동차 개발에는 많은 메이져 기업들이 참여하고 있어 자율주행자동차에도 경쟁이 심한 것이 사실이다.

이런 약점에도 불구하고 로컬모터스가 오바마 전 미국 대통령에게 혁신의 아이콘이라고 할 정도로 경쟁력을 인정 받는 것은 플랫폼이기 때문이다. 플랫폼을 비즈니스모델화 한 것이 **6만 여명의 커뮤니티를 통한 크라우드 소싱 프로그램인 'FORTH(포스)'이다.**

"FOTTH(포스)는 플랫폼 시스템이다."

FORTH(포스)는 SaaS(Soft as a Service)플랫폼을 기반으로 한 커뮤니티로 세계 6만여 명의 기술자와 혁신가들로 구성된 크라우드소스(Crowed Source) 소프트웨어이다. SaaS는 소프트웨어의 여러 기능 중 사용자가 필요한 서비스만 이용하는 서비스이다. 다른 말로 하면 사용자가 필요한 서비스가 크라우드(Crowd)에서 이루어 지는데 소프트웨어를 구입하지 않고 웹(온라인)에서 소프트웨어를 빌려 쓸 수 있다는 것이다. SaaS는 소비자가 아무런 부담 없이 소프트웨어를 사용할 수 있어 로컬모터스 커뮤니티에 있는 많은 사람들에게 부담 없고 편한 플랫폼을 제공하는 것이다. 그리고 FORTH(포스)는 Co-Creation(공동창조)과 마이크로팩토리를 통해 제품개발 프로세스를 변혁하고 디지털화하는 것이다. 이는 기존 제품을 혁신, 시제품 생산, 테스팅 등에 활용할 수 있는 개념이다. Co-Creation은 공동창조(창작) 등으로 번역될 수 있다. 이렇게 번역하면 표현에 한계가 있는데 Co-Creation은 기업과 사용자, 기업과 기업 등 다양한 관계에 있는 기업과 사용자가 아이디어를 창출하고 이를 통해 혁신을 이루는 프로세스 것이다.

기업은 혁신이라는 성과를 내부 관련자들의 아이디어만으로 나타내기는 어려운 한계를 가지고 있다. 기업이 혁신이라는 성과를 내기 위해서는 소비자나 전문가 등이 주도적으로 역할을 하게끔 하고 소비자나 전문가 등의 의견이 제품(서비스)에 반영될 수 있게 함으로 제품에 혁신을 만들어 낼 수 있게 하여야 한다.

공동의 아이디어를 통한 Co-Creation을 실현하기 위해 로컬모터스는 플랫폼을 구축했다. 로컬모터스의 플랫폼은 커뮤니티와 공유기능을 극대화한 로컬모터스의 핵심역량을 만들었다. 이런 Co-Creation은 많은 기업이 자체적으로 시도하고 있으나 큰 효과가 나타나고 있지 않고 있다. 아무리 글로벌거대기업이고 자체 커뮤니티가 있다고 해도 Co-Creation의 공유가치 창출을 위한 사용자의 자발적 참여와 동기부여를 하게 하는 노하우가 부족한 것이다. 이런 자발적 참여와 동기부여는 단순히 보상에 의존하지 않고 커뮤니티에서 자발적으로 참여할 수 있는 노하우가 필요한 것이다.

"Co-Creation(공동창조)은 자체 기술개발에도 사용된다."

로컬모터스는 자체 기술개발에도 Co-Creation을 사용한다. 로컬모터스는 커뮤니티를 이용한 크라우드소싱을 통한 기술개발에 적용하였다. 예를

Chapter 3 4차 산업혁명의 주인공은 기업이다

들어 LM3D Highway Car(저속차량이 아닌 고속전기자동차) 차량 문에 대한 기술개발에 적용했다. 'Strati(스트라티)'나 'LM3D Swim' 모델에는 문이 없다. Strati와 Swim 모델에 승차나 하차를 위해서는 자동차를 넘어가서 타고 내려야 한다. 하지만 Highway Car에는 문을 설치하고자 했다. 이를 위한 개발에도 Co-Creation은 적용되었다. 이런 크라우드소싱에 많은 기술적 의견들이 올라왔다. 심지어 중국에 있는 회원은 자기의 논문을 그대로 첨부하여 기술개발에 참여하기도 했다. 이처럼 FORTH는 Co-Creation를 통해 기업의 혁신을 할 수도 있지만 자체 기술개발에도 매우 중요한 도구인 셈이다.

로컬모터스는 FORTH(포스)을 통한 협업으로 개발을 진행한다. 장애인을 위한 Olli의 디자인, 자율주행 모드의 Strati 디자인, 베를린 도심 교통 시스템 디자인 등 로컬모터스 프로젝트에 적용하고 있다.

"Airbus와 Drone(드론) 개발"

글로벌 항공기 제조회사인 Airbus(에어버스)는 로컬모터스와 화물용 Drone(드론)을 개발하고자 했다. 이에 Airbus와 로컬모터스는 Co-Creation를 적용해 화물용 Drone을 개발하기로 했다. 이를 위해 로컬모터스는 커뮤니티에 'Airbus Cargo Drone Challenge'를 시작했다. 이 역시 모든 과정을 공개하고 공유하는 크라우드소싱방식으로 진행되었는데 차세대 상업용 드론 개발 시작을 위한 디자인 챌린지에 무려 425개 이상의 디자인이 들어오는 등 성공하였다. 에어버스는 드론디자인챌린지 성공 후 본격적인 파트너쉽을 체결하였다. Airbus는 챌린지를 통해 개발된 드론을 기반으로 Airbus Drone Service(에어버스 드론 서비스)를 통해 시제품 생산을 준비하고 있다. Airbus와 로컬모터스는 베를린에 시범적으로 마이크로팩토리를 건설하였고 본격적인 생산을 위한 공장을 뮌헨에 건설하고 2018년 준공할 예정이다. 로컬모터스는 Airbus Cargo Drone Challenge의 성공으로 Co-Creation을 기업에게 제공하는 FORTH를 만드는 계기가 되기도 하였다.

"Co-Creation의 다양한 사례: GE, HP, 도미노 피자"

GE와 로컬모터스는 소규모 프로젝트를 진행했다. GE는 회사 내부에 Genius Link Team을 만들고 소비자 가전 혁신을 위해 로컬모터스의 FORTH의 플랫폼을 사용했다. GE는 켄터키(Kentucky)주 루이스빌(Louisville)에 마이크로팩토리를 설립해 소형 가정용 전자기기를 생산하기 시작했다. 이를 통해 커피 메이커 'Prisma cold brew'와 가전기기인 'Opal countertop nugget-ice maker', 'Easy Load Double oven', 'Cooktop' 등을 상용화 하였다. GE는 첫 사례 성공을 기반으로 Co-Creation(공동창조)을 확대하기 위해 GE Fuse을 설립했다. GE Fuse는 시카고에 마이크로팩토리를 설립하고 GE의 석유와 가스부문(Oil & Gas)에서 검침/조사 기술개발에 집중하였다. 그리고 GE Fuse에서는 무선 포지션 인코더(Position Encoder)를 현재 상용화된 수준보다 안전하고 사용하기 쉬운 제품으로 개선하고, 이미지 압축기를 개발하고, 엑스레이 이미지 도판(圖版)을 스캐너로 전송할 때 이미지표면을 건드리지 않는 방식의 범용 어댑터(Adapter) 개발 등을 주제로 진행하고 있다.

HP(휴렛팩커드)는 환경 지속 가능성 향상 프로젝트와 미래 화성 거주 기획 등 혁신 과제에 대한 논의를 FORTH(포스)를 통해 진행하고 있고 도미노피자(Domino Pizza)는 마케팅 전략의 일환으로 UDV(Ultimate Delivery Vehicle, 'ultimate pizza-delivery

Chapter 3   4차 산업혁명의 주인공은 기업이다

vehicle' 최고의 피자배달차량) 프로젝트를 소비자들과 로컬모터스의 온라인 커뮤니티 기술자 디자이너들을 모아 전개하였다.

로컬모터스의 경쟁력 4: 인공지능 무인자율주행자동차 올리(Olli)

"IBM 인공지능 왓슨(Watson)"

올리(Olli)는 로컬모터스의 인공지능 무인자율주행전기버스의 이름이다. 올리는 자율주행기능뿐 아니라 IBM의 인공지능 왓슨(Watson)을 탑재하였다. IBM의 왓슨은 탑승자와 쌍방형 대화가 가능한 인공지능이다. 2016년 6월 미국의 메릴랜드(Maryland) 주 내셔널 하버(National Harbor)에서 열린 '올리(Olli)' 런칭 행사에서 창업자 겸 회장인 Jay Rogers는 올리에서 왓슨을 시현 하였는데 로저스는 시현에서 올리에게 '주변에 좋은 식당을 추천해 달라'고 요청하였고 올리에 탑재된 왓슨은 주변 식당을 추천하고 이동 여부를 다시 질문하였다. 여기서 왓슨은 단순히 정보를 전달하는 기능이 아닌 대화를 통해 일정 또는 코스를 바꿀 수 있는 기능을 갖추었던 것이다. 향후 Olli가 한국에서 상용화가 된다면 한국에 온 관광객이 차를 타고 가다가 근처에 맛있는 식당으로 가자고 하면 차가 알아서 가는 것이 현실이 될 수 있는 것이다.

"Olli의 디자인과 기술은 최고수준이라 할 수 있다."

올리(Olli)는 무인자율주행전기셔틀버스로 이 모델도 디자인 챌린지를 통해

선정된 모델이다. 올리는 무인자율주행전기셔틀버스로 일반 승용차와는 다른 기능과 크기를 요구함에도 불구하고 디자인 챌린지를 통해 디자인을 확정했고 제품화에 성공하였다. 올리를 2016년 6월 처음 봤을 때 마치 미래자동차를 보는 듯한 느낌을 가질 정도로 단순하면서도 한 눈에 들어오는 디자인이다.

  Olli는 무인자율주행전기자동차이다. 여기서 자율주행자동차라고 표현하지 않고 무인을 포함하여 무인자율주행전기자동차라고 했다. 무인이라는 것은 운전자가 없는 것이 아니고 운전대가 없다는 것이다. 즉, 운전대가 없다는 것은 쉽게 자율주행 수준을 얘기할 때 Level 4수준이라는 것을 알 수

(무인자율주행전기자동차 올리)

Chapter 3 4차 산업혁명의 주인공은 기업이다

있다. 이렇듯 Olli의 기술수준은 세계 최고수준이라고 할 수 있다.

"자율주행기술의 최고 단계는 level 5이다."

자율주행기술에 대한 규정은 2013년 정의되었다. 2013년 DoT(US Department of Transportation(미국교통부))의 NHTSA(National Highway Traffic Safety Administration, 국속도로교통안전국)에서 5 Level 수준의 자율주행을 정의하였고 2016년 10월 NHTSA는 SAE International(Society of Automotive Engineers, 미국자동차공학회)의 J3016문서에 자율주행 수준을 수정 정의하였다. 이 정의는 Highly Automated Vehicles(HAVs, 고도의 자동화된 차량)의 안전한 설계, 개발, 테스트 등에 적용하도록 규정하였다.

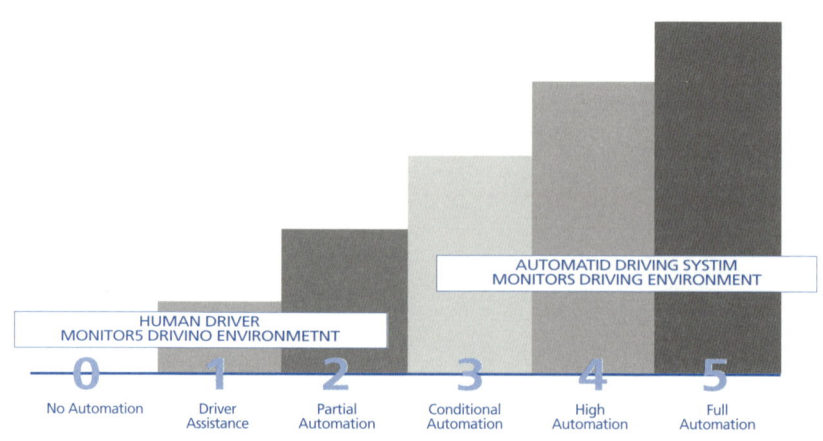

(출처: http://articles.sae.org/15021/)

Level 0 – No Automation: The full-time performance by the human driver of all aspects of the dynamic driving task, even when enhanced by warning or intervention systems

0단계 – 자동화 없음. 사람 운전자가 운전의 모든 과정 및 면면을 수행하며 경고 통제 시스템의 향상 시에도 사람 운전자에 전적으로 의존함

Level 1 – Driver Assistance: The driving mode-specific execution by a driver assistance system of either steering or acceleration/deceleration using information about the driving environment and with the expectation that the human driver performs all remaining aspects of the dynamic driving task

1단계 – 운전자 보조 수준 : 주행 환경과 운전 작업에 관련한 모든 측면에서 사람 운전자가 수행 할 것으로 기대되는 요소 정보들을 활용해 가속/감속 하거나 운전대 조작을 하는 등의 주행 모드 관련 운전자 보조 시스템을 가동함

Level 2 – Partial Automation: The driving mode-specific execution by one or more driver assistance systems of both steering and acceleration/deceleration using information about the driving environment and with the expectation that the human driver performs all remaining aspects of the dynamic driving task

2단계 – 부분적 자동화 : 주행 환경과 운전 작업에 관련한 모든 측면에서 복수의 운전자가 수행 할 것으로 기대되는 요소 정보들을 활용해 가속/감속 하고 운전대 조작을 보조하는 등의 주행 모드 관련 운전자 보조 시스템을 가동함

Level 3 – Conditional Automation: The driving mode-specific performance by an Automated Driving System of all aspects of the dynamic driving task with the expectation that the human driver will respond appropriately to a request to intervene

3단계 – 조건부 자동화 : 사람 운전자의 운전 개입 조작이 필요할 때 운전자가 적절하게 대응할 수 있다는 전제를 기본으로 하며 자동 주행 시스템이 주행 모드에 관련한 모든 작업을 수행함

Chapter 3 | 4차 산업혁명의 주인공은 기업이다

Level 4 – High Automation: The driving mode-specific performance by an Automated Driving System of all aspects of the dynamic driving task, even if a human driver does not respond appropriately to a request to intervene

4단계 – 고도 자동화 : 사람 운전자의 운전 개입 조작이 필요할 때 운전자가 적절하게 대응하지 못하더라도 자동 주행 시스템이 주행 모드에 관련한 모든 작업을 수행 가능함

Level 5 – Full Automation: The full-time performance by an Automated Driving System of all aspects of the dynamic driving task under all roadway and environmental conditions that can be managed by a human driver

5단계 – 완전 자동화 : 자동화 시스템이 사람 운전자가 운전 할 수 있는 수준의 모든 도로 및 환경 조건에서 모든 주행 관련 업무를 전적으로 수행 가능함

(출처: http://articles.sae.org/15021/)

　SAE(Society of Automotive Engineers, 미국자동차공학회)에서 발표한 자율주행 Level 수준은 개념적으로 표현되어 있어 쉽게 이해하기가 어렵다. 자율주행 Level을 구분하는 것이 중요한 것은 단지 기술 수준에 대한 평가보다 Level이 기술에 어떤 영향을 주는지가 더 중요하기 때문이다. 현재 Level 5 수준의 자율주행자동차는 없다. 없다고 하기 보다 Level 5 수준을 검증하기 어렵다는 것이 맞는 말이다. Level 5수준은 '완전자동화'이다 하지만 기술이 Level 5 수준인지 알기 위해서는 실제 도로에서 완전자동화 여부를 검증해야 한다. 그런데 이런 검증을 하기가 현실적으로 어렵다는 것이다. 국가마다 자율주행관련 법률이 다르듯이 미국도 각 주마다 자율주행자동차 운행에 대한 법률 적용이 상이하다. 그래서 가능한 주(州) 위주로 시범 운행 또는 실험을 지속하고 있는 것이다. 그러므로 자율수준이 Level 5수준으로 개발되어 있어

	정의	설명	운전 과업		응급시 개입 주체	자율 주행 이외의 자동화 기능들
			컨트롤	장애물 및 상황 판단 대응		
	사람 운전자가 운전 작업에 관한 모든 작업 수행					
0	자동화 없음	사람 운전자가 운전의 모든 과정 및 면면을 수행하며 경고 통제 시스템의 향상시에도 사람 운전자에 전적으로 의존함	운전자	운전자	운전자	N/A
1	운전자 보조	운전자가 주행 과정의 주요 업무를 수행하는 가운데 자율주행 시스템이 수직적이거나 수평적인 (동시 관장은 하지 않음) 주요 주행 외의 업무를 보조함	운전자와 시스템	운전자	운전자	제한
2	부분 자동화	운전자가 자율주행을 과정을 감독하고 장애물 및 상황 판단 대응에 적극 개입할 것이라고 전제하며, 이 과정에서 자율주행 시스템이 수직적이거나 수평적인 주행 관련 보조 업무를 모두 수행함	시스템	운전자	운전자	제한
	자동 주행 시스템이 운전 작업 과업 수행					
3	조건부 자동화	응급상황 및 주행 주요과업 오류시 운전자가 적극 개입 할 것을 전제로 자율 주행 시스템이 주행 주요 업무 전체를 수행함	시스템	시스템	응급상황/실패상황 발생시 운전자 주체 수동 운전으로 전환	제한
4	고도 자동화	응급상황 및 주행 주요과업 오류시에도 운전자의 적극 개입 필요 없이 자율 주행 시스템이 주행 주요 업무 전체를 수행함	시스템	시스템	시스템	제한
5	완전 자동화	자동화시스템이 운전 주행 주요 과업 및 이의 실패에 있어서도 전적으로 대처하며 사람 운전자의 개입이 필요하지 않음	시스템	시스템	시스템	무제한

(출처: SAE를 기준으로 정리)

도 실제 Level 5 수준인지를 검증하지 못해 'Level 5'라고 하지 못하는 것이 맞는 것이다.

자율주행기술 완성도에 따라 레벨수준을 검증할 때 운전대 유무가 자율주행기술 레벨수준을 가늠하는 기준이 되는 경우가 있다. 이는 정확한 구

Chapter 3　4차 산업혁명의 주인공은 기업이다

분은 아니지만 쉽게 자율주행 수준을 구분하는 기준으로 삼곤 한다. 특히 Level 3과 Level 4를 구분하는 기준으로 자율주행자동차에 핸들(운전대)여부가 기준이 되곤 하는데 아무리 기술수준이 높아도 핸들이 있으면 Level 3 정도의 기술로 평가하고 핸들이 없다면 Level 4 수준 이상이라고 편하게 평가하곤 한다.

로컬모터스의 경쟁력 5: 3D전기자동차(Strati, Swim)

"로컬모터스에는 전기자동차 디자이너가 없다."

고객이 자동차를 구매할 때 가장 먼저 고려하는 것 중 하나는 디자인이다. 이런 이유로 많은 자동차기업들은 고객들이 만족할 만한 디자인을 만들기 위해 많은 디자이너를 고용하고 끊임없이 디자인을 개발하려고 노력하고 있다. 그리고 단순히 외형을 나타내는 디자인뿐 아니라 공기저항, 안정성, 편리성 등 자동차 기능, 즉 엔지니어링 기능을 고려하여 디자인을 하게 된다. 이렇듯 자동차 제작에서 디자인이 중요한데 '자동차 디자이너 없이 자기 모델의 자동차를 생산할 수 있는 자동차기업이 있을까?' 라고 질문하면 답은 '로컬모터스'이다.

로컬모터스에는 자동차 디자이너가 없다. 이유는 있을 필요가 없다. 대신 로컬모터스는 6만여명의 커뮤니티를 운영하고 있고 거기에는 많은 사람들이 참여하고 있다. 로컬모터스는 자동차 디자인을 디자인 챌린지(Design Challenge)라는 과정을 통해 결정한다. 디자인 챌린지는 로컬모터스 커뮤니티에 있는 사람들에게 디자인을 공모하고 이를 기술적으로 구현이 가능한지를 커뮤니티를 통해 검증하고 최종 디자인을 채택하여 결정하게 된 것이다. 이러한 제작방식은 기존 자동차 디자인 방식과는 완전히 다른 방식이고 개념이다.

로컬모터스의 자동차모델은 다양하다. 랠리파이터를 비롯하여 Strati(스트라티), LM3D Swim(스윔), LM3D Sports(스포츠), Olli(올리)가 있다. 이 모델 중 3D 프린터로 만드는 모델은 Strati, LM3D Swim, Olli이다. 이 모델들이 선정되는 과정을 다시 한번 유념할 필요가 있다. 로컬모터스는 3D프린터로 무인자율주행전기자동차를 생산하는 기업이다. 전기자동차든 내연기관 자동차든 하나의 자동차 모델을 완성하기 위해서는 엄청난 자금과 인력을 필요로 한다. 이유는 그 만큼 고려하고 주의해야 할 내용이 많기 때문이다. 하지만 로컬모터스는 이러한 기존 관념을 깨고 새로운 방식으로 디자인을 완성하고 있다.

3D 프린터로 만든 전기자동차 'LM3D Swim'이라는 모델 역시 디자인 챌린지를 통해 선정되었다. 디자인 챌린지의 공고명인 'LM3D'는 'Local Motors가 3D프린터로 만든 제품'이란 의미의 모델명인데 응모 결과 100여점 이상이 응모하였다. 로컬모터스 커뮤니티는 응모된 모델에 대해 커뮤니티에 참여한 사람과 로컬모터스 직원 등이 디자인 별로 점수화하여 최종 2편을 선정하고 그 중 1위인 'Swim'과 2위인 'Sports'를 선정하였다. 로컬모터스가 디자인 챌린지를 통해 디자인을 선정하는 과정은 단순하지 않다. 디자인 챌린지에 도전한 모든 디자인에 대해 체크리스트를 가지고 평가하고 모델이 기술적(엔지니어링)으로 구현이 가능한지까지 검토한다. 이렇게 많은 사람들이 선호하는 디자인과 기술적 가능성에 대해 검토 후 디자인을

Chapter 3 | 4차 산업혁명의 주인공은 기업이다

선정하게 된다. 이 역시 모든 작업이 공개적으로 이루어 진다. '2위 모델은 'LM3D Sports'가 선정되었는데 이 모델 역시 'Swim'과 같은 챌린지에서 선정된 모델로 언제든지 상업화 할 수 있는 모델이기도 하다. 선정된 디자인은 엔지니어들을 통해 기술적설계를 하고 제품이 완성되는 것이다.

"마이크로팩토리에서 3D프린터로 전기자동차를 생산한다."

로컬모터스는 1대의 전기자동차차를 생산하는데 24시간이 채 걸리지 않는다. 로컬모터스는 하나의 마이크로팩토리에서 연간 약 2,500대의 전기자동차 생산이 가능하다고 한다. 하나의 마이크로팩토리는 3D프린터 4개가 가동되는 것을 기본으로 하고 있다. 스트라티의 제작공정과 시간을 보면 3D프린터로 차체를 생산하고 생산된 차체를 조립공정(Assemble Zone)으로 이동시켜 부품을 조립하여 생산하게 된다. 이 경우 3D프린터 1대에서 차체를 생산하는 시간이 약 12시간이고 조립하는데 걸리는 시간이 12시간이 채 걸리지 않는다. 스트라티에 대한 연간 생산량을 예상하면 24시간 365일 최대로 가동하다고 가정하면 4대의 3D프린터에서 2,920대를 만들 수 있다. 하지만 24시간 365일 가동을 하는 것은 불가능하고 3D프린터의 성능개선 등으로 출력시간이 줄어들게 됨에 따라 하나의 마이크로팩토리에서 생산할 수 있는 전기자동차는 최대 약 2,500대정도가 가능할 것으로 예상된다. 전기자동차를 조립하는데 12시간 미만이라고 하는 것이 타당한 것인가에 대한 의문이 있다. 이런 시간이 가능한 것은 전기자동차 부품을 40~50개로 모듈(Module)화 하여 모듈만 조립하면 완성될 수 있게 한 시스템으로 조립시간을 최소화하도록 하였다. 이렇듯 모듈화된 부품은 부품 수를 최소화

하며 다양한 모델에도 적용할 수 있는 장점을 가지고 있다. 이런 모듈화는 부품관리와 효율성에는 장점을 가지고 있지만 사고 발생 후 수리나 A/S 시 비용의 상승을 가져올 수 있다는 단점도 가지고 있다. 하지만 많은 글로벌 자동차메이커들도 부품관리와 품질관리를 위해 모듈화 추세는 분명해지고 있다.

"업그레이드는 전혀 다른 제품으로의 교환이다. 업그레이드가 가능한 것은 3D프린터가 있기 때문이다."

로컬모터스의 3D프린터로 제작하는 자동차의 특징은 Up-grade(업그레이드)이다. 업그레이드는 기존 사람들의 상상을 완전히 뒤집는 것이다. 보통 업그레이드라 하면 엔진 출력을 높인다든지, 튜닝(tuning)을 통해 외관을 수정하는 정도이다. 하지만 로컬모터스의 업그레이드는 고객이 차량을 운행하다 디자인에 싫증이 나거나 사고 등으로 차량을 바꾸고 싶다면 **기존 차량의 차체를 재활용해서 다른 디자인의 차량으로 출력하고 기존 부품을 그대로 활용해서 다른 차로 제작하는 것이다. 이것이 로컬모터스가 추구하는 업그레이드이다.** 로컬모터스 차체는 탄소섬유(Carbon Fiber)와 강화프라스틱이다. 만약 스트라티 모델을 소유한 고객이 어떠한 이유로 LM3D Swim 모델로 바꾸고 싶다고 하면 기존 스트라티 차체를 재활용하여 고객이 요구하는 새로운 모델로 재생산하면 된다. 이 경우 차체를 새로운 모델로 제작하고 부품은 기존 부품을 재활용하는 것이다. 이는 1대의 차량으로 지속적인 Up-grade가 가능하고 마치 새로운 차를 바꾸는 효과와 자기만의 자동차를 계속 가지고 있게 되는 효과가 되는 셈이다. 그리고 소재를 재활용 하므로 환

Chapter 3　4차 산업혁명의 주인공은 기업이다

경문제를 줄이는 효과도 이중으로 갖는다. 이렇듯 로컬모터스의 제작방식은 제작방식의 변화뿐 아니라 환경문제도 줄이는 일석이조의 효과를 얻을 수 있다. 이렇게 업그레이드가 가능한 이유는 3D프린터가 있기 때문이다.

(출처: LM 3D Swim 홈페이지)

Chapter

4

기업은 살아남아야 한다

기업은 살아남아야 한다

* * *
* * * * *

"글로벌기업의 경제력이 비중은 날로 높아지고 있다."

세계경제에서 기업의 영향력은 크게 강화되고 있다. 기업은 영향력뿐 아니라 기업가치도 상상을 초월할 정도로 거대해 지고 있다. 기업가치 상위 기업의 기업가치는 웬만한 국가보다 훨씬 큰 가치를 가지게 되었고 이런 영향력은 계속 증가 될 것이다. 이런 기업의 영향력과 가치의 증대는 국가가 가지는 영향력보다 기업의 영향력이 커진다는 의미이고 이런 기업의 영향력은 국경이라는 벽을 뛰어 넘어 시장에 영향을 확대하게 되는 것이다.

기업가치를 보면 2000년 시가총액 상위 12개 기업은 대부분 전통기업, 금융업이었고 IT기업이라고 하면 마이크로소프트와 인텔 둘 밖에 없었다. 하지만 2015년에는 1위부터 3위까지 애플, 알파벳(Alphabet/Google, 구글지주회사), 마이크로소프트로 IT기업이 차지했고 페이스북, 아마존을 합하면 모두 5개 기업이 된다. 그리고 2000년 1위인 GE의 시가총액은 4,740억 달러(한화 약 545조원)인데 2015년 1위 기업은 2000년에는 리스트에도 없었던 애플로 시가

Chapter 4 기업은 살아남아야 한다

총액이 7,100억 달러(한화 약 816조원)로 큰 차이를 보이고 있다.

GE의 시가총액 변화를 보면 2000년 4,740억 달러(한화 약 545조원)로 1위였던 GE는 2015년 시가총액이 2,590억 달러(한화 약 287조원)로 45%정도 감소하였다. 여기서 시사하는 바는 4차 산업혁명에 진입하고 있는 단계에서 기존 산업 기업들의 입지는 좁아지고 IT기업들이 부상하는 것을 볼 수 있다. 비록 GE가 1위에서 8위로 떨어졌고 시가총액이 45% 감소했다고 해서 4차 산업혁명을 대비하지 않고 손 놓고 있는 것은 아니다. GE는 기술혁신을 위해 다양한 조직을 갖추고 기술혁신을 추진하고 있는 등 노력을 하고 있지만 이를 극복하기는 쉽지 않은 것이 사실이다. 이는 **아무리 거대기업도 4차 산업혁명을 준비하지 않는다면 생존할 수 없다는 것을 의미하는 것이다.**

Table 2: A Dramatically Different Top Twelve

TOP 12 IN 2015	MARKET CAP ($B)	TOP 12 IN 2000	MARKET CAP ($B)
Apple	$710	General Electric	$474
Alphabet/Google	$449	ExxonMobil	$302
Microsoft	$368	Pfizer	$290
ExxonMobil	$334	Citigroup	$287
Wells Fargo	$297	Cisco	$275
Johnson & Johnson	$274	Wal-Mart Stores	$287
Facebook	$272	Microsoft	$231
General Electric	$259	AIG	$229
JP Morgan Chase	$255	Merck	$216
Amazon.com	$247	Intel	$202
Wal-Mart Stores	$230	Johnson & Johnson	$181
Procter & Gamble	$218	Coca-Cola	$164

(출처: https://www.innosight.com/wp-content/uploads/2016/08/Corporate-Longevity-2016-Final.pdf)

"기업의 수명이 사람 수명보다 짧다."

세계신용평가기관인 S&P(Standard and Poors)가 글로벌 500대 기업의 평균수명을 분석한 결과 1920년대 평균수명이 67년인데 비해 2000년대에는 15년이라고 발표했다. 그리고 미국 상장사 중에서 상장폐지 되는 기업의 평균수명은 2010년도 31.6년이었다. 한국의 경우 대한상공회의소는 한국기업의 평균 수명을 27년이라고 발표 했다. 이렇게 기업의 수명이 짧아지는 것은 다양성에 대응하지 못한 결과이다. 다양성은 과거에 비해 생산방식, 소비자 패턴, IT기술의 발전 등으로 나타나는데 이런 다양성은 기업에게 불확실성을 불러오고 불확실성은 기업의 대응력을 약화시켰다. 이런 불확실성에 제대로 대응하지 못하는 기업은 생존하지 못하게 되는 것이다.

"기업이 살아남아야 개인, 국가 모두 살아남을 수 있다."

기업은 반드시 지속가능 해야 한다. 기업이 지속가능 해야 하는 이유는 기업이 생존해야 사회가 유지될 수 있기 때문이다. 이는 매우 당연하지만 중요한 의미를 갖는다. 기업은 기업이라는 하나의 주체만 존재하는 것이 아니라 주주, 직원으로 구성되어 있다. 주주는 기업이 발행한 주식을 소유한 지위를 가진 사람으로 쉽게 표현하면 기업에 투자한 투자자이다. 주주는 기업의 생존과 가장 밀접한 주체라 할 수 있다. 주주는 자기가 가지고 있는 주식 가격에 따라 손실을 보거나 이익을 얻을 수 있는데 기업이 없어진다면 주식도 휴지가 되어 결국 주주도 손실을 볼 수밖에 없는 것이다. 기업이 생존하지 못하면 주주도 생존하지 못한다는 것이다. 다른 주체는 직

| Chapter 4 | 기업은 살아남아야 한다

원이다. 직원은 직장에서 근무하는 사람이다. 직원은 자신의 노동력을 기업에 제공하고 기업은 일정한 대가(급여)를 줌으로서 생활을 영위할 수 있도록 한다. 만약 직원은 노동력을 제공하는데 기업 환경이 어려워 대가를 주지 못한다면 직원은 생활을 영위하지 못할 것이다. 직원이 생활을 영위하지 못한다면 직원 자신뿐 아니라 가정에 있는 가족들의 생활도 어렵게 될 것이다. 또한 직원이 급여를 받지 못한다면 국가에 세금을 납부할 수 없고 국가 재정 역시 악화가 될 수 밖에 없다. 국가는 개인에게만 세금을 징수하는 것이 아니라 기업에게서도 세금을 징수한다. 하지만 기업이 생존하지 못하면 기업 역시 세금을 납부할 수 없게 된다. 이는 기업이 생존하지 못하면 기업뿐 아니라 주주, 직원 및 가족, 국가에 이르기까지 어려움을 겪게 되는 것이다.

이렇듯 기업은 사회를 유지하는데 매우 중요하다. 이런 기업의 중요성은 기업을 경영하는 경영자와 직결된다. 경영자는 기업을 책임지는 사람으로 기업 경영에 대해 의사결정을 내리고 경영활동을 주관하는 관리주체이다. 하지만 경영자는 단지 기업의 경영만을 책임지는 것이 아니라 주주, 직원 및 가족, 국가에 이르기까지 책임을 지는 것이다.

"경영자가 애국자이다."

4차 산업시대에도 기업의 역할은 동일하게 유지되고 경영자의 역할과 책임 역시 동일하게 존재한다. 경영자는 기업의 생존을 위해 노력하고 있다. 산업혁명에 이를 정도의 기술혁신이 매일 일어나는 기업환경에서 경영자의 중요성은 더욱 부각되고 있는데 이는 경영자의 역할과 책임이 단지 기업만을 위한 것이 아닌 주주, 직원 및 가족, 국가에 이르기까지 영향을 끼치기 때문이다.

  기업에게는 고객이 존재한다. 기업은 고객에게 제품을 제공하는데 고객은 기업이 제공하는 제품이 없어지면 매우 불편하게 된다. 기업이 없어진다고 다른 기업의 제품까지 없어지는 것이 아니므로 그 기업이 없으면 다른 기업 제품을 구매하면 되지 않느냐고 간단히 생각하는 사람들이 많다. 그 말이 틀린 것은 아니다. 문제는 제품의 '질(質)'이다. 고객은 양질의 제품을 저렴한 가격으로 구입하고자 한다. 만약 지속적으로 양질의 제품을 제공하는 기업이 없어진다면 고객 역시 손실을 보는 것이다. 이렇듯 기업의 생존은 기업뿐 아니라 고객에게까지 영향을 끼치게 되는 것이다.

  경영자는 고객, 기업, 직원, 국가에 대한 책임을 지는 사람이다. 경영자는 사회를 책임지고 있고 이런 **경영자의 역할과 책임을 다한다는 것은 국가를 지키는 애국자인 것이다.**

1) 비즈니스모델 방향은 고객과 시장 중심이어야 한다.

"고객에게 필요한 비즈니스모델을 개발하고 제공하는 것이 기본방향 이다."

  성공한 비즈니스모델을 보면 공급자 중심이 아닌 수요자(고객) 중심인 경우가 대부분이다. 하지만 지금 경제구조는 수요자 중심이라고 하기 보다 공급자 중심이라고 할 수 있다. 이유는 공급자 일방(一方) 의 Plan(계획)에 의해

| Chapter 4 | 기업은 살아남아야 한다

진행되기 때문이다. 공급자 일방의 구조는 생산계획, 디자인, 유통망 등에 수요자가 참여 할 수 없는 공급자 일방 중심의 구조라는 것이다. 아무리 다양한 수요자 의견을 수렴하는 장치가 있다고 해도 지금의 구조에서는 수요자 의견을 즉시 반영하기는 불가능한 구조라고 하겠다.

  4차 산업시대에는 다양한 형태의 공급구조를 만들 수 있다. 4차 산업기술인 사물인터넷, 빅데이터 등은 이런 공급자 중심의 구조를 소비자 중심 구조로 변화시킬 수 있는 도구이기 때문이다. 이는 공급자와 수요자를 연결하는 다양한 방법이 있다는 것을 의미한다. 이런 특성을 가장 잘 나타내 주는 사례가 크라우드펀딩(crowd funding)이다. 크라우드펀딩은 말 그대로 대중이라는 의미인 크라우드(Crowed)와 자금조달이라는 의미인 펀딩(Funding)의 합성어로 자금을 필요로 하는 수요자가 온라인 플랫폼을 통해 대중으로부터 자금조달을 하는 것이다. 달리 얘기하면 크라우드펀딩은 금융기업을 통해 자본을 조달하는 것이 아닌 웹사이트나 모바일 네트워크를 통해 개인 등으로부터 자금을 공급 받는 것이다.

  크라우드펀딩이 시사하는 바는 매우 크다. 개인이나 기업이 반드시 금융기업을 통해 자금을 조달 받지 않아도 된다는 것이다. 기존 **자금조달구조가 공급자 중심의 수직적구조라면 크라우드펀딩은 수요자 중심의 수평적 구조로 변화하는 것이다.** 현재 크라우드펀딩은 법률적 제도에 의해 발전에 한계가 있는 것이 사실이다 하지만 크라우드펀딩이 발전하게 되면 기존 금융기업과는 다른 기준과 절차에 의해 만들어 질 것이다. 이것이 수요자 중심의 공급구조가 되는 것이다. 이런 크라우드펀딩은 국경의 의미가 없어진다. 만약 미국에 좋은 프로젝트가 있어 크라우드펀딩이 만들어졌다면 한국에서도 미국에 있는 크라우드펀딩에 가입하여 투자가 가능하게 된다. 이렇듯 4차 산업시대에는 수요자에게 필요한 모델을 개발하고 제공하는 것이 생존전략의 기본방향이다. 고객중심의 시스템이 결과적으로 시장을 선점하고 변화 시키는 계기를 만드는 것이다. 이렇듯 **변화의 중심에는 반드시 고객이 있어야 한다.**

"고객은 요구하는 상품(서비스)이 있으면 만족하지 기업이 누구냐는 중요하지 않다."

4차 산업기술은 기업에게 다양한 비즈니스모델을 만들 수 있는 기회를 제공한다. 과거 업종에 따른 기술(시스템) 또는 상품(서비스)은 다른 기업들이 시장에 참여하지 못하게 하는 진입장벽 역할을 하기도 했다. 금융업이라고 하면 금융전문가들이 금융공학적 방법을 통해 복잡한 방식으로 금융상품(서비스)을 만들어 내고 기존 조직(온, 오프라인 조직)을 통해 판매하고 판매방법도 한정되어 있어 다른 업종의 기업들이 진입하는데 어려움이 많았다. 이렇듯 다양하고 복잡한 금융상품은 법률적인 규제도 있기는 했지만 금융기업이 아니면 제공하기 어렵다고 보는 것이 기존 관점이었다. 이런 관점은 다른 업종 기업들이 금융업 진출에 엄두를 내지 못하게 하는 이유이기도 했다. 그런데 금융기업들은 금융상품을 소비자에게 제공하기 위해서는 IT기술이 동반하지 않으면 안되기 때문에 IT기업과 기술을 활용해야 한다. 여기서 IT기업은 자신들의 기술이 금융업에 활용되면서도 금융업에 참여하는 것은 불가능하다고 생각했었다. IT기업은 금융업에 적합한 프로그램 개발이나 전산기기를 납품하는 것이 비즈니스모델(업의 본질)이라 생각했고 결코 금융업의 주인공이 될 수 있을 것이라 생각하지 않았다. 하지만 4차 산업시대시

Chapter 4 기업은 살아남아야 한다

장은 그걸 용납하지 않는다.

　시장은 기업이 어떤 업을 하든 상관하지 않는다. 좀 더 나은 상품(서비스)을 제공받을 수 있다면 인정하고 받아드린다. 이런 기술의 발전은 시장의 진입장벽을 낮추게 하는 계기가 된다. 금융업 진입장벽을 깬 사례로 대표적인 기업이 알리바바이다. 알리바바는 전자상거래를 기반으로 한 IT기업이다. 특히 알리바바의 금융을 맡고 있는 앤트파이낸셜은 금융기업이 아닌 금융서비스제공기업을 표방하고 금융업에 뛰어 들었다. 이렇게 되면 알리바바가 IT기업인지, 전자상거래 기업인지, 금융기업인지, 서비스(금융서비스)제공기업인지 애매하다. 이런 모호성은 기업에게는 중요할지 몰라도 시장에게는 아무 의미가 없다. 시장은 고객이 요구하는 상품(서비스)만 있으면 됐지 어떤 형태의 기업인지는 중요하게 생각하지 않는다. 알리바바가 어떻게 포장하여 금융시장에 참여를 했든 참여했다는 것이 중요한 것이다. 알리바바는 4차 산업기술을 기반으로 성공적으로 금융시장에 참여했고 금융시장을 주도하고 있는 것이다.

고객을 위하지 않으면 실패한다.

　"고객은 최대한 한곳에서 많은 정보와 구매가 쉽게 이루어지기를 원한다. 이런 욕구를 해소하기 위해서는 고객맞춤상품(서비스)이 필요하다."

　고객은 편리성을 추구한다. 고객은 기존 상품을 구매 할 때 구매에 소요되는 시간도 절약 되고 때와 장소의 제약도 없이 진행되기를 요구한다. 또한 구매를 위한 의사결정을 위해 많은 정보를 제공 받기를 원하고 쉽게 구매가 이루어지기도 원한다. 이러한 고객의 요구를 해소하기 위해서는 고객맞춤상품이 필요하다. 4차 산업기술은 이런 고객맞춤상품을 제공하기 위해 다양한 기술로 진화하고 있다. 이런 고객맞춤상품은 인공지능, 사물인터넷 등 다양한 4차 산업기술을 기반으로 진행되고 있는데 여기서 기업들이 주의해야 할 점은 기업입장에서 준비가 아니라 고객입장에서 준비가 되어야 한다는 점이다.

고객맞춤상품을 제공하기 위해서는 기존의 방식을 깨뜨리고 기술혁신을 통해 고객 중심으로 변화하여야 한다. 생명보험회사가 새로운 상품을 제공한다고 가정한다. 기존 생명보험상품을 보면 사고 발생 시 보상하는 담보가 세분화되어 있고 보상하는 금액도 담보 별로 세분화되어 있고 담보별로 보험료가 산출된다. 이렇게 세분화된 상품을 소비자에게 정확히 전달하고 이해 시키는 것은 불가능하다. 이유는 상품구성자체가 너무 복잡하기 때문이다. 상품구성이 복잡한 이유는 여러 가지가 있지만 가장 큰 이유는 보험회사가 원하는 구조로 상품을 계속 변형하려다 보니 상품구성이 복잡해 질 수밖에 없는 것이다. 이렇게 시간이 지날수록 보험회사의 의도에 따라 상품은 더욱 복잡하게 된 것이다. 4차 산업시대에는 소비자가 한눈에 봐도 충분히 이해될 정도의 금융상품으로 단순화 하여야 한다. 생명보험의 담보 중 기본이 되는 사망담보인 경우 상해사망과 질병사망으로 구분되어 있고 질병사망도 나이에 따라 보험료가 책정되고, 자살담보 여부, 암 진단비는 일정기간 경과 등 세분화되어 있어 이해가 쉽지 않다. 이런 상품은 경쟁력이 없다. 상해와 질병 구분 없이 사망 시 얼마를 보장한다는 식으로 상품을 단순화 하고 그에 맞는 보험료를 책정하여야 한다. 이럴 경우 도덕적 해

Chapter 4 기업은 살아남아야 한다

이(모럴해저드, Moral Hazard)가 증가하고 질병인 경우 나이마다 다른 통계로 인해 보험료가 상이하고 기존 질병을 가진 사람에 대한 보험인수 문제 등으로 인해 보험료가 증가할 것이라고 한다. 이런 문제제기도 맞는 얘기이다. 이러한 문제제기를 해결할 방법이 있다. 바로 빅데이터 모델링을 이용하면 개인에게 가장 근접하고 적정한 보험료를 산출하여 제공할 수 있다. 그리고 도덕적 해이는 개인의 행동패턴을 이용한 빅데이터분석을 통해 충분히 예방할 수 있는 단계로 발전되고 있다. 이렇듯 이제는 4차 산업기술을 이용한 고객맞춤상품(서비스)이 제공되어야 한다. **기업의 시각에서 기업이 원하는 수익구조를 적용하기 위한 상품은 결코 성공할 수 없다.**

"고객과 기업간 정보비대칭은 사라져야 한다."

나는 물건을 구매할 때 가장 힘든 곳이 모 전자상가에서 전자제품을 구입하는 경우이다. 내가 노트북을 전자상가에서 구입하려고 하면 전자상가 여러 매장을 방문하게 된다. 처음 매장에서 A라는 브랜드의 '가'라는 모델의 가격을 받으면 다음 매장에서는 그것과 유사하지만 약간 스팩이 다른 것을 추천하면서 가격을 내린다. 또 다른 매장에서는 그것보다 우수한 제품이라고 하면서 가격을 훨씬 비싸게 말한다. 그러다 보면 제품과 가격이 혼란스러워 선택을 못하게 된다. 이런 경우가 발생하는 것은 정보의 비대칭 때문이다. 분명 노트북의 가격을 결정하는 요소는 많이 있다. CPU(중앙정보처리장치), 메모리, 화면 크기 등 가격을 결정하는 요소가 많은데 판매자는 자기가 필요한 부분, 다른 매장과 다를 것이라고 생각하는 정보만을 제공한다. 수요자는 전체에 대한 정보 없이 하나의 요소만 가지고 의사결정을 해야 하기 때문에 의사결정이 쉽지 않고 구매를 하더라도 손해 보는 느낌을 가지게 되는 것이다.

금융시장을 보면 금융시장 역시 정보의 비대칭이 심한 시장이다. 정보의 비대칭이 심하는 것은 고객은 기업에 비해 상대적으로 정보가 부족하다는 것이다. 이런 정보의 비대칭을 야기하는 금융상품(서비스)은 금융기업에 의해 이미 고도화 되었고 금융상품 구성에 대해서는 전문가도 모를 정도로 복잡하고 다양하게 되어 있기 때문이다.

정보의 비대칭은 온라인시장에서도 마찬가지이다. 온라인시장에서도 너무 많은 정보를 텍스트나 사진으로 전달하려고 하다 보면 현실적으로 모든 정보를 확인하기 어렵게 된다. 하지만 4차 산업기술에서는 이런 정보의 비대칭은 사라질 것이다. 이유는 플랫폼이 있기 때문이다. 4차 산업이전의 플랫폼은 단지 정보 공유 또는 추천 형태의 정보만 제공되어 구매자가 일정부분 손품(온라인 검색을 일컫는 말)을 팔아야 한다. 하지만 4차 산업기술은 구매자 성향과 목적 등에 맞는 맞춤형 정보를 제공할 수 있어 고객과 기업간 정보의 비대칭은 사라질 것이다.

"고객은 한자리에서 해결하고 싶어 한다."

많은 사람들이 백화점이나 대형 마트 등을 선호하는 이유는 한 자리에서 다양한 물건을 구매할 수 있기 때문이다. 사람은 다양한 물건을 필요로 하는데 물건을 따로 구매해야 한다면 물건 구매에 들어가는 시간과 노력을 아까워하게 된다. 이렇듯 고객이 요구하는 조건 중 하나가 원스톱서비스(One-step Service)이다. 원스톱서비스는 모든 부분에서 이루어지기를 원한다. 최

Chapter 4 기업은 살아남아야 한다

근 많은 전자상거래 기업들이 유형의 상품만 아닌 무형의 상품(금융상품, 서비스 등)을 취급하고 있다. 기업은 이런 소비자가 요구하는 상품, 서비스가 원스톱으로 이루어 질 수 있도록 제공하여야 한다. 이런 원스톱서비스를 위해서는 차별화된 콘텐츠(기술 등)가 기반이 되어야 한다.

시장은 기업을 위해 존재하지 않는다.

"시장의 요구를 반영하기 위해 완벽한 시스템 구축보다 요구에 대응하기 용이한 구조가 필요하다. 고객의 요구에 신속히 대응하는 기업이 생존할 것이다."

옛말에 '사람은 서있으면 앉고 싶고, 앉으면 눕고 싶다'는 말이 있다. 이 말은 사람들은 끊임없이 편리함을 추구하고 기대하는 바가 무궁하다는 것을 의미한다. 이런 소비자의 요구는 아무리 기술이 진화해도 그 기술보다 나은 기술을 요구할 것이며 기업은 이를 충족시키지 못하면 시장에서 사라지게 될 것이다.

소비자의 요구와 기술혁신의 예를 무선통신 전송속도에서 볼 수 있다. 초기 무선통신시장이라고 할 수 있는 2G(2세대 이동통신)의 데이터 전송속도는 9.6kbps~64kbps(bps: bit per second, 1초당 전송할 수 있는 bit(비트)수)이며 3G(3세대이동통신)의 데이터 전송속도는 144kbps~2Mbps이다. 그리고 4G 또는 LTE(Long Term Evolution)의 데이터 전송속도는 1Gbps(고속일 때 1Gbps, 저속일 때 100Mbps)이며 5G(5세대이동통신)의 데이터 전송속도는 최대다운로드 속도 20Gbps(최저 다운로드 속도 100Mbps)

로 발전하고 있다. 무선통신시장의 사례에서 보듯이 시장은 끊임없이 기술 발전을 요구하고 있다. 가장 최근 무선통신방식인 5G의 평균 전송속도는 1GB를 10초안에 받을 수 있는 속도로 영화 1편을 14초면 다운로드 받을 수 있을 정도의 속도이다. 비단 이런 요구는 무선통신시장뿐 아니라 모든 시장에서 요구되는 내용이다. 기업은 시장의 요구를 충족하기 위해서는 실시간 또는 가장 신속하게 대응할 수 있는 구조를 갖추는 것이 필요하다.

시장은 사용자의 요구가 있으면 이를 즉시 반영하고 반영한 상품(서비스)을 출시하게 된다. 이런 시장의 요구에 반응하는 속도가 매우 빠르게 변하고 있다. 이런 시장의 요구를 충족할 경우 시장의 반응이 폭발적이어서 급성장을 할 수도 있지만 반대로 시장의 요구를 충족하지 못할 경우는 시장 반응이 급속히 냉각될 수도 있다. 이러한 시장의 반응과 변화에 대응하는 것은 매우 중요하다. 하지만 고객의 요구를 완벽히 들어준다는 것은 불가능하고 그러한 요구에 대응하기 위해 완벽한 시스템을 구축한다는 것도 불가능하다. 그렇기 때문에 기업은 고객의 요구에 맞는 완벽한 상품 제공과 이를 위한 서비스 구축을 반드시 해야 된다는 강박에서 벗어나야 한다. 그렇다고 기업이 고객의 요구를 소홀히 하라는 의미가 아니고 완벽한 시스템보다는 변화에 신속히 대응 할 수 있는 구조가 훨씬 유용한 방법이라는 것이다. 여기서 중요한 것은 고객을 위한다고 완벽한 시스템구축을 하려고 하면 시스템구축에 시간이 필요하고 경과되므로 시스템이 완성되는 시점에는 고객은 새로운 요구를 하게 되고 완벽하다고 만들어진 시스템은 새로운 것이 아닌 지난 과거의 시스템이 돼버린다. 그래서 **기업은 완벽한 시스템보다 시장의 요구와 변화에 신속히 대응할 수 있는 구조를 구축하는 것이 필요한 것이다.** 이렇듯 기업은 시장의 요구에 신속히 대응할 수 있는 구조

Chapter 4 기업은 살아남아야 한다

로 변화하는 것이 중요하다.

"시장은 하나의 업만을 생각하지 않는다."

기업이 존재하기 위해서는 시장이 있어야 한다. 4차 산업시대 시장의 구분은 의미가 없어진다. 금융업이면 은행, 보험, 증권 등 업종별로 구분이 되고 전자산업, 자동차 산업, 화학 산업 등 제조업도 업종별로 구분이 가능했지만 4차 산업시대의 시장은 그런 구분이나 벽이 사라지는 시대다. 표현한 그대로 다양한 산업이 다양한 형태로 나타나게 되는 것이다. 자동차는 지금은 자동차산업으로 분류되고 자동차시장이 존재한다. 자동차라는 유형의 상품이 존재하고 많은 사람들이 자동차라고 하는 시장에 각인되어 있다. 하지만 4차 산업시대의 자동차는 지금의 자동차와는 확연히 구분될 것이다. 기본적으로 내연기관엔진이 없는 자동차이고 모든 시스템이나 작동을 전자기기로 하기 때문에 전자업종으로 분류할 수도 있다. 그리고 자율주행자동차가 완성되면 지금의 운전석이나 자리 배열도 필요가 없게 되므로 어떤 디자인이 나올지 아무도 예단하기 어렵다. 아마 사람 등에 업혀가는 디자인도 가능할 것이고 인공지능 및 사물인터넷과 결합하면 로봇시장의 일부가 될 수도 있을 것이다. 아니면 침실이 있는 이동하는 주택이 될 수도 있다. 이렇듯 **자동차시장이 전자시장이 될지, 로봇시장이 될지, 주택시장이 될지 아니면 전혀 상상하지 못하는 시장이 될지 아무도 모른다.**

금융도 마찬가지이다. 비트코인을 채굴하기 위해 다양한 프로그램이 만들어지고 있고 이를 위한 IT시장이 형성되고 있다. 이는 가상화폐가 금융시장이 아닌 IT시장에서 창출될 수도 있다는 반증인 것이다. 이렇듯 시장은 과거처럼 하나의 업에 국한되지 않고 업의 변화뿐 아니라 다양한 시장이 합쳐지거나 새로운 시장이 탄생하는 것이다. 기업은 이러한 시장의 변화, 시장의 혁신에 대응하여야 한다. 지금은 전혀 상관없는 문제인 것처럼 보일 수 있지만 급격히 변화할 수 있기 때문이다. 기업은 이런 시장 변화에 대응할 수 있는 유연성을 가져야 한다. 유연성은 지금 하고 있는 업을 기반으로 다양한 업종의 기술, 인력 등을 시스템화하여 준비하여야 한다.

"4차 산업시대 자동차보험 시장은 존재하나 존재하지 않나?"

시장은 기업에게 다양한 비즈니스 모델을 요구한다. 이것은 시장의 요구이고 변화이다. 시장이 어떤 방향과 형태로 요구할지는 아무도 모른다. 하지만 예측하고 대비할 수는 있다. 자율주행자동차가 상용화되면 자동차보험이 없어진다고 예측하는 사람들이 많이 있다. 맞는 말이기도 하지만 틀린 말이기도 하다. 왜냐하면 어떤 관점에서 보느냐에 따라 없어질 수도 있고 존재할 수도 있기 때문이다. 자동차보험이 없어진다고 하는 사람들은 시장의 변화를 현재의 관점에서만 접근하는 것이고 미래 시장의 관점에서 보면 자동차보험시장은 변화할 수는 있지만 존재한다고 하겠다. 자동차보험시장은 자동차와 운전자가 있어야 한다. 자동차를 대상으로 운전자가 누구냐에 따라 자동차보험료가 산정되고 운영된다. 4차 산업시대에는 운전자가 필요 없는 무인자율주행자동차가 대세라고 판단하기 때문에 운전자가 없는 자동차보험시장은 보험구성이 되지 않아 사라진다고 보는 것이다. 이런 이유는 자동차(향후 자동차 형태가 변해 용어가 어떻게 바뀔지는 모르지만 여기서는 자동차라고 함)는 있는데 운전자가 없어 누가 보험가입을 하느냐의 문제이다. 현재 자동차보험

Chapter 4 기업은 살아남아야 한다

의 자동차 기준은 차대번호 또는 자동차번호이고 운전자는 피보험자가 되는 것이다.

자율주행자동차를 보면 자동차는 자동차번호가 되고 운전자는 기계(프로그램)가 되는 것이다. 운전자가 기계면 사고 시 그에 대한 책임을 물을 수가 없다. 왜냐하면 격(格)이 있는 주체가 아니기 때문이다. 하지만 여기서 중요한 것은 자동차에는 격이 없지만 자동차를 만들거나 소유하거나 관리하는 주체는 있다는 것이다. 이는 프로그램을 만든 기업 또는 그 자동차를 소유한 사람 또는 자동차를 관리하는 기업 등 자동차를 제작하거나 소유하거나 관리하는 주체는 반드시 존재한다는 것이다. 그 주체에게 자동차 피해배상에 대한 경제적 수단인 보험을 가입하게 하면 된다. 이럴 경우 보험가입의 주체는 기계를 대신하여 운영 또는 관리 주체가 될 것이다. 이렇게 되면 자동차보험시장은 존재할 것이다. 만약 이렇게 하지 않고 자율주행자동차를 제작한 기업에게 책임을 지게 하는 방법도 있다. 이 경우는 생산물배상책임(Product Liability)이 발생한다. 결국 생산물배상책임에 대한 방법으로 전환하게 되면 자동보험시장은 사라지고 생산물배상책임보험시장으로 변화하는 것이다.

자동차사고가 발생하면 형사적 부분과 민사적 부분이 동시에 발생한다. 민사상 책임은 보험을 통해 사람이든 기계든 물건을 소유한 사람 또는 그에 상당하는 책임을 가진 사람이 피해보상을 하므로 해소될 수 있지만 기계에게는 형사상 책임을 물을 수 없다. 이 점이 많은 사람들이 우려하는 바이다. 이런 우려는 피해자는 있는데 가해자는 기계가 되기 때문이다. 이런 형사상 문제에 대한 논의는 지속적으로 이루어 지겠지만 시장은 자율주행자동차로의 변화를 요구하고 있다. 이렇듯 법률적인 문제는 잠재되어 있음에도 시장은 기업에게 변화를 요구하고 있는 것이다. 시장은 기업을 위해 존재하지 않고 기업에게 끊임없는 변화를 요구하고 있는 것이다.

수익모델 없이 기업은 존재할 수 없다.

"모든 기업에는 수익모델이 있어야 한다."

공공기관이나 국가기관은 이익을 목적으로 하지 않는다. 하지만 모든 기업은 이익을 추구한다. 이익을 추구하는 것은 쉽게 말해서 돈을 버는 것을 목적으로 한다는 것이다. 이익이 없다면 기업은 존재할 필요가 없다. 이유는 간단하다. 기업이 수익을 내지 못하면 기업 경영은 악화 될 것이고 자본금은 소진될 것이다. 이렇게 자본금까지 소진하면 기업의 생존은 불투명하게 되고 시장은 기업을 외면하게 될 것이다.

Market Cap(시가총액)은 기업의 가치를 평가하는 기준으로 사용된다. 시가총액은 발행 주식의 총 가격으로 기업의 현재가치와 미래가치를 모두 평가하여 반영된다. 아무리 우량기업도 미래가치가 적으면 시가총액은 상대적으로 적게 평가되는 것이다. 2015년 세계 시가 총액 1위에서 3위까지 기업을 모두 IT기업으로 과거 시가총액 상위기업과는 다른 산업영역의 기업이다. 이렇듯 IT기업이 시가총액 상위에 랭크 되는 것은 현재의 가치도 반영되지만 미래가치에 대한 기대감도 포함된 것이다. 미래가치는 기업의 미래 수익을 의미하는 것으로 미래에도 지속적인 수익이 기대되기 때문이다. 이런 기업에 투자하는 투자자들은 미래 수익에 대한 확신을 가지고 있다는

Chapter 4　기업은 살아남아야 한다

의미이기도 하다. 투자자는 투자기업에 대한 미래 수익이 어떤 기업도 가지지 못하는 기업가치를 가지게 될 것이라는 확신이 있기 때문에 투자를 하는 것이다. 이처럼 투자자들은 4차 산업시대에서 시장을 장악한 기업은 시장을 독점할 것이라는 확신을 가지고 있다. 이런 4차 산업시대의 특성은 기업의 가치를 올리는 요인인 것이다. 시장을 독점한다는 것은 기업이 명확한 수익모델을 가지고 있다는 것이고 이런 수익모델 없이는 미래가치를 평가 받을 수는 없다.

"인터넷뱅크(인터넷전문은행)도 수익모델이 없으면 실패한다."

　4차 산업시대 인터넷뱅크(인터넷전문은행)가 각광받고 있는 것이 사실이고 인터넷전문은행이 매력적이고 새로운 은행으로 금융시장에 진출하는 길 임에는 틀림없다. 이렇게 인터넷전문은행이 각광받고 있는 이유는 기존 은행과의 차별화이다. 은행이 인터넷뱅킹이라는 온라인 솔루션이 있음에도 시장은 인터넷전문은행에 주목하는 것은 새로운 금융상품(서비스)이 나올 것이라는 기대감이 있기 때문이다.
　2000년대 초에도 인터넷전문은행은 있었다. 하지만 당시 인터넷전문은행을 성공했다고 하기 어렵다. 당시 인터넷전문은행을 시도한 기업들이 성과를 내지 못한 이유를 분석하고 이를 해결할 수 있는 비즈니스모델를 개발하지 못하면 지금 인터넷뱅크도 똑같은 전철을 받게 될 것이다. 인터넷 초기 인터넷전문은행이 가장 어려웠던 부분은 수익모델이다. 왜냐하면 오프라인 업무를 IT화 하는 경우 가장 오해할 수 있는 부분이 전산화를 하면 수익이 개선된다는 믿음이다. 전산화를 통해 비용이 절감되는 것은 사실이나 이를 절대적으로 생각하는 오해를 하게 된다. 이런 오해는 오프라인에서 매출 또는 수익을 배가 되려면 그만큼 오프라인조직도 배가되어야 한다. 하지만 온라인에서는 그렇지 않다. 금융기술은 100명, 10,000명, 1,000,000명의 고객이 증가한다고 해도 비용 부담이 비례로 증가하지 않기 때문이다. 그래서 많은 인터넷전문은행들은 온라인화를 통한 고정비 절감을 확신하고 수수료 인하에 중점을 두고 다른 비즈니스모델 구축에는 소홀히 했었던 것이다.

인터넷전문은행이 성공하기 위해서는 수익모델 개발이 중요하다. 인터넷전문은행의 수익구조를 과거처럼 단순히 예대마진을 통한 수수료를 수익모델로 하게 된다면 기존 은행과 차별화가 없게 된다. 인터넷뱅크가 처음 금융시장에 진입하는 것이므로 조기에 정착하기 위해 수수료 인하를 차별화 전략으로 가지고 갈 수 있다. 하지만 이는 단기적인 전략이지 장기적인 전략이라고 할 수 없다. 인터넷뱅크가 수수료 모델이 기업의 주력 비즈니스모델이 되면 기존 은행과 수수료 인하 경쟁을 하게 되고 결국 사업의 수익구조 악화를 가져오는 결과로 나타날 수 있기 때문이다. 이처럼 수익모델에 대한 고려를 하지 않는다면 향후 수익구조는 손실구조로 정착될 수밖에 없다. 4차 산업시대에 인터넷전문은행은 분명 매력적인 사업임에는 틀림없다. 하지만 초기 시장 선점을 위해 수수료만 인하하고 확실한 수익모델을 만들지 못하면 성공하기 어렵다. 그렇기 때문에 명확한 수익모델개발이 반드시 필요하다.

Chapter 4 기업은 살아남아야 한다

2) 기업의 생존전략

"4차 산업기술은 실패를 극복할 수 있게 한다."

인터넷이 처음 확대되는 시기인 1990년대 말부터 2000년대 초 온라인시장을 중심으로 국내외에 많은 비즈니스모델이 나왔다. 당시 나온 비즈니스모델로 인터넷전문은행, 주식정보제공 웹사이트(Web-site), SNS(소셜네트워크서비스) 등 최근 부각되는 비즈니스모델과 유사한 비즈니스모델이 많았다. 하지만 당시 비즈니스모델은 실패했다. 이유는 초기 인터넷을 새로운 시장으로 생각하고 참여한 기업들은 시장에 진입하면 자연스럽게 수익모델이 발생 할 것이라는 오해를 가지고 있었다. 이는 고(高)용량의 서버와 훌륭한 소프트웨어가 인터넷 상에서 콘텐츠를 생성할 것이라고 믿었고 콘텐츠가 수익을 만들 것이라고 믿었던 것이다. 하지만 콘텐츠는 하드웨어가 만드는 것이 아닌 사람이 만드는 것이다. 아무리 훌륭한 콘텐츠라도 지속적인 업그레이드와 새로운 콘텐츠가 없으면 사용자(고객)는 떠났고 이를 막고자 기업은 콘텐츠를 생성하는데 많은 시간과 비용을 투자 해야만 했다.

다른 원인은 수익모델의 부재이다. 아무리 훌륭한 비즈니스모델이어도 수익성이 없으면 실패할 수 밖에 없다. 국내에서 당시 가장 유명한 비즈니스모델 중 하나가 주식정보제공사이트였다. 주식정보제공사이트가 나타났다는 것은 인터넷시장에서 가장 사업성이 있다는 의미이기도 했다. 그래서 다양한 주식정보제공사이트가 나타났지만 주식정보제공사이트의 수익모델에는 한계를 가지고 있었다. 법적으로 증권사만이 주식을 매매할 수 있었기 때문에 주식시장에서 인터넷기업은 주식정보제공을 비즈니스모델로 할 수밖에 없었다. 이런 주식정보제공사이트는 광고수익을 제외하면 별로 없었다. 주식정보를 생성하는데 들어가는 비용을 감안할 경우 유료화로 전환해야 하는데 유료화를 시도하는 기업들은 적었다. 이유는 인터넷 포털인 프리첼의 사례(인터넷 포털 프리첼이 수익모델로 메일서비스 등에 대한 유료화를 시도하였으나 실패함)처럼 유료화로 전환하려는 순간 많은 고객들이 웹사이트를 떠날 것을 우려했기 때문이다. 그로 인해 많은 주식정보제공사이트는 수익구조를 창출하는데 실패하였다.

또 다른 원인은 고객이 인터넷 기업에 대한 신뢰 부족이다. 고객은 인터넷을 가상공간으로 인식하고 있었다. 인터넷은 실체가 없는 존재라고 인식하고 있었고 초기 많은 인터넷 기업들은 이러한 고객의 인식을 깨는데 어려움을 겪었다. 경험해보지 못했던 온라인이라는 채널(Channel, 통로)을 통해 서비스를 받거나 구매를 한다는 것에 대한 신뢰 부족이 가장 컸었다.

4차 산업시대의 비즈니스모델은 과거 실패사례를 거울 삼아 미래를 예측할 수 있다. 이유는 아이디어나 비즈니스모델을 실현시킬 수 있는 방법이 다양하게 발전하고 있기 때문이다. 빅데이터, 인공지능 등 4차 산업기술이 기업에게 새로운 비즈니스모델을 제공할 것이기 때문이다.

"기업의 지속가능경영에 걸림돌이 있다."

4차 산업기술이 아무리 발전하고 국경 장벽이 약해진다고 해도 기업은 국가의 법 테두리 안에서 활동을 하고 운영을 해야 한다. 법 테두리를 벗어나는 순간 불법 사업이 되고 기업은 존재할 수 없게 된다. 기업의 고민 중 하나가 비즈니스모델의 적법성 여부이다. 이런 법률적 문제가 비즈니스모

Chapter 4 기업은 살아남아야 한다

델에 영향을 미친 대표적 사례가 Uber(우버)이다. 우버는 공유경제의 대표적 사례이자 4차 산업시대의 선도기업으로 평가 받는 기업이다. 우버는 차량공유 애플리케이션을 통해 자동차를 공유하는 비즈니스모델로 일부 국가에서는 합법으로 인정 받고 사업을 영위하지만 일부 국가에서는 불법으로 판단되어 영업을 하지 못하고 있다. 우버의 비즈니스모델의 적법성 여부는 새로운 비즈니스모델을 만들게 하고 해당 국가에서 적법성을 해결하지 못하면 사업을 접어야 한다.

자율주행자동차의 적법성도 문제가 된다. 운전자가 사람인 경우 분명한 처벌 기준이 있다. 사람이나 물건을 상하게 할 경우 그에 응당한 책임을 지게 되는데 자율주행자동차인 경우 법률적 판단에서는 이에 대한 명확한 책임소재를 구분하기 어렵다. 이는 처음부터 자율주행자동차의 결함인지, 이를 소유하거나 사용하는 사람의 책임인지 명확히 하기 어려운 것이고 이에 대한 구체적인 책임소재를 따질 때 프로그램의 결함인지, 자동차의 결함인지, 관리자의 관리책임인지 구분이 어렵다는 것이다. 하지만 이 또한 기존 개념이 아닌 패러다임의 변화로 받아드리고 고민하면 해결할 수 있을 것으로 본다. 결국 사고 발생 시 기계에게 책임을 물을 수 없으므로 관리자에게 책임을 명확히 하게 하고 기계에도 자격을 부여하여 어떠한 행위를 하기 전에 책임을 지게 하는 것이다. 쉽게 얘기하면 자율주행자동차에게 사람같이 하나의 격(格)을 부여하고 이에 대한 책임을 명확히 하여 일종에 자율주행자동차가 보험을 든다든지 피해보상이 가능한 경제적 주체로 대책을 마련하게 하면 이에 대한 문제를 피할 수도 있을 것이다.

또한 아무리 적법한 비즈니스모델이라도 해도 사업을 수행하면서 나타나는 위험이 있다. 예를 들어 우버는 운전기사에 대한 지위를 우버의 직원이 아닌 개별사업자로 규정하였다. 하지만 캘리포니아주 노동위원회는 우버의 운전기사지위를 직원으로 결정하여 우버를 곤혹스럽게 했다. 우버는 항소를 했지만 만약 우버의 운전기사 지위가 직원으로 확정 될 때는 기업은 상당한 부담을 가지게 된다. 이유는 직원일 경우 최저임금, 의료보험료 등 새로운 비용 부담이 발생하게 되고 이는 수익성 악화로 직결되기 때문이다. 위험은 사업 초기에는 나타나지 않지만 사업을 수행하면서 나타나는 위험이 있다.

아무리 좋은 비즈니스모델도 사업을 시작하거나 수행할 때 적법성 여부를 고민하여야 한다. 기업들은 전혀 예상하지 못한 문제들로 적법성 판단에 혼란을 가지게 될 수 있다. 우리나라의 법 체계하에서는 더욱 고민이 커질 수 밖에 없다. 우리나라 법체계는 포지티브 방식이라 법에 규정된 내용 외에는 해당되지 않으므로 새로운 비즈니스모델을 시작하는데 고민을 할 수 밖에 없는 것이 사실이다. 새로운 비즈니스모델이 특정 법률에 해당되는지 애매한 경우가 많이 있고 특정한 사업을 하도록 규정한 국내법에서 새로운 사업은 별도로 명시해야 하기 때문이다. 이럴 경우 법 또는 시행령, 시행규칙 개정에 시간이 소요되는데 이는 급속히 변화하는 시장에 대응하는 시기를 놓칠 수 있기 때문이다. 이에 대한 기업의 고민은 커질 수 밖에 없다.

생존전략 1: 플랫폼을 가져라

"플랫폼은 모든 비즈니스를 연결하는 환경(생태계)이다."

Chapter 4 기업은 살아남아야 한다

　4차 산업혁명시대 지속 가능 기업을 만들어 주는 것이 플랫폼(Platform)이다. 플랫폼은 4차 산업혁명에 나온 용어가 아니다. 원래 플랫폼은 기차를 타고 내리는 정거장이란 개념으로 생긴 용어이다. 하지만 최근에는 하나의 의미가 아닌 매우 다양한 범위와 의미로 사용되고 있다. 플랫폼이 다양한 의미로 쓰이는 이유는 플랫폼이 가지는 구조를 생각해보면 이해가 된다. 플랫폼은 기차가 도착하고 출발하는 장소이다. 이 장소는 단순히 화물만 이동하는 것이 아니고 사람도 함께 이동한다. 기차는 자동차나 버스 등 다른 이동수단에 비해 많은 사람을 한꺼번에 이동시키기 때문에 그로 인해 많은 사람들이 이용하게 되는 장소가 된다. 기차 플랫폼을 보면 사람만 있는 것이 아니다. 과거 대전역 가락국수가게가 유명했던 것처럼 각종 편의시설, 음식점 등 다른 사업들도 공존하게 된다. 이런 플랫폼 주변은 사람들이 모이므로 다양한 상가가 조성되고 상가를 위한 광고가 나타나는 등 인프라가 구축되고 이런 인프라로 인해 더 많은 사람들이 모여드는 구조를 만들게 되는 것이다. 많은 사람들이 모이는 곳에는 다양한 부가가치를 창출하는 기업이 나타나게 되고 플랫폼은 그런 역할을 하는 환경(생태계)을 만드는 것이다. 플랫폼은 기차를 이용하는 사람들이 모이는 장소이기도 하지만 많은 사람들이 이용함에 따라 주변에 다양한 비즈니스모델이 창출되고 새로운 부가가치가 만들어지는 곳이기도 하다. 이런 것처럼 플랫폼은 다양한 수요자와 공급자가 일정 장소에 모여 새로운 가치를 만들어 내는 환경이다.
　플랫폼의 속성은 플랫폼이 가지는 기능, 의미와 동일하다. 4차 산업시대 플랫폼의 속성도 동일하다. 기차라고 할 수 있는 기술, 시스템, 네트워크을 기반으로 기차(기술, 시스템, 네트워 등)를 이용하는 사용자(개인, 기업, 조직 등)가 이를 사용 또는 활용하여 새로운 기술(시스템)이나 제품(서비스)을 다양하게 만들어낼 수 있게 하는 환경(생태계)을 만드는 공간이 되는 것이다. 플랫폼은 반드시 완성된 비즈니스모델이 되야 하는 것이 아니라 제품에 들어가는 부품이 될 수 도 있고 다른 서비스를 연계하는 기반서비스도 될 수 있고 새로운 인공지능이나 사물인터넷 등을 구현할 수 있게 하는 소프트웨어가 될 수도 있다. 이렇듯 플랫폼은 모든 비즈니스를 연결하는 고리이자 환경을 제공하는 공간인 셈이다.

 4차 산업시대 플랫폼의 개념을 비즈니스 측면에서 보면 사용자와 공급자 간 서로의 관계를 형성할 수 있는 커뮤니티를 만들고 커뮤니티를 통해 비즈니스가 가능하도록 하는 환경을 조성하는 것이다. 이러한 환경을 공개(Open)하여 개인, 기업, 조직 등 누구나 참여할 수 있도록 하는 장(場)이 되어야 한다. 이는 **사용자와 공급자간 서로가 얻고자 하는 가치를 거래할 수 있도록 하는 공간으로 사용자와 공급자를 연결하는 것으로 끝나지 않고 서로 발전하며 진화할 수 있도록 하는 환경을 말하는 것이다.** 이처럼 플랫폼은 다양한 공급자와 수요자를 연결하는 다리 역할을 하므로 공급자와 수요자 모두에게 새로운 가치와 혜택을 제공하는 공간인 것이다.

 "플랫폼은 문제해결을 위한 레버리지(Leverage, 지렛대) 역할을 한다."

 4차 산업시대는 산업의 고도화, 전문화 등으로 하나의 기업이 고객의 요구를 충족시키는 상품을 모두 소화하기 어려운 구조이다. 왜냐하면 고객은 끊임 없이 다양한 요구를 하고 기술혁신으로 기존 상품의 주기가 짧아짐에 따라 하나의 기업이 이를 해결하기 위해서는 비용의 증가와 다양한 기술혁신을 감당하기에는 어려운 구조이기 때문이다. 이를 해결하는 것이 플랫폼

| Chapter 4 | 기업은 살아남아야 한다

이다. 플랫폼은 문제해결을 위해 레버리지 역할을 하게 된다. 이는 기업이 새로운 상품을 생산하는데 비용과 시간을 줄여 최소의 자원으로 최대의 효과를 얻을 수 있는 역할을 하게 되는 것이다. 기본적으로 공개된 기술을 기반으로 플랫폼을 만들고 이를 기반으로 다양한 고객의 요구에 맞는 상품을 제공하면 되는 것이다.

플랫폼을 레버리지 역할로 사용한 사례로 애플과 구글의 앱스토어를 들 수 있다. 애플은 iOS운영체계 기반의 '애플 앱스토어(App Store)'가 있고 구글은 안드로이드 운영체계 기반의 '구글 플레이스토어(Play Store)'가 있다. 이는 스마트폰의 운영체계를 기반으로 스마트폰에서 사용될 수 있는 애플리케이션을 애플이나 구글이 직접 개발하여 사업을 하는 것이 아니라 누구나 이용할 수 있는 플랫폼을 제공하여 공급자는 자기가 개발한 다양한 애플리케이션을 제공하고 사용자는 자기에게 필요한 애플리케이션을 사용하는 것이다. 애플의 앱스토어는 2008년 7월 약 500개였던 애플리케이션이 2013년 12월 약 100만개가 되는데 까지 5년 6개월이 걸린 반면 2016년 6월 약 200만개가 되는데 까지 2년 6개월밖에 걸리지 않았다. 구글의 플레이스토어 역시 2009년 12월 16,000여개였던 애플리케이션이 2013년 7월 100만개에 달했고 2016년 12월 260만개에 이르렀다. 이렇게 200만개 이상의 애플리케이션이 등록되어 있다는 것은 그만큼의 애플리케이션 상품이 제공된다는 것이고 그만큼 많은 비즈니스모델이 있다는 것을 반증하는 것이다. 만약 애플이든 구글이든 200만개 이상의 애플리케이션을 자체로 제작하려고 했다면 이는 불가능 했을 것이다. 이렇듯 애플과 구글은 자체 제작했을 때 불가능 했을 문제를 플랫폼을 레버리지 역할로 이용하여 해결하였다.

"플랫폼은 시장을 지배하는 도구가 된다."

플랫폼은 국경에 상관없이 세계 모든 사람이 이용하고 활용하게 되는 비즈니스모델이다. 어떤 시장에서든 유통을 장악하는 기업이 성공한다. 아무리 좋은 제품을 만들어도 유통 없이는 제품을 판매할 수 없고 자체 유통으로는 한계를 가질 수 밖에 없으며 상대적으로 비용이 많이 발생 할 수 밖에 없다. 4차 산업시대에도 유통이 중요한 것은 동일하다. 단 이런 유통 구조에 플랫폼이 더해지는 구조일 뿐이다. 만약 한 기업이 플랫폼을 자기 기업 기술 또는 제품만 가지고 운영하게 되면 과거와 마찬가지로 비용도 많이 들고 플랫폼 운영에 한계를 가질 수밖에 없다. 이렇기 때문에 경쟁력 있는 플랫폼을 가진 기업이 시장을 장악할 수 밖에 없는 구조가 되는 것이다. 4차 산업시대 기업의 생존 원리는 제조업에도 동일하게 적용된다. 예를 들어 인공지능기술을 가진 기업이 자신의 제품을 하나의 상품으로 판매하는 구조로 가지고 간다면 그 기업은 망할 수 밖에 없다. 왜냐하면 인공지능기술이 사용되는 범위는 무한정이라 할 수 있다. 이런 무한정한 범위의 기술을 한 회사가 모두 개발하고 시장을 장악할 수 없기 때문이다. 결국 **기업은 경쟁력있는 플랫폼을 통해 기술을 개발하고 공유하면서 시장을 장악하게 되는 것이다.**

4차 산업기술은 단순히 한 국가 또는 한 분야에서 기업의 수익모델을 결정하게 하지 않는다. 쉽게 설명하면 4차 산업기술은 한 국가 또는 한 지역에 한정되지 않고 다양한 산업과 하이브리드하여 가치를 극대화 시킨다는 것이다. 이런 하이브리드를 위해서 가장 필요한 것이 플랫폼이다. 만약 4차 산업기술을 독자적으로 보유하고 진행하게 되면 갈라파고스현상이 발

Chapter 4   기업은 살아남아야 한다

생할 것이다. 갈라파고스현상이란 세계시장과 단절되어 고립되는 현상으로 기업이 신기술로 새로운 제품을 개발한다고 해도 세계화가 되지 않으면 한 지역 또는 한 국가에서 유행하다 고립되는 현상을 말한다. 그만큼 현대사회는 지역이나 국가단위의 경제가 아닌 글로벌 경제로 변화했고 기업은 세계를 대상으로 준비하여야 한다. 세계화를 염두에 두지 않고 4차 산업기술을 개발하면 한 국가나 특정 산업 시장은 장악할 수 있으나 시간이 지남에 따라 글로벌시장에 낙후되고 고립되어 시장의 장악력이 없어질 뿐 아니라 시장에서 도태된다는 것이다. 이렇게 글로벌시장에서 고립되지 않고 도태되지 않기 위해서는 플랫폼을 통한 시장 장악력이 필요한 것이다. 플랫폼에서 가장 큰 자산은 이용자수이고 이용자수만큼 중요한 자산이 충성도이다. 충성도는 플랫폼의 경쟁력을 결정하는 자산이라 할 수 있다. 4차 산업시대 플랫폼은 B2C(Business to Consumer)뿐 아니라 B2B(business to Business), P2P(Peer to Peer), O2O(Online to Offline) 등 모든 분야에 해당되므로 플랫폼의 기능과 대상이 4차 산업기술을 발전하고 시장을 장악하는 도구가 되는 것이다.

"플랫폼은 시장을 장악할 힘이 있다."

플랫폼이 시장을 장악할 수 있는 힘은 크게 4가지가 있다.

첫째 '최소의 자원(시간, 비용 등)으로 최대의 효과를 얻을 수 있다.' 이는 플랫폼을 기반으로 자원을 공유하고 활용하여 제품(서비스)을 제공하는 것이다. 이 논리는 매우 간단하다. 만약 어떤 기업이 인공지능 기술을 구현하는 알고리즘(Algorithm)을 가지고 있다. 이 인공지능 알고리즘은 문제해결을 위한 논리적 방법의 프로그램이지 응용프로그램은 아니다. 응용프로그램은 그에 맞게 가공되어야 한다. 하지만 이렇게 가공되는 응용프로그램은 인공지능 알고리즘이 있다면 쉽게 개발될 수 있다. 만약 인공지능 알고리즘을 가진 기업이 모든 응용프로그램을 개발한다고 하면 이는 불가능할 것이다. 설령 가능 한다고 해도 엄청난 자원과 시간이 소요될 것이다. 이런 예를 잘 보여주는 것이 스마트폰의 앱스토어이다. 애플과 구글은 스마트폰의 운영체계(OS)인 iOS와 안드로이드(Android)를 가지고 있다. 이는 운영체계이지 응용프로그램이 아니다. 스마트폰에서의 응용프로그램은 애플리케이션이다. 스마트폰이 효과적으로 사용되기 위해서는 응용프로그램이 절대적으로 필요하다. 이런 애플리케이션이 애플의 앱스토어와 구글의 플레이스토어에 200만개 이상이 있다. 그리고 200만개 이상의 애플리케이션이 개발되는데 10년이 되지 않았다. 이렇게 많은 애플리케이션이 짧은 시간에 애플리케이션 스토어에 있을 수 있는 이유는 플랫폼이기 때문이다. 만약 애플이나 구글이 직접 이 모든 애플리케이션을 개발한다고 가정하면 10년 안에 개발하는 것도 어렵지만 소요되는 자원을 감당할 수 없을 것이다.

둘째 '다양한 사용자와 공급자를 연결하는 효과적인 공간이다.' 사용자가 인터넷이라는 방대한 정보가 있는 공간에서 특정 정보(제품, 서비스 등 포함)를 직접 찾기는 한계가 있다. 이런 사용자의 요구를 별도의 공간을 만들어 해결하는 것이 플랫폼이다. 이럴 경우 같은 요구를 가지고 있는 다양한 사용자가 모이게 되고 이들을 특정화하여 선별적 비즈니스가 가능한 구조가 만들어질 수 있기 때문이다. 이 특징이 4차 산업시대에 플랫폼이 가지는 큰 힘이다. 언제 어디서든 다양한 사용자와 공급자를 연결시킬 수 있는 힘은 비즈니스모델이 성공하는데 강력한 밑바탕이 될 수 있는 것이다.

셋째 '서비스 기반 경제의 핵심동력이 된다.' 이것은 서비스를 이용할 사

Chapter 4 기업은 살아남아야 한다

용자가 자기에게 필요한 만큼만 서비스를 이용하면 되고 이에 대한 합리적인 가격을 지불하면 되는 것이다. 만약 로봇을 제작하는 기업이 있다고 가정하자. 이 기업은 로봇에 사물인터넷 프로그램을 탑재하여 효율을 극대화 하고자 한다. 하지만 이 기업은 업의 본질이 로봇생산으로 로봇기술은 가지고 있지만 사물인터넷에 대한 기술은 없다. 이럴 경우 현재 시스템 아래에서는 기업이 선택할 수 있는 방법은 두 가지이다. 하나는 사물인터넷기술을 자체개발 하는 것이고, 다른 하나는 개발된 프로그램을 구입하는 것이다. 먼저 자체개발방식은 가장 비효율적인 방법이다. 로봇에 필요한 프로그램을 개발하기 위해 새로운 기술자를 모집하고 시간과 비용을 들여서 만들 경우 자체기술개발이 된다는 보장도 없지만 설령 개발 된다고 해도 개발인력과 조직을 지속적으로 운영해야 된다. 이럴 경우 사물인터넷 기술은 개발되지만 자원의 낭비가 발생한다. 다른 방법인 프로그램을 구입하는 방법은 쉽게 가능한 방법이다. 하지만 구입이 가능한 프로그램은 일종의 범용화된 버전으로 원하는 해당 기업 로봇의 기능을 극대화 시키기 위한 프로그램은 아니다. 결국 다시 프로그램을 수정해야 하므로 추가 비용이 발생하거나 범용 버전을 그대로 사용한다면 원하는 효율의 극대화를 얻기 힘들게 된다. 플랫폼은 이런 문제를 해결한다. 플랫폼은 다양한 사용자와 공급자가 연계되므로 맞춤형 서비스 제공이 가능하고 다양한 분야에 폭넓게 적용이 가능한 환경을 구축할 수 있다. 이런 플랫폼의 힘은 다양한 사용자와 공급자를 모이게 하는 원동력인 동시에 플랫폼의 가치를 높이는 힘이 되는 것이다.

넷째 '초기시장을 선점하는 플랫폼이 시장을 장악한다.' 플랫폼은 기본적으로 사용자와 공급자를 연결하는 네트워크 기반이다. 네트워크는 일종의 인프라로 한번 구축된 인프라는 쉽게 사라지지 않는다. 인프라는 산업에 근간이 되는 기본 설비로 가장 기초적이며 필요한 자원이기 때문이다. 인프라는 한번 구축되면 변경이 어렵기도 하지만 후발기업에게는 큰 진입장벽으로 작용하기도 한다. 이렇듯 한번 구축된 인프라는 쉽게 사라지지 않고 후발기업에게 진입장벽이 되므로 시장을 지배하는 힘을 가지게 된다. 결국 초기 시장을 선점하는 플랫폼이 시장을 지배하게 되는 것이다.

"우버, 에어비앤비 사례처럼 플랫폼 가치와 시장 장악력은 막강할 것이다."

성공한 플랫폼은 시장장악력이 매우 높다. 이유는 다수의 사용자가 이용한다는 것인데 이는 다수의 수요가 존재한다는 것이고 다수의 수요가 있으면 공급자가 몰리게 되는 것은 당연하기 때문이다. 성공한 플랫폼은 이런 선순환 구조를 통해 시장 장악력은 극대화 하게 된다. 수요자는 같은 형태의 서비스를 여러 플랫폼을 이용하지 않는다. 사용에 익숙한 플랫폼을 굳이 변경할 필요가 없기 때문이다. 만약 서비스 질이나 내용이 현격히 차이가 나지 않으면 사용자는 낯선 환경에 새롭게 적응하지 않으려 하지 않는다. 이렇듯 한번 적응된 고객은 충성 고객이 되고 이런 충성고객이 늘어난 플랫폼에는 다수의 공급자가 유입되므로 이런 공급자의 증가는 공급이 확대되는 효과를 낳고 수요자는 풍부한 공급자들을 통해 원하는 서비스를 제공받을 수 있어 플랫폼 사용자가 증가하는 선순환 구조를 이루게 되는 것이다. 이런 선순환구조는 기업에게 플랫폼의 중요성을 보여주고 이로 인해 플랫폼은 개인과 개인간의 플랫폼뿐 아니라 개인과 기업, 기업과 기업간에도 확대되고 발전하고 있다.

Chapter 4 기업은 살아남아야 한다

플랫폼은 우리가 살면서 경험하지 못했던 비즈니스모델을 끊임없이 만들고 있다. 플랫폼의 본질인 공급자와 사용자를 연결하는 공간에서 만들어지는 다양한 비즈니스모델이 4차 산업시대를 선도하는 기업으로 나타나는 사례는 많이 있다. 페이스북은 대표적인 SNS 플랫폼이고 전자상거래 플랫폼 아마존, 알리바바, 공유차량서비스 플랫폼 우버, 공유숙박서비스 플랫폼 에어비앤비 등 4차 산업시대 대표 선도기업의 비즈니스모델 역시 플랫폼이다. 4차 산업시대 비즈니스모델의 열쇠를 플랫폼이라고 하는 이유는 비즈니스의 트랜드(추세)를 보면 확연히 알 수 있다. 플랫폼이 비즈니스모델인 기업은 플랫폼기업뿐 아니라 대표 IT기업인 구글, 애플 등의 비즈니스모델도 플랫폼이고 비트코인도 플랫폼이 있어서 운영될 수 있는 것이다.

O2O(Online to Offline)모델인 우버와 각국 숙박시설 플랫폼 에어비앤비를 통해 플랫폼의 가치를 알 수 있다. 우버는 기존 차량의 소유개념을 '공유경제' 개념으로 변화시킨 플랫폼이다. 이런 변화는 패러다임의 변화이며 4차 산업시대 기업 비즈니스모델의 나침반역할을 한다고 할 수 있다. 이런 단순한 듯한 플랫폼 비즈니스모델이 사회의 패러다임을 변화시키면서 기업가치를 높이고 있는 것이다. 또한 우버는 미래가치를 위해 다양한 4차 산업기술을 사업에 확대, 적용하려고 하는데 자율주행자동차 개발이 대표적인 사례이다. 우버는 자율주행자동차 기술개발을 통해 기사문제도 해결하고 완벽한 공유경제를 실현시키려 하고 있다. 우버와 마찬가지로 플랫폼의 대표적인 사례가 에어비앤비이다. 에어비앤비는 자기가 사용하지 않는 방을 여행객에게 빌려주는 단순한 비즈니스모델로 시작하였다. 단순한 듯 보이는 에어비앤비 비즈니스모델의 가치는 세계적인 글로벌 호텔체인인 힐튼그룹의 기업 가치를 상회하고 있다. 이는 실물자산이 없더라도 수요자와 공급자를

연결해주는 플랫폼의 가치만으로 실물자산을 가지는 기업의 가치를 넘을 수 있다는 것이다. 플랫폼 비즈니스모델의 가치와 시장 장악력은 4차 산업 시대 비즈니스모델을 예상하게 하는 좋은 사례가 된다.

"전략의 부재는 플랫폼을 사라지게 한다."

1999, 2000년 우리나라의 패러다임을 바꾸는 변화가 있었다. 그것은 인터넷 확산이었다. 당시 벤처 IT기업들이 많이 상주했던 테헤란로 일대를 실리콘밸리에 비교하여 '테헤란밸리'라고 할 정도였고 '벤처 붐'이 일어났다. 당시 많은 기업들이 참여하였고 다양하고 많은 비즈니스모델이 나타나게 되었다. 그 당시 나온 대표적인 기술로는 다이얼패드가 있었다. 다이얼패드는 인터넷전화로 음질은 약간 떨어지기는 했지만 사용하는 데는 큰 지장이 없었다. 다이얼패드는 통화료를 무료로 하는 대신 광고를 통한 수익모델을 가지고 있었다. 하지만 불행하게도 실패하였다. 이유는 기본적으로 인터넷 속도가 떨어져 상용화에 어려움이 있었던 것도 사실이지만 플랫폼에 대한 전략부재도 이유였다. 다이얼패드는 지금 카카오톡에서 제공하는 '카카오 보이스'나 '스카이프(Skype)'와 유사한 비즈니스모델이었다. 하지만 스카이프나 카카오톡이 제공하는 플랫폼은 세계 시장을 지배하고 있다. 다른 사례로 싸이월드(Cyworld)가 있다. 개인적으로 싸이월드는 가장 훌륭한 SNS 플랫폼이었다고 생각한다. 특히 국내에서는 싸이월드 열풍이라고까지 할 정도로 인기가 있었던 플랫폼이었는데 이 역시 플랫폼 전략부재로 실패하였다.

플랫폼에서 생존하기 위한 전략으로 첫째는 사고의 전환이 필요하다. 여

Chapter 4 | 기업은 살아남아야 한다

기서 말하는 사고의 전환은 '내가 모두 해야 한다' 또는 '내가 모두 할 수 있다' 등 나만 해야 한다는 강박을 버려야 한다. 이유는 4차 산업기술은 급속도로 발전하고 있다는 사실이다. 기술혁신의 속도는 우리가 생각하는 것 이상으로 진행되고 있고 아무리 거대기업이라도 기획하고 제품을 제공하려는 순간 그 제품은 지나간기술이 되어버리기 때문이다. 이렇듯 한 기업이 원하는 기술을 만들어도 자기가 인지하지 못하는 사이 구(舊)기술이 되어버리고 사용자는 떠나 버릴 정도로 기술혁신의 속도는 매우 빠르게 진행되고 있다. 다른 이유는 한가지 기술(기능, 서비스 등)이 아닌 여러 기술을 하이브리드할 수 있는 사고로 전환해야 한다는 것이다. 고객의 요구는 다양하고 복잡하다. 이런 고객의 요구는 한 기업의 능력으로 해결할 수 있는 범위를 벗어나 있고 한 기업의 능력으로 고객의 모든 요구를 충족한다는 것은 점점 불가능해지기 때문이다.

둘째는 시장을 선점하라는 것이다. 사용자들은 습관이라는 것이 있다. 습관은 편리함과 유사하다. 비록 사용자가 지금 사용하는 방식이 불편하고 어려운 방법일자라도 익숙해져 있거나 불편함을 느끼지 못하면 그 자체가 편리한 것이 되고 굳이 다른 방법을 선택하지 않을 것이다. 4차 산업시대의 기술은 사용자가 이제까지 경험하지 못한 기술들이 반영될 수밖에 없기 때문에 초기 상품에는 새로운 조작법이 필요할 수 밖에 없다. 이렇게 만들어진 새로운 조작법에 만족하고 적응하게 되면 고객은 특별한 이유가 없는 한 이동하지 않으려고 한다. 플랫폼도 마찬가지로 만족하고 익숙해져 있다면 플랫폼자체에 큰 문제가 없다면 굳이 바꾸려 하지 않을 것이다. 이 이유가 시장을 선점해야 하는 이유이다.

셋째는 비즈니스모델로 경쟁력 있는 콘텐츠를 가져야 한다. 이런 콘텐츠를 킬러 콘텐츠(Killer Contents)라 한다. 킬러 콘텐츠는 비즈니스모델에 가장 경쟁력 있는 핵심콘텐츠를 의미한다. 예를 들어 SNS인 트위터(Twitter)는 140자 문자 서비스가 킬러 콘텐츠인 반면 인스타그램(Instagram)은 사진공유가 킬러 콘텐츠이다.

플랫폼은 개념적으로는 매우 단순하다고 생각할 수 있다. 하지만 비즈니스에 적용하기 위해서는 많은 고민과 전략이 필요하다. 이런 고민과 전략 없이는 경쟁력 있는 플랫폼을 만들 수 없고 만들었다고 하더라도 실패하기 때문이다.

"플랫폼의 진화는 끝이 없다."

4차 산업기술은 플랫폼을 매우 다양한 형태로 진화시키고 있다. 플랫폼이 어디까지 진화할 것인지에 대한 답을 줄 사람은 없다. 하지만 기본에 답이 있다. 플랫폼은 수요자와 공급자가 함께 하는 공간이다. 수요자는 필요한 것을 요구할 것이고 공급자는 이를 제공하면 된다. 그리고 플랫폼은 그에 맞는 기본적인 모델(프로그램, 알고리즘 등)을 제공하면 된다. 이것이 플랫폼을 유지하게 하는 가장 기본이다.

플랫폼이 진화하는 것은 먼저 기술혁신이 바탕이 되어 이루어 진다. 4차 산업기술은 매우 많다. 개별 기술 모두 중요하고 필요한 기술이다. 하지만 개별기술보다 여러 기술을 하이브리드하고 발전시키는 것이 더 중요하다. 그리고 이는 플랫폼을 제공하는 기업의 방향이기도 하다. 이렇게 제공하는 플랫폼은 다수의 사용자와 공급자가 자유롭게 이용할 수 있는 개방형이어야 한다.

Chapter 4 기업은 살아남아야 한다

생존전략 2: 시장을 선점하라

"시장구조가 바꿨다. 시장을 선점해야 한다."

많은 경영자들이 시장을 선점하라고 주문한다. 시장을 선점하라는 말은 굳이 4차 산업시대가 아니어도 많이 사용되고 있고 강조하고 있는 말이다. 그럼에도 불구하고 '시장을 선점하라'라고 주문하는 것은 4차 산업시대의 시장구조는 과거의 시장 구조가 아니라는 것이다. 과거 시장구조는 시장을 선점하더라도 후발주자가 변형된 기술(시스템)이나 상품(서비스)을 가지고 시장을 잠식할 수 있었으나 4차 산업시대에는 이런 경우가 급속히 줄어 들게 될 것이다. 이유는 많은 시장이 온라인화 하게 되고 **온라인화는 사용자가 한번 만족하고 익숙해지면 쉽게 이동하지 않게 되기 때문이다.**

4차 산업시대에 고객은 온라인시장에서 새로운 기술 또는 상품을 접하고 사용하게 된다. 고객이 새로운 기술 또는 상품을 처음 접하게 된다는 것은 새로운 시장이 생겼다는 것이고 새로운 시장이 생겼다는 것은 시장에 처음 기술 또는 상품이 제공된다는 것이다. 이는 고객이 아직 기술 또는 상품에 익숙해져 있지 않고 있다는 것이고 이를 제공하는 기업은 시장을 처음 만든 것이다. 여기서 중요한 것은 처음 기술 또는 상품을 제공하는 기업이 시장을 선점하고 지속적으로 지배한다는 것이다. 시장을 선점하는 기업이 시장을 지배할 확률이 높은 것이 4차 산업시대의 특징이다. 이유는 새로운 기술 또는 상품으로 시장을 선점하고 이를 처음 고객이 만족하고 익숙해지면 후발기업이 아무리 진보된 상품을 가지고 나와도 고객은 쉽게 이동하지 않기 때문이다.

"사용자가 사용에 만족을 경험하면 이동하지 않는다."

사용자경험(UX, User Experience) 디자인은 사용자가 기술(시스템), 제품(서비스) 등을 사용하거나 체험하는데 있어 최대한 만족스러운 경험을 갖도록 하게 하는 모든 과정을 말한다. 이는 단순히 제품 디자인만을 얘기 하는 것이 아니고 기획, 디자인, 마케팅 등을 포괄하는 것이다. 사용자경험 디자인이 중요한 이유는 사용자가 만족스러운 경험을 가지게 되면 다른 기술, 제품이 나온다고 하더라도 다른 기술, 제품으로 이동하지 않는 속성을 가지고 있기 때문이다. 기업이 시장을 선점하고 사용자(고객)가 만족하는 경험을 하게 되면 다른 기업이 우수한 기술, 제품 등을 제공한다고 해도 쉽게 이동하지 않는 것이다. 이를 달리 말하면 **시장 선점을 통해 다른 기업보다 먼저 기술, 제품 등을 선보이고 이를 사용함에 있어 만족하는 경험을 제공하게 되면 시장을 장악할 수 있다는 것이다.** 여기서 만족하는 경험을 가지도록 하는 것이 중요한 것이다. 사람을 백프로 만족시키기는 어렵다. 하지만 사람을 만족시킬 수 방법은 다양하다. 가장 중요한 것은 사용에 편리함과 콘텐츠이다. 사람들이 경험하지 못했거나 새로운 콘텐츠를 다른 기업보다 먼저 제공하고 그런 콘텐츠를 편리하게 사용할 수 있게 하는 경험을 갖도록 한다면 시장을 장악할 수 있는 것이다.

2000년 초 애플과 소니가 있었다. 당시 두 회사는 모두 세계 초일류기업이었다. 그런데 공교롭게도 두 회사는 비슷한 시기에 '기기와 콘텐츠를 유기적으로 연결하여 고도화된 네트워크를 구축하겠다'는 비전을 제시했다. 두 회사 모두 4차 산업기술인 크라우드, 사물인터넷, 정보통신기술 등의 미래 IT산업을 예측하고 비전을 제시하였으나 결과는 완전히 달랐다. 당

| Chapter 4 | 기업은 살아남아야 한다

시 소니는 음악, 영화콘텐츠를 직접 제작했고 가전제품, 게임기, 휴대폰 등 제품이 다양했고 자기 제품만을 유기적으로 네트워킹을 해도 시장을 쉽게 시장을 장악할 것으로 예상하였다. 이에 비해 애플은 약간의 컴퓨터 제품과 맥 OS 등이 전부였다. 하지만 애플은 성공했고 소니는 실패했다. 소니와 애플 모두 플랫폼화에 노력했다. 하지만 소니가 플랫폼화에 실패한 것은 소홀히 하고 놓친 부분이 있었기 때문이다. 그것은 '사용자 만족도'였다. 소니는 제품의 기능과 디자인 측면에서는 뛰어났지만 사용자가 경험하는 접점을 구축하는데는 실패했던 것이다. 사용자가 경험하는 통로는 콘텐츠, 디바이스, 서비스 등이 제공되는 접점을 말하는데 소니는 이 접점에 대한 디자인(설계)을 소홀히 했던 것이다.

"기업은 시장을 장악하지 못하면 존재할 수 없다."

시장의 변화는 기업측면에서 매우 중요하고 매력적인 사실이다. 기업측면에서 높았던 진입장벽이 기술혁신으로 인해 낮아지고 시장도 변화를 요구 하는 것은 이런 변화가 자신의 업에 대한 진입장벽이 낮아지는 위기인 동시에 다른 시장으로 진출이 용이할 수 있게 되는 기회인 것이다. 이와같은 변화는 기업입장에서는 매우 중요하고 매력적인 것이 사실이다. 이런 위기와 기회는 시장에 대한 경쟁이 심화된다는 위기이기도 하지만 반대로 다양한 영역에 참여 할 수 있는 기회가 늘어나고 새로운 비즈니스 영역을 창출할 수 있는 기회가 되는 것이기도 하다. 이렇게 기업에게 주어진 기회는 아직 비즈니스모델이 정착되지 않았다는 것을 의미하는 것이기도 하다. 비즈니스모델이 정착되지 않았다는 것은 어느 기업도 시장을 장악했다고 할 수 없고 어떤 비즈니스모델이 성공한다고 할 수도 없다는 것이다. 반대로 얘기하면 누구든지 승자가 될 수 있는 기회가 있다는 말이 되는 것이다.

지금은 4차 산업혁명의 태동기이다. 이런 태동기에서는 시장을 선점한 기업이 시장을 장악할 확률은 매우 높다. 수요자는 여러 시장을 한꺼번에 이용하고자 할 것이고 개별시장이라 하더라도 한 기업의 플랫폼보다는 여러 솔루션 제공이 가능한 플랫폼을 이용하는 빈도가 많아질 것이다. 시장을 선점하기 위해서는 이처럼 여러 솔루션을 제공할 수 있는 플랫폼이어야 한다.

생존전략 3: 공유하라

"한 기업이 기술(시스템)을 독점할 수 없다"

4차 산업시대는 매우 다양한 기술이 하이브리드되면서 새로운 기술로 다양하게 진화하고 있다. 이는 어느 누구도 특정기술을 독점할 수 없게 하고 새로운 기술을 만들기 위해서는 다른 기술과 하이브리드 할 수 밖에 없도록 한다. 많은 4차 산업기술 선도기업은 플랫폼을 만들어 자신이 가진 기술을 기반으로 오픈(개방형) 플랫폼을 운영하며 다양한 공급자와 사용자들과 협력하여 새로운 기술을 창조하고 있다. 이는 자신의 기술을 감추고서는 불가능한 일이다. 기업이 먼저 기술을 공유하고 이를 통해 다양한 사람, 기업과 기술을 공유하므로 더욱 새롭고 다양한 기술을 개발하고 보유할 수 있는 것이다.

Chapter 4 기업은 살아남아야 한다

　4차 산업기술을 개발하고 보유하고 있는 많은 기업들이 기술을 공유하고 있다. 알리바바의 인공지능 금융플랫폼 마이차이푸는 개방형 금융서비스인 차이푸하오를 펀드사와 은행에 제공하고 공유하고 있다. 차이푸하오는 빅데이터를 활용한 소액결재, 리스크관리, 크라우드기술을 신용평가시스템에 적용하도록 개발한 프로그램이다. 이렇듯 4차 산업기술을 기반으로 펀드사와 은행과 공유하고 플랫폼을 구성하여 이를 확대하고 있다. 이런 금융플랫폼이 가능한 이유는 금융기업은 알리바바의 막대한 고객데이터를 확보할 수 있고 알리바바는 인공지능 재테크 상품을 판매할 수 있는 장을 확보할 수 있기 때문이다. 4차 산업기술을 보유하고 개발 하더라도 자기기업에게만 제공하는 것이 아니라 다양한 기업에게 제공하고 공유하여 고객이 이를 이용할 수 있게 하는 것이 중요한 기능이다.

　모빌아이도 BMW, 인텔 등과 함께 자율주행기술을 공유하고 개발한다. 이는 각 기업이 가지는 장점과 역량 등 자원을 이용해 개발의 효율성과 성과를 극대화 시켜 조기에 제품화를 이루고자 하는 것이다. 플랫폼을 통해 개발된 기술은 기업별로 가지고 있는 비즈니스모델에 적용하고 확장할 수 있게 한다. 예를 들어 플랫폼에서 모빌아이가 자율주행 level 4 수준의 시험용 차량에서 축적된 데이터를 인텔이 인공지능을 활용하여 기술을 발전하게 하는 사례를 보여준다. Face++(페이스플러스플러스) 역시 얼굴인식기술을 공유하며 성장하였다. Face++는 150개국에서 30만명 이상의 개발자가 얼굴인식기술개발을 진행하고 있다. Face++의 온라인ID인증 플랫폼 'Face ID'는 약 200여개 인터넷 회사가 원격지에서 사용자 ID을 인증해야 하는 금융상품(서비스)에 사용하고 있는데 'Face ID'는 플랫폼을 통해 사용자 인증 인프라를 하나로 구축하는 방법인 것이다.

"개별 기업의 상품(서비스)을 위한 플랫폼은 광고나 홍보에 지나지 않는다."

사람간 의사소통과 정보의 소통방식에도 많은 변화가 일어나고 있다. 과거 소통은 대부분 대화가 아니면 책이나 방송 등 일방의 소통이 많았지만 온라인이 발달되면서 소통의 방식도 쌍방의 방식으로 변화하고 있다. 과거 지인들과의 소통을 위해서는 만나서 대화하거나 우편 등을 통한 소통이 대부분이어서 자신이 알지 못하는 타인과의 소통은 쉽지 않았다. 온라인은 이런 소통의 방식을 변화시키고 있다. SNS는 과거 접하기 힘든 사람과 소통을 쉽게 하게 되었고, 필요할 경우 각 분야의 전문가들과의 소통도 가능하게 하였다. 사람들은 정확하고 많은 정보와 지식을 얻기를 원하는데 얻어진 정보와 지식이 정확하고 나에 맞는 정보와 지식인지에 대한 확신을 가지기 어려울 경우가 많이 있다. 얻어진 정보와 지식에 대한 불신은 기업활동에 방해를 줄뿐 아니라 기업에 대한 불신으로 연결될 수 있다. 공유는 이런 문제를 해결할 수 있다.

공유는 많은 사람들이 다양한 관계를 만들 수 있는 커뮤니티(온라인 공동체)를 통해 형성될 수 있다. 커뮤니티는 온라인에서 많은 사람들이 모여 소통하는 장소의 의미이다. 커뮤니티는 내가 다양한 사람과 소통하고 다른 사람을 위해 정보와 지식 등을 줄 수도 있는 상호 연결을 하는 장소인 것이다. 신뢰가 큰 커뮤니티의 영향력은 큰 힘을 발휘한다. 아무리 기업이 자기가 운영하는 커뮤니티에서 자신의 제품을 공정하고 객관적으로 소개한다고 해도 고객은 그것은 홍보, 광고에 지나지 않는다고 생각한다. 하지만 같은 사용자의 입장에서 제품을 적극 소개하고 알린다면 그 제품의 가치는 크다고 믿게 된다. 이 점이 공유를 활성화해야 되는 이유이다. 신뢰가 큰 커뮤

Chapter 4 기업은 살아남아야 한다

니티에서는 상호간 콘텐츠를 자연스럽게 생성하고, 많은 정보와 지식이 소통되기도 한다. 이런 점을 악용하여 온라인에서 사용자처럼 행세하거나 이해 당사자에게서 금품을 제공 받고 커뮤니티에서 활동하는 사람들이 있다. 이런 사람들은 콘텐츠의 좋고 나쁨이 아닌 자신에게 유리한 정보와 지식만을 제공하여 결국 다른 사용자에게 피해를 주게 된다. 이런 사람들이 온라인에 존재하고 있고 폐해가 있다는 것도 사실이다. 이런 폐해를 극복하고 긍정적으로 발전할 수 있게 해야 한다. 커뮤니티가 긍정적으로 발전하기 위해서는 전문가가 많이 참여해야 한다. 전문가는 그 분야에 많은 지식과 정보를 가지고 있는 사람으로 잘못된 내용에 대해 수정하고 정확한 의견을 전달 할 수 있는 힘이 있기 때문이다. 4차 산업시대에도 공급자도 다수이고 사용자도 다수이다. 이런 다수의 공급자와 사용자 모두를 신뢰할 수는 없다. 결국 선의의 공급자와 사용자를 검증하기 위해서라도 다수의 커뮤니티를 통해 거기에서 확인되는 결과로 검증하는 것이 가장 효율적인 방법이 되는 것이다.

생존전략 4: 세계화

"4차 산업시대에는 국경의 의미가 없다. 세계화가 살길이다."

국내에서 가장 활발히 4차 산업시대를 선도하려는 기업은 다음카카오, 네이버, 삼성전자 등이다. 다음카카오는 인터넷 포털 사이트와 모바일 메신져 서비스, 네이버는 인터넷 포털 사이트와 한 게임 사이트, 삼성전자는 스마트폰을 포함한 전자기기 제조회사이다. 이들 기업의 업종은 다르지만 4차 산업시대 선도기업이 되고자 하는 목적은 동일하다. 기업은 기업이 가진 자원을 바탕으로 가치(수익)가 있는 시장이 있다고 판단되면 시장에 참여하는 것은 당연하다. 이들 기업은 기업이 가지는 자원을 바탕으로 충분히 4차 산업시대를 선도할 수 있는 비즈니스모델을 만들어 낼 수 있다. 이런 비즈니스모델을 만들기 위해서 기반이 되는 기술(시스템)은 매우 훌륭하고 개별 기업들만의 특징을 가지고 있다. 다음카카오는 카카오톡이라는 모바일 회원의 충성도와 다음의 슈퍼스타기업 경험이 있고 네이버 역시 국내 최고의 인터넷 포털사이트로 인터넷을 통한 다양한 서비스 경험과 충성도 있는 고객이 가장 큰 힘이 된다. 삼성전자는 세계적인 스마트폰 제조회사이다. 많은 모바일기업은 애플리케이션을 고객에게 제공하기 위해 막대한 비용과 시간을 투입해서 개발하고 홍보하고 있다. 하지만 삼성전자는 스마트폰 제조회사로 기본 애플리케이션 탑재 권한이 있고 이는 다른 기업에 비해 탁월한 기회이자 경쟁력이다. 이렇듯 국내에서 4차 산업시대를 선도하고자 하는 기업은 개별기술을 기반으로 충분한 경쟁력을 가지고 있다고 할 수 있다.

4차 산업기술을 가진 국내기업들이 글로벌화 되지 못하고 국내에서만 절대적 시장장악을 한다면 어떻게 될지 고민해볼 필요가 있다. 인터넷메일서비스시장에서 다음과 네이버는 국내시장을 독점하고 있고 상대적으로 글로벌기업인 구글은 힘을 발휘하지 못하고 있다. 정보검색서비스 및 메일서비스가 도입된 인터넷 초기 시장은 각국에서 인터넷시장을 장악하기 위해 노력하고 있었고 국내에서는 네이버, 다음 뿐아니라 라이코스, 프리첼 등 다수의 기업들이 경쟁을 하고 있었다. 결국 이러한 치열한 경쟁속에 네이

Chapter 4 | 기업은 살아남아야 한다

버와 다음이 승자로 남게 된 것이다. 온라인 특성상 한번 적응하고 익숙한 응용프로그램(네이버, 다음 웹사이트)은 쉽게 바꾸지 않고 사용하고 있는 것이다. 구글이 국내시장에 들어왔지만 정착단계가 지난 이후 국내 시장에 참여 했고 사용자 시스템에 익숙해진 시점에 이동에 필요성이 적어 구글이 다른 나라와 같은 입지를 차지하고 있지 못하는 것이다. 4차 산업시대는 이런 양상이 변할 것이다. 4차 산업시대 특성상 많은 기업들이 한 국가나 지역을 위한 비즈니스모델을 개발하는 것이 아니라 세계를 상대로 하는 비즈니스모델을 만드는 것을 전제로 하기 때문이다.

4차 산업시대에서 지역(국가)별 1위 기업은 의미가 없다. 4차 산업시대에서 1위 기업은 글로벌에서 1위 기업이라는 것이다. 그만큼 4차 산업시대의 시장은 세계시장으로 통합되어간다는 것을 의미한다. 이는 국내에서 1위 기업이라 할지라도 4차 산업시대에는 지속되기 어렵고 의미가 없다는 것이다. 4차 산업기술(제품, 서비스)은 지속적으로 개발되고 발전된다. 이러한 발전단계는 글로벌시장이 통합되어가는 과정으로 발전 할 것이고 시장은 로컬시장(국내시장)이 아닌 글로벌시장이 되는 것이다.

"세계화를 고려할 때 영어를 기반으로 서비스를 고려해야 한다."

국내 SNS의 효시이자 국내에서 가장 영향력이 컸던 싸이월드(Cyworld)가 있다. 자신에 대한 의사를 타인에게 소통하기 위해 사진 또는 글 등 정보를 등록할 수 있고 이를 1촌이라는 관계를 통해 볼 수 있고 전파할 수 있는 비즈니스모델이었다. 싸이월드는 SNS 모델 중 가장 혁신적인 모델이며 글로벌 SNS의 대표격인 페이스북보다 기능과 사용자 편의(便宜)면에서 앞섰다고 생각한다. 하지만 싸이월드가 국내에서는 성공했지만 **세계화에는 실패 했다.** 그 이유는 진출 국가별로 서비스를 제공하려고 한 것이다. 세계화는 국가에 맞는 서비스를 제공하는 것이 아니라 세계적으로 동일한 서비스를 제공하는 것이다. SNS는 사람과 사람을 연결시키는 서비스이다. 커뮤니티 서비스는 기본적으로 세계 모든 사람이 쉽게 이용할 수 있게 시스템이 되어야 한다. 이렇듯 세계 모든 사람이 쉽게 이용하기 위해서 언어의 문제가 크다. 대부분 글로벌기업의 비즈니스모델 언어는 영어가 기본이다. SNS도 이런 언어적 기반이 중요하다. 아무리 좋은 콘텐츠도 사용자가 쉽게 접근해야 하는데 세계 사용자가 편하게 이용할 수 있는 언어가 기반이 아닌 경우 쉽게 다가갈 수 없다. 이렇게 말한다고 해서 국내 SNS에서 영어를 사용하라는 의미가 아니다. 해당국가에 진출하는 경우에는 해당국가의 언어를 사용하되 해당 국가에 진출하지 않고 사업을 지속하기 위해서는 영어로 문제를 해결해야 한다는 것이다. 이것이 글로벌화 하는 것이고 4차 산업시대 비즈니스모델에도 중요한 요인으로 작용한다. 인터넷기업에게 있어 커뮤니티는 매우 가치 있는 비즈니스모델로 글로벌을 기반으로 해야 한다. 이는 세계화 하지 않으면 살아남을 수 없다는 것을 의미한다.

3) 4차 산업기술이 제시하는 기업의 방향

"4차 산업시대의 기반산업은 제조업이다."

4차 산업시대 제조업의 생존전략을 얘기할 때 많은 사람들이 사양산업은

Chapter 4 기업은 살아남아야 한다

생존할 수 없다고 한다. 하지만 이 부분에 대해서는 일부 동의하지만 일부 동의하지 않는 면이 있다. 산업이 완전히 사라지는 경우는 드물다. 산업혁명 당시 마차와 관련된 산업이 사양산업으로 거의 시장에서 사라졌지만 관련 산업이 완전히 사라지지는 않았다. 4차 산업혁명도 마찬가지이다. 어떤 산업도 수요가 영원히 사라지지는 않을 것이다. 다만 기존에 있던 공급자들이 남아있는 상태에서 수요가 급속히 줄어들고 그에 따라 경쟁이 심화되고 공급자 대부분이 사라지게 되는 것이다. 여기서 중요한 것은 기업의 선택의 문제이다. 가장 먼저 선택해야 하는 것은 기존 제조업을 '하느냐? 마느냐?'의 문제이다. 마치 햄릿의 명대사 'To be or not to be(죽느냐 사느냐)'같이 기업의 비즈니스모델을 지속할지 말지에 대한 결정이다. 여기에는 많은 고려 요소가 있을 것이다. 기존 설비, 기술력, 시장, 종업원 등 많은 고려 사항이 있지만 선택을 해야 한다. 만약 사업을 포기하게 된다면 새로운 시장을 어떻게 접근해야 할지 선택해야 하고 사업을 계속해야 한다면 4차 산업 기술을 어떻게 접목해서 생존해야 할지를 결정해야 한다. 중요한 것은 선택을 하고 선택에 맞는 전략이 필요하다는 것이다.

4차 산업시대의 기반산업은 제조업이다. 아무리 산업혁명이라도 제조산업에서 가장 중요한 것은 제품을 제작하고 생산하는 것이다. 이렇듯 4차 산업혁명은 제조업을 기반으로 기술혁신을 통해 최소의 자원으로 최대의 효과를 얻게 되는 것이다. 이는 4차 산업혁명이 제조업의 기술혁신을 통해 패러다임을 바꾸게 되는 것을 의미한다. '4차 산업시대 제조업은 무엇인가?' 4차 산업시대의 제조업은 인더스트리 4.0(Industry 4.0)에서 추구하는 공장의 효율화이다. 공장의 모든 설비와 자원을 사물인터넷, 인공지능, 로봇, 3D프린터 등과 결합하여 제조업 공장을 스마트화 하고 이를 통해 최대의 효과를 얻는 것이다. 4차 산업기술은 결코 만만치 않다. 인공지능, 빅데이터, 사물인터넷, 로봇 등 거의 모든 4차 산업기술이 개발 초기 단계이다. 이런 개발초기단계의 기술은 비용이 상대적으로 고가일 수 밖에 없다. 이런 비용 문제도 고민할 수 밖에 없다.

"공장의 패러다임을 변화 시킨다."

3D프린터, 로봇, 분산제조시스템 등 대부분 4차 산업기술은 공장의 개념을 변화시키는 기술이다. 특히 대량생산체계의 공장 개념을 다품종(이 업종(異 業種)) 소량생산체계로 변하게 만든다. 이는 단순히 공장의 개념만을 바꾸는 것이 아닌 물류와 유통의 구조까지 변화시키게 되는 것이다. 이렇듯 4차 산업기술은 공장의 구조를 바꿀 정도의 기술을 가지고 있다. 예를 들어 3D프린터는 공장에서 매장으로 유통하는 시스템을 없앨 것이고, 분산제조시스템을 통해 한 지역에서 공급을 해결하게끔 하여 현재의 물류 구조까지 변화시킬 것이다. 그리고 시장(온라인시장, 오프라인시장)의 개념도 변화시킬 것이다. 4차 산업시대 이전 시장은 현물을 거래하는 시장의 개념인데 플랫폼의 발전과 3D프린터 및 분산제조시스템 등 4차 산업기술이 확대되면 다양한 방법의 거래가 발생할 수 있고 현물이 아닌 도면을 거래하는 시장도 나타나게 될 것이다. 이런 4차 산업기술은 기존 공장의 패러다임을 완전히 변화시킬 것이고 이에 따라 기업은 생존 전략을 준비해야 할 것이다.

Chapter 4 기업은 살아남아야 한다

인터넷뱅킹은 지는 산업이고 인터넷뱅크(Internet Bank)는 뜨는 산업인가?

"인터넷뱅킹(온라인뱅킹)과 인터넷뱅크(Internet Bank, 인터넷전문은행)는 같다."

인터넷뱅킹은 국내에서 주로 쓰이는 표현으로 정확하게 표현하면 온라인뱅킹(Online Banking)이다. (하지만 국내에서 보편적으로 사용되는 인터넷뱅킹으로 표현한다.) 인터넷뱅킹은 전자금융으로 온라인을 이용하여 사용자와 은행간의 업무를 처리하는 금융거래(서비스) 시스템을 말한다. 인터넷뱅킹은 과거 전화로 이용했던 폰뱅킹(Phone Banking), 홈뱅킹(Home Banking)도 포함한다. 인터넷뱅킹은 은행에서 제공하는 거의 모든 업무를 제공하고 있다. 초기 인터넷뱅킹은 은행업무를 간소화하는 목적으로 시도되었는데 고객이 급속히 인터넷뱅킹으로 이동하면서 거의 모든 은행업무가 인터넷뱅킹을 통해 이루어지고 있다. 인터넷뱅킹은 단순히 은행업무의 간소화 차원을 떠나 은행 운영의 패러다임을 변화시키고 있다. 은행 운영의 패러다임은 오프라인 조직에 대한 축소를 가져오게 되고 온라인을 통한 다양한 서비스를 개발하고 제공하고 있다.

최초의 인터넷뱅크(인터넷전문은행)는 미국의 SFNB(Security First Network Bank)이다. 2000년대 미국을 비롯하여 영국, 일본 등에 인터넷전문은행이 설립되었으나 인터넷에 대한 고객의 신뢰 부족, 수익모델 부재 등으로 활성화 되지 못했다. 인터넷전문은행은 기존 오프라인 은행이 점포를 가지고 은행 업무를 수행하는 것이 아닌 온라인을 통해 은행업무를 수행하는 것이다. 은행계좌를 은행 점포에서 개설하는 것이 아니고 온라인을 통해 계좌를 개설하고 모든 업무를 온라인을 통해 수행하며 시간에 제약 없이 24시간 은행업무를 하는 것을 특징으로 한다.

'인터넷뱅킹과 인터넷뱅크의 차이는 무엇인가?' 결론부터 얘기하면 인터넷뱅킹과 인터넷뱅크(인터넷전문은행)는 차이가 없다. 인터넷뱅킹과 인터넷뱅크의 차이는 단지 계좌를 온라인으로 개설하느냐 여부이다. 인터넷뱅킹은 지점에서 계좌를 개설한 후 온라인을 통해 은행 업무를 하고 인터넷뱅크는 처음부터 온라인을 통해 계좌를 개설하는 것이다. 그 외 비즈니스모델은 같다. 최근 국내 금융당국에서 2017년부터 특별한 경우를 제외하고 은행의 모든 계좌에 종이통장을 없앴다고 발표하였다. 종이 통장이 없다는 것은 결국 인터넷뱅크와 다르지 않다는 것이다. 인터넷뱅킹과 인터넷뱅크의 사업구조가 차이가 없음에도 인터넷뱅크가 이슈화되는 이유는 어떤 비즈니스모델이 나오는가 이다. 이는 인터넷뱅킹은 은행들이 가지고 있는 기술이라고 평가하는 반면 인터넷전문은행은 새로운 기술이 도입된 비즈니스모델이 나올 것이라는 기대감을 가지고 있기 때문이다. 이런 기대감으로 인터넷뱅크(인터넷전문은행)에 대한 기대와 관심이 많은 것은 사실이지만 고객은 고객의 요구에 맞는 상품(서비스)을 제공하는 기업이 있다면 그 기업이 은행(인터넷뱅킹)이든 인터넷뱅크(인터넷전문은행)이든 상관하지 않는다. **인터넷뱅킹이든 인터넷뱅크든 고객의 요구에 맞는 상품(서비스)을 제공하는 기업이 금융시장을 지배하게 된다.**

냉장고도 인간형로봇이 될 수 있다.

"인간형로봇만이 나만의 비서가 될 수 있는 것은 아니다."

Chapter 4 기업은 살아남아야 한다

    4차 산업기술에서 사물인터넷, 인공지능, 음성인식기술, 얼굴인식기술 등 다양한 기술이 개발되고 발전하고 있다. 4차 산업시대에는 한가지 기술만 적용된 제품이 아닌 다양한 기술이 하이브리드된 제품 주를 이룰 것이다. 최근 주목 받고 있는 제품이 인간형 로봇이다. 인간형 로봇은 인간과 유사한 외형의 로봇에 인공지능과 사물인터넷, 음성인식기술 등과 통신기술을 하이브리드 시켜 마치 로봇이 사람처럼 서비스하게 하는 제품이다. 인간형 로봇시장이 활성화되고 가격이 저렴해지면 스마트폰처럼 필수품이 될 가능성이 매우 높아 진다. 만약 이처럼 인간형로봇시장이 형성된다면 시장규모와 가치는 상상을 초월할 것이다. 여기서 우리가 곰곰이 따져봐야 할 것이 있다. 인간형로봇을 사람의 서비스를 대신하는 면에서 보면 디자인과 기능 모두 가치가 있다. 하지만 기능면에서 보면 다른 물건들은 인간형로봇이 가지는 기능이나 역할을 할 수 없는 것인가 하는 것이다. 인간형로봇을 사용하는데 있어 기계가 가지는 두 가지 한계가 있다. 첫째는 전원 문제이다. 전원이 켜있으면 작동을 하지만 전원이 없으면 동작을 할 수 없는 것이 기계가 가지는 근본적인 한계이다. 이렇듯 24시간 또는 전원에 문제없이 서비스가 가능해야 기능을 제대로 할 수 있다. 둘째는 휴대여부이다. 인간형로봇의 크기는 사람만큼은 아니어도 1미터 이상의 크기는 될 것이다. 이럴 경우 휴대에 문제가 있다. 만약 집, 사무실, 제3의 장소 등 다양한 장소에 인간형로봇이 있지 않거나 휴대가 불편하다면 사용에 한계를 가질 수 밖에 없다. 만약 인간형로봇이 상용화 되기 전에 이를 해결 할 수 있다면 인간형로봇보다 먼저 시장을 선점할 수 있을 것이다.

    2017년 'IFA(International Funkausstellung, 베를린국제가전박람회)의 화두는 인공지능과 사물인터넷이었다. 여기서 한 가전업체는 냉장고를 허브(중심)로 로봇청소기, 온

도조절, 조명, 현관문 등 집안 내 모든 장치를 컨트롤하는 스마트홈 시스템을 만들겠다고 발표했다. 여기서 주목해야 할 내용은 이런 기능을 어떤 제품이 컨트롤하느냐다. 이 가전업체는 스마트홈의 컨트롤 기능을 냉장고에게 부여했다. 이런 컨트롤기능을 과연 냉장고만 할 수 있는가? 아니다. 어떤 물건에서도 가능하다. 이 가전업체가 냉장고에 컨트롤기능을 부여한 것은 24시간 전원이 켜있기 때문이다. 다른 제품들은 순간적이거나 일시적으로 작동하는 것으로 24시간 전원이 필요 없는 기기들이다. 이렇게 스마트홈 기능의 허브 역할을 하는 냉장고와 4차 산업시대 새로운 시장으로 부각되려고 하는 인간형로봇과의 기능 차이가 무엇이고 냉장고는 인간형로봇을 대신할 수 없는가 하는 것이다. 충분히 대신할 수 있다. 이유는 간단하다. 냉장고는 전원이 항상 켜있을 확률이 높다. 그리고 냉장고와 인간형 로봇 모두 휴대하기 어렵다. 설령 인간형 로봇이 발전하여 사람처럼 이동이 자유로울 수는 있겠지만 시간이 필요한 기술이다. 이렇게 되면 조건은 같아진다. 다만 인간형로봇기능을 냉장고가 할 수 있으면 가능하게 된다. 냉장고의 스마트홈 기능에 인공지능기술, 음성인식기술, 통신기술 등을 결합하면 인간형로봇이 할 수 있는 기능을 할 수 있다. 만약 아침 모닝 콜을 해놓고 시간이 되면 음성으로 깨우고 아침 뉴스 또는 정보를 음성으로 전달하고 거리가 떨어져 있어 소리를 듣지 못한다면 스마트폰 등 음성 전달가능 통신기기와 연동하면 충분히 가능하게 된다. 이렇게 되면 냉장고가 인간형로봇의 기능과 역할을 할 수 있게 된다. 이렇게 되면 냉장고와 인간형로봇의 차이는 단지 디자인이 사람을 닮았는지에 대한 차이일뿐이다.

냉장고가 인간형로봇이 될 수 있다면 다른 제품은 불가능한가 이다. 모든 제품이 가능하다. 인간형로봇의 기능과 역할은 스탠드도 가능하고 장난

Chapter 4 　기업은 살아남아야 한다

감도 가능하고 어떤 제품이어도 가능할 수 있다. 인간형로봇은 이런 기능을 위해 특화된 제품으로 준비하고 있지만 기존 제품에는 4차 산업기술을 하이브리드해서 기능을 하도록 하면 가능하게 된다. 이런 기능을 추가하든 새로운 디자인의 제품을 만들든 중요한 것은 시장선점이다. 먼저 이런 기능이 있는 제품을 출시하고 시장을 선점하면 고객들은 쉽게 제품을 바꾸기 어렵고 비록 전혀 다른 업종에 있는 제품이어도 시장에 참여하거나 시장을 선점하는데 불가능하지 않은 것이다. 오히려 인간형로봇 기업들이 시장을 고민할 때 시장에 참여하여 선점하는 것이 중요하다.

제주도에도 자동차공장을 만들 수 있다.

"4차 산업혁명은 공장의 패러다임을 바꾸는 것이기 때문이다."

어떤 지역에 공장을 건설하기 위해서는 많은 고려사항들이 있다. 시장이 있는지? 물류비 등 제조원가를 최소화 할 수 있는지? 지역사회의 반대가 없는지? 등 고려사항이 너무 많다. 이런 이유로 환경을 최우선으로 하는 제주도에 자동차제조 공장이 들어선다는 것은 생각하기 어려울 수 밖에 없다. 왜냐하면 자동차공장이라고 하면 먼저 몇백만평 부지에 많은 인력이 있어야 하고 몇 조원의 자금이 필요로 하는 거대한 공장이 고작 인구 65만 명과 서울의 3배 정도 크기의 제주도에 가능할까 라는 생각을 가지고 있기 때문이다. 이런 생각은 4차 산업시대에서는 통하지 않는다. 먼저 기존 자동차공장은 대량생산을 위한 공장이다. 대량생산을 위한 공장은 한가지 제품을 생산하기 위한 공장이다. 자동차공장은 자동차만을 생산하기 위한 공장이고, 가전제품공장은 가전제품만을 생산하기 위한 공장이다. 이렇듯 공장은 제품 생산을 위해 정형화 되어 있고 한 가지 물건을 대량으로 생산하기 위해 최적화 되어 있다고 할 수 있겠다. 이런 방식은 4차 산업시대에는 의미 없는 방식이 된다. 4차 산업혁명은 공장의 패러다임을 바꾸는 것이기 때문이다.

   제주에 어떻게 자동차 공장이 생길 수 있을까? 과연 채산성은 맞출 수 있는지? 얼마의 규모와 얼마나 생산이 가능한지? 궁금해 할 것이다. 결론부터 제주도에 자동차공장을 만들 수 있다. 이게 가능한 것은 마이크로팩토리(Micro Factory)라는 공장이 있기 때문이다. 마이크로팩토리의 가장 큰 경쟁력은 3D프린터이다. 제주도에 3D프린터를 이용한 자동차공장을 건설하는 것이다. 자동차도 내연기관 자동차, 전기자동차, 하이브리드 자동차 등 여러 종류가 있다. 여기서 가장 경쟁력이 있는 것이 전기자동차이다. 내연기관 자동차와 하이브리드 자동차는 엔진을 사용하는데 이에 대한 개발 및 비용이 너무 많이 들어가기 때문이다. 이에 반해 전기자동차는 배터리를 에너지로 하여 모터로 운행하기 때문에 엔진보다 경쟁력을 가질 수 있다. 또한 전기자동차는 내연기관자동차에 비해 모듈화가 용이하여 많은 부품을 줄일 수 있는 장점을 가지고 있기도 하다. 3D프린터를 이용하여 자동차 차체를 만들고 배터리, 구동장치, 파워트레인 등 모듈화된 부품을 조립할 경우 전기자동차 생산이 가능하다. 자동차는 광택을 내기 위해 도장(塗裝)을 하게 된다. 도장을 하게 되면 상당량의 오염 물질이 발생하고 그로 인한 환경문제가 발생할 수 도 있다. 이를 필름으로 도장을 대신하여 충분히 해결할 수 있다.

Chapter 4 기업은 살아남아야 한다

　마이크로팩토리를 건설하고 전기자동차를 생산 할 경우 제주도에 시장이 있느냐 하는 문제이다. 제주도의 자동차 등록대수는 38만 여대이다. 하지만 실제로 제주도에서 운행하고 있는 자동차(승용차)는 약 30만대 정도이다. 자동차 등록 성장률을 고려하지 않고 단순히 자동차 사용연수를 15년으로 가정하면 연간 약 20,000대의 자동차 수요가 있다고 할 수 있다. Micro Factory에서 연간 생산 가능한 자동차가 약 2,500대 수준이므로 제주도 자동차 수요의 약 12.5%를 감당할 수가 있는 것이다. 역으로 얘기하면 제주도에서 자동차를 생산하고 제주도 자동차시장 수요만으로도 공장가동이 가능하다는 것이다. 만약 수요가 많으면 3D프린터만 추가하면 되고, 수요가 적으면 3D프린터를 줄이거나 외부로 판매를 하면 된다. 외부로 판매할 경우 물류비가 추가로 부담될 수는 있지만 결코 원가에 상당부분을 차지하는 것이 아니기 때문에 경쟁력에는 문제가 없다고 할 수 있다. 4차 산업시대에는 과거 상상하지 못했던 일이 현실화되고 있고 이를 실현할 수 있는 해결책이 대두되고 있는 것이다.

Chapter

5

4차 산업혁명시대 비즈니스모델

4차 산업혁명시대 비즈니스모델

* * *
* * * * *

"사업가가 바라보는 사업화 가능한 비즈니스모델"

  4차 산업혁명이 이슈가 되면서 많은 의견들이 나오고 있다. 특히 기술관련 내용들이 주를 이루고 있지만 사업적인 측면에서 대안을 제시하는 것은 부족한 것 같다. 사업가 입장에서 바라보는 시각보다 원론적이고 기술적인 측면에서 바로 보는 시각이 대부분이다. 나는 4차 산업시대 기업의 생존전략의 방향을 제시하고 사업화 가능한 비즈니스모델을 제시하여 기업활동에 돌파구가 되었으면 한다. 나는 대기업과 기업 경영 경험을 통해 얻은 지식을 기업가의 관점에서 생존을 고민하고 비즈니스모델을 제안하고자 한다.

  4차 산업혁명에서 중요한 것은 기술혁신이지만 이보다 중요한 것은 아이디어와 비즈니스모델이다. 많은 기업들이 기술혁신에 매달리고 있는데 기술혁신이 중요한 것은 사실이나 기술혁신이 생존을 보장하지는 않는 것이다. 이유는 기술혁신에 매달리게 되면 기술혁신을 했으니 할 것 다했다

Chapter 5 | 4차 산업혁명시대 비즈니스모델

는 식의 자기 안주에 빠질 수 있고 4차 산업기술은 다양한 기술이 나타나고 다른 방식으로 인프라가 구축이 되면 현재의 기술은 아무 소용이 없어지기 때문이다. 또한 아이디어와 비즈니스모델은 쉽게 모방이 가능하지만 시장을 선점했을 때 다른 산업과 달리 후발주자가 쉽게 진입하기 어려운 특징이 있어 아이디어와 비즈니스모델을 가지고 시장을 선점하는 것은 매우 중요하다. 나는 3D프린터로 무인자율주행전기자동차를 제작하는 미국의 로컬모터스(Local Motors)와 일을 하면서 4차 산업혁명시대에 꼭 필요한 핵심역량에 대해 파악할 수 있게 되었고 새로운 패러다임을 만드는 과정을 함께 하면서 4차 산업의 핵심역량을 다른 기업과 공유하고 발전할 수 있다는 확신을 가지게 되었다.

"강한 기업이 살아남는 것이 아니고 살아남는 기업이 강하다."

과거든 현재든 모든 기업은 지속가능을 위해 최대한 노력을 기울인다. 아무리 우량한 기업도 불확실성이 심화되는 요즘에는 쉽게 지속가능을 확신하기 어려운 시대인 것이다. 4차 산업시대는 IT기업이 기술과 비즈니스모델을 만들고 다른 산업에 있는 기업들이 뒤를 따라 가는 모양새가 되고 있다. 일반 기업은 하드웨어에는 강하지만 IT기술에는 상대적으로 약해서 자연스럽게 IT기업이 주도하는 모양새가 되고 있는 것이다. 이런 모양새는 IT기업은 다른 산업으로 시장진입이 가능해지게 하는 반면 다른 산업의 기업은 IT산업 진출이 어렵고 반대로 자기 산업의 진입장벽을 낮아지게 하는 결과가 되고 있다.

지금은 4차 산업혁명이 시작하는 시기이다. 많은 기업들이 과거 프로세스와 방법에 익숙해져 있어 기업이 변화하기는 매우 어렵다. 과연 '변화하지 않고 생존할 수 있는 방법은 없는가?' 이 질문에 대한 대답은 '변화 없이 생존하는 것은 불가능하다'이다. 이유는 4차 산업혁명에서는 기술혁신뿐 아니라 패러다임이 변화하기 때문이다. 사회의 패러다임이 변화하는데 기업이 변화 없이 생존하기는 불가능 하기 때문이다. 4차 산업시대에서는 산업간 동일업종간의 경쟁이 아니다. 4차 산업시대의 경쟁자는 동일업종이나 유사업종의 기업뿐 아니라 전혀 다른 업종의 기업까지 경쟁자가 될 것이다. IT기업이 금융서비스기업이 되고 은행이 IT기업이 되고 건설회사가 제조기업이 되는 시대가 4차 산업시대이다. 이렇듯 다양한 기업이 다양한 분야에서 경쟁하게 될 것이다. 다양한 기업들과 경쟁을 해야 하는 기업은 단순히 강한 기업을 추구하기 보다 지속 가능한 기업이 될 수 있는 비전과 방향을 갖도록 해야 한다.

"기업은 최소의 자원으로 준비해야 한다."

4차 산업시대가 다가 오면서 많은 기업들은 적응하는데 많은 혼란을 느끼고 있다. 이는 당연하다. 과거 많은 산업혁명을 겪으면서도 똑같은 혼란이 있었을 것이다. 이는 확실성에 대한 믿음이 없기 때문이다. 이런 확실성은 비용 문제와도 상관이 있다. 만약 1억을 투자해도 부담이 없는 기업과 100억을 투자해도 부담이 없는 기업은 불학실성을 준비하는데 당연히 차이가 날 수 밖에 없다. 그렇다고 해서 아무리 거대기업이라고 해도 많은 자원을 불확실성에 투자할 수는 없다. 만약 실패할 경우 생길 수 있는 문제도 고민해야 하기 때문이다.

Chapter 5 4차 산업혁명시대 비즈니스모델

어떤 기업이라도 4차 산업시대를 대비하기 위해서는 최소의 자원으로 준비하려고 할 것이다. 최소의 자원이란 과연 무엇인가? 최소의 자원은 기업이 가진 자원 중 효율적으로 운영할 수 있는 자원을 의미한다. 예를 들어 100명의 인력이 있다. 이 중 경영혁신이나 기술 혁신을 통해 30%의 인력 감축이 가능하다고 가정하자. 이럴 경우 30% 인력을 구조조정을 통해 감축할 것인가 아니면 일정인력을 다른 업무로 준비하게 할 것이냐는 경영자 선택의 몫이다. 하지만 어느 기업이든 5% 정도의 인력은 충분히 다른 업무를 준비할 수 있게 하는 범위가 된다. 이런 운영 범위안에 있는 인력으로 활용이 가능할 것이다. 다음은 비용에 대한 문제이다. 가용인력에 대한 비용은 고정비에 포함되어 있다. 결국 기업의 경쟁력을 높이는 비즈니스모델이나 새로운 비즈니스모델을 준비하는데 필요한 비용인데 이는 운영할 수 있는 자원 중 경영 부담이 없는 범위에서 시도할 수 있다. 인력에 대한 비용이 해결된 상태에서 여러 가지 다양한 대안은 충분히 고려할 수 있고 이를 구현하는데 필요한 비용은 선택과 집중을 통해 결정하면 된다.

1) 금융업의 비즈니스 모델

"금융업의 중요한 기준인 '신뢰'가 무너졌다."

금융을 한마디로 하면 돈의 흐름이라고 하겠다. 국가에서 금융기업으로 금융기업에서 개인이나 기업으로 흘러가고 반대로 개인이나 기업에서 금융기업에 흘러가고 금융기업에서 다시 국가로 흘러간다. 이런 모든 돈의 흐름이 금융이다. 이런 금융을 거래하는 시장이 금융시장이다. 금융시장은 소위 돈을 다루는 시장이다. 돈을 다룬다는 것은 개인은 재산, 기업은 자산, 국가는 재정 등 경제적 가치와 밀접한 관계가 있어 매우 중요한 시장이다.

금융시장은 일종의 무형의 상품(서비스)이 거래되는 시장으로 상호간 '신뢰'가 중요한 기준이 된다. 이런 신뢰는 오랫동안 국가가 보증하고 금융기업이 업무를 하면서 가져온 관습에 가까운 비즈니스모델이다. 그리고 이런 모델은 보험, 증권 등 다양하게 확대되고 발전해도 기본 프로세스는 변화하지 않고 유지되었다. 하지만 이런 신뢰가 붕괴된 사건이 두 번 있었는데 하나는 1990년대 중반 IMF 사태이고 다른 하나는 2008년 금융위기이다. 이 사건으로 국가(아일랜드, 그리스 등)가 금융에 대해 책임을 질 수 없다는 사례가 나오고 국가의 불확실성이 금융에 영향을 미칠 수 있다는 것을 보여주었다. 이는 금융 프로세스에 대한 불확실성과 불신을 가지게 했다.

"고객이 안정성만을 중요하게 생각하다고 판단하는 금융기업이 있다면 잘못된 생각이다."

금융기업들이 생각하는 금융시장의 본질은 '안정성'이라고 생각한다. 금융은 고객이 돈을 거래하는 것이기 때문에 금융기업의 안정성이 떨어지면 고객은 외면할 것이고 안정성이 확보되면 고객은 존재할 것이라고 주장한다. 이 주장은 옳아 보이지만 미래에는 완전히 틀렸다. 고객은 안정성 있는 금융기업을 선호할 수 있다. 하지만 안정성을 전적으로 신뢰하지 않는다. 국가가 보증이 안되고 은행, 보험, 증권사 등 금융기업이 파산한 경험을 가진 고객들이 더 이상 금융기업의 '안정성'을 신뢰하지 않는다. 아무리 큰 금

Chapter 5 | 4차 산업혁명시대 비즈니스모델

융기업도 파산할 수 있고 우량 금융기업도 영원할 수 없다는 것을 고객들은 알게 된 것이다. 중요한 것은 이런 고객의 변화를 금융기업이 인정하고 준비해야 한다는 것이다. 만약 아직도 고객이 안정성으로 금융기업을 선택한다고 생각한다면 그 금융기업은 '혁신가의 딜레마'에 빠져 있고 4차 산업시대에 생존할 수 없게 된다. 금융기업의 안정성이 중요하지 않다는 이유는 금융기업의 안정성이 중요하지 않은 것이 아니라 금융기업이 망할 수 있다는 것을 경험 했고 온라인에 대한 신뢰도가 높아졌기 때문이다. 이 말은 고객은 안정성에 대한 학습을 통해 자신의 돈을 지킬 수 있는 방법과 대안을 가지고 있고 돈(자산)을 지킬 수 있는 방법과 대안을 온라인을 통해 해답을 찾고 있기 때문이다.

국내에서 카카오톡을 통한 송금이 가능하다. 과연 고객은 은행을 통한 송금과 카카오톡을 통한 송금 방법 중 어떤 방법이 더 안전하고 효율적이라고 생각할지는 주목할 필요가 있다. 은행과 카카오 중 어쩌면 카카오를 더 크게 신뢰하는 고객들도 있을 것이다. 그렇지 않다고 해도 은행과 카카오톡 어디를 통해 송금하더라도 안정성에 대해서는 큰 차이가 없다고 생각할 것이다. 그리고 여기에는 비용이 발생한다. 비슷한 신뢰도에 비용의 차이가 있다면 고객은 어떤 송금 방식을 선택할지는 크게 고민하지 않아도 될 것이다. 당연히 저렴한 비용을 선택할 것이다. 그럼에도 아직도 안정성이 은행의 경쟁력이라고 생각하는 은행 임직원이 있다면 문제가 아닐 수 없다. 비록 아직은 은행에 비해 서비스의 한계가 있는 것은 사실이지만 **환경이 조금만 변하게 된다면 다시는 은행으로 고객을 되돌릴 수 없게 된다.**

"온라인으로 인한 금융시장의 변화가 금융기업의 생존을 결정한다."

금융시장의 변화는 과거와 달리 기술혁신으로 촉발되고 있다. 많은 사람들은 금융시장이 가장 보수적이고 변화가 적은 시장으로 평가하고 있다. 맞는 얘기이다. 돈을 다루는 시장에서 손실발생은 치명적이기 때문에 보수적이고 변화를 두려워 할 수 밖에 없는 것이 사실이다. 하지만 4차 산업시대에는 금융시장의 변화는 불가피 할 수 밖에 없다. 금융기업의 신뢰가 무너지고 4차 산업기술로 국경이 낮아지는 환경에서 금융시장은 변화하고 있고 변화의 내용과 강도는 가늠하기 어려울 정도이다. 금융시장의 변화 중 가장 두드러진 특징은 온라인화이다. 금융시장의 온라인화는 금융시장의 변화를 주도하고 있고 가속화시키는 도구이기도 하다. 아이러니하게도 IT기술혁신에서 시작된 온라인의 영향은 금융시장의 패러다임을 바꾸는 계기가 되었고 이런 패러다임에 준비하지 못하는 금융기업은 금융시장에서 생존하지 못하게 된다.

금융기술이 가장 먼저 사업화에 도입된 대표적인 비즈니스모델은 인터넷뱅킹과 HTS(홈트레이딩시스템, Home Trading System)이다. 인터넷뱅킹과 HTS는 개발 된지 시간이 오래되어 과거의 기술로 보기 쉽지만 아직도 개발되고 진화하는 기술이다. 최근 빅데이터와 인공지능을 결합한 로보어드바이저(Robo-advisor)가 개발되면서 금융시장에 4차 산업기술 도입 경쟁에 기름을 끼얹은 형국이 되었다. 금융시장에서 금융기술은 모두 온라인을 기반으로 진행되고 있다. 금융기술은 IT기술을 기반으로 한다. 만약 핀테크란 용어가 4차 산업혁명이라는 용어보다 먼저 나왔다고 해서 4차 산업금융기술을 핀테크로 이해하고 있다면 착각이다. 핀테크가 4차 산업금융기술 중 한 분야이기는 하지만 패러다임의 변화까지 주도할 수 있는 범위가 아니기 때문이다. 특히 금융기업은 핀테크를 주도한다고 판단하기 때문에 더욱 그렇다. 4차 산업

Chapter 5 4차 산업혁명시대 비즈니스모델

금융기술은 어느 한 기업이나 산업에서 주도할 수 있지 않기 때문이다. 금융기업이 금융기술을 주도하고 있다고 생각하면 착각이다. 국내 IT기업들이 대부분 중소기업으로 아직은 금융기업에 대적하기는 어렵지만 거대 IT기업이 금융시장에 뛰어들게 되면 상황은 급변하게 될 것이다. 그 사례가 카카오뱅크이다. 한국에서도 4차 산업기술과 거대기업은 금융시장을 변화시킬 것이며 이런 변화는 오래지 않아 금융기업의 생존에 까지 영향을 끼치게 될 것이다.

과거가 미래를 예측한다.

"노튼힐 사례 공유"

2000년 초 인터넷이 확대되면서 금융포털플랫폼을 지향한 노튼힐(www.notenhill.com)이라는 기업이 있었다. 노튼힐은 금융포털플랫폼(Portal Plotform)을 지향하면서 웹사이트를 런칭하였다. 노튼힐은 주식정보제공, 보험, 은행, 투자, 게임 등 5개 웹사이트를 종합하는 하나의 대표 브랜드로 5개 금융서비스를 통합하여 제공하는 금융포털 사이트이자 금융플랫폼이었다. 노튼힐은 각각의 웹사이트는 물론 노튼힐이라는 금융포털 도메인 외에 별도의 도메인을 통해 접속이 가능하도록 되어있었다.

노튼힐은 주식정보제공사이트인 스탁노트가 있었다. 스탁노트는 고객에게 주식정보를 제공하고 그와 관련된 콘텐츠를 서비스하는 웹사이트였다. 인슈노트는 보험상품(서비스) 판매 사이트였는데 당시 대다수 보험관련 웹사

(노튼힐 사업구조)

이트의 주요 사업모델인 자동차보험 비교견적서비스가 아닌 개인 맞춤보험 웹사이트였다. 손,생보 보험사의 대리점으로 등록하고 개인별 자산과 위험을 평가하여 보험상품을 제공하는 모델이었다. 뱅킹노트는 은행의 사이버지점이었는데 은행대출업무를 온라인으로 진행하려는 모델이었다. 엔조이노트는 음반투자펀드 모델로 현재 크라우드펀딩과 유사한 비즈니스모델이었다. 마지막으로 포인트노트는 주식투자게임으로 주식 시작 전 주식시장에서 상승할 종목과 하락할 종목 5개를 선택하고 선택한 종목의 수익률(하한가 예측은 절대값으로 환산하여 수익률 적용)을 비교하여 1등에게 일정금액을 주는 금융게임 웹사이트였다. 포인트노트는 일정금액(예시: 1일 1,000원)을 지불하고 게임에 참여하는 유료게임이었다. 노튼힐은 단순히 하나의 비즈니스모델을 구현한 웹사이트가 아니라 다양한 비즈니스모델을 구현한 금융포털플랫폼이었다.

Chapter 5 4차 산업혁명시대 비즈니스모델

이런 노튼힐이 실패한 요인은 첫째 기술력이 부족이었다. 노튼힐은 금융플랫폼을 통해 개인맞춤금융컨설팅을 비즈니스모델로 시작하였지만 개인별 맞춤서비스가 가능한 알고리즘개발에 실패하였다. 하지만 4차 산업시대에는 빅데이터, 인공지능 등 다양한 4차 산업기술을 사용하여 맞춤서비스가 가능하게 되었다.

둘째 수익모델의 부재였다. 금융포털을 운영하면서 만들어지는 수익모델은 각 웹사이트 별로 상이 했는데 주식정보제공사이트인 스탁노트에서는 광고수익, 보험사이트인 인슈노트에서는 보험판매 수수료 수익, 은행사이트인 뱅킹노트에서는 대출 수수료 수익, 펀드모집 사이트인 엔조이노트에서는 투자수익 및 펀드 모집수수료 수익, 주식게임 사이트인 포인트노트에서는 게임참여 유료화 및 증권사에 제공하는 정보이용료였다. 하지만 광고수익은 미미했고 보험과, 은행사이트는 제휴로 런칭을 하기는 했지만 법률적 제약 등으로 인해 실제 금융상품 판매가 이루어지지 않았다. 엔조이노트는 수익률이 높지 않았고 포인트노트는 정액(定額) 상금제도로 인해 손익분기점을 맞추지 못했다. 포인트노트의 수익모델은 유료화를 통한 수익모델인데 참여자 비율로 상금을 지불하는 것이 아닌 정액으로 지불하는 것이었다. 정액으로 지불하기 위해서는 매일 유료회원이 800명 이상 참가해야 하는데 참여자가 그에 미치지 않아 손익분기점을 넘기지 못한 것이다. 그리고 다른 수익모델은 게임에서 얻어진 투자의 내용을 증권사에게 전달하여 매도, 매수 종목을 미리 예측할 수 있도록 하는 것이었지만 참가자 수가 적음에 따라 이 수익모델도 실패했다.

셋째는 콘텐츠 생성의 오해였다. 인터넷 사용자들은 다양한 정보를 얻기를 원하는데 이에 대한 콘텐츠 제공이 필요했다. 초기 양질의 하드웨어를 구축하면 콘텐츠 생성이 용이할 것이라는 오해가 있었다. 콘텐츠는 하드웨어가 생성하는 것이 아니고 사람이 생성하는 것임에도 불구하고 하드웨어에 집중하였다.

넷째는 인터넷 사이트에 대한 신뢰도가 부족했다. 고객은 무료정보, 다양한 콘텐츠 등을 요구하지만 인터넷을 통한 금융상품에 대한 구매를 하지 않았다. 여러 법과 제도들로 인해 다양한 상품을 제공하지도 못했고 그에 대한 고객의 신뢰도 부족했다. 결국 이는 인터넷기업에 대한 신뢰가 부족했기 때문이다.

금융포털플랫폼을 구축하라.

"시장은 금융산업별 접근보다 전체적으로 이용할 수 있는 금융플랫폼을 요구한다."

온라인의 기능은 다양하고 복합화 되고 있고 금융시장이 요구하는 시스템은 **금융포털플랫폼**(Portal Plotform)**이다**. 금융시장은 금융상품(서비스)을 이용할 수 있는 공간을 요구하는 것이다. 플랫폼(Plotform)과 포털(Portal)의 차이는 플랫폼은 공급자와 사용자를 연계하는 장소인 반면 포털은 인터넷 웹사이트의 관문이라 할 수 있다. 웹사이트에서 포털의 의미는 매우 크다. 인터넷에서 포털사이트라고 하면 다양한 서비스를 한 곳에서 제공 받을 수 있는 사이트를 말한다. 국내 대표적인 포털사이트는 네이버와 다음이다. 네이버와 다음은 정보검색 및 메일서비스를 기반으로 전자상거래, 게임, 문화 콘

Chapter 5 | 4차 산업혁명시대 비즈니스모델

텐츠 등 다양한 서비스를 제공하고 있다. 네이버와 다음 공히 포털 내 금융카테고리를 만들고 서비스를 제공하고 있다. 하지만 별도의 금융포털이 아닌 인터넷 포털사이트에서 하위카테고리로 있는 것은 금융시장에 대응하기에는 부족하다. 고객은 금융전문포털에 비해 인터넷 포털사이트에서 하위카테고리로 있는 금융콘텐츠는 전문성이 부족할 것이라고 생각하기 때문이다.

금융시장에서 금융포털플랫폼의 기능은 매우 중요하다. 고객은 금융거래를 전문으로 하는 온라인 금융상품(서비스) 플랫폼을 필요로 한다. 이 플랫폼은 금융상품 전자상거래 기능, 금융소프트웨어서비스, 커뮤니티 등 다양한 서비스가 가능한 금융플랫폼이어야 한다. 이런 금융전문플랫폼이어야 경쟁력을 가지게 된다.

"금융플랫폼은 한 분야에 국한되어서는 안되고 모든 금융분야의 상품(서비스)이 제공되어야 한다."

온라인 초기에 시도 되었던 비즈니스모델이 최근 모바일과 인터넷을 이용한 새로운 비즈니스모델로 준비되고 진행되고 있다. 최근 금융비즈니스모델은 갑자기 만들어진 모델이 아니라 인터넷 도입 초기부터 진행되어 왔다. 이런 초기 모델을 분석하고 문제점을 해소하고 최근 흐름에 적합하도록 리모델링 한다면 효과적으로 금융시장에 진출 할 수 있다. 이러한 과거 실패사례를 분석해 보면 금융플랫폼은 금융영역(은행, 보험, 증권 등 개별영역) 한 분야에 한정되어서는 안되고 은행, 증권, 보험, 펀드 등 다양한 금융상품이 제공되어야 하며 다양한 콘텐츠를 제공하여야 한다.

금융플랫폼에서 가장 필요한 콘텐츠는 정보의 비대칭을 해소할 수 있어야 한다. 이러한 정보의 비대칭은 소통을 통해 해결해야 하는데 일방(一方)이 아닌 쌍방(雙方)의 소통이 중요하다. 금융기업이 일방으로 고객에게 소통한다면 고객은 정보의 비대칭 해소가 아닌 정보의 왜곡으로 판단할 것이다. 일방의 소통은 금융기업이 자기 회사 금융상품을 광고하는 홍보 또는 마케팅 정보 이상으로 생각하지 않을 것이다. 이러한 문제는 자생적인 정보 생성을 통한 정보 공유가 필요하다. 정보소통을 위해 플랫폼에서 무작정 커뮤니티를 인정하라는 것은 아니다. 금융플랫폼에서 금융정보를 자연스럽게 소통하는 방법이 필요하다. 자연스럽게 금융정보를 전달하고 알기 쉽게 공유하게 하는 방법이 중요하다. 비록 잘못된 정보라고 하더라도 직접 잘못됐다고 하는 것보다 커뮤니티 안에서 이해되게 하는 것이 중요하다.

"고객은 금융플랫폼 사용에 한계를 가지므로 단계별 접근이 필요하다."

금융플랫폼 초기에는 고객의 사용 빈도나 이용규모에 한계를 가질 것이다. 이것은 당연한 현상이다. 익숙하지 않은 시스템을 쉽게 사용할 것이라면 그건 착각이고 바램이다. 초기에 고객이 가장 사용하기 편하고 기존에 사용했던 방법으로 접근해야 한다. 이렇게 해야 고객은 플랫폼 이용에 만족하는 경험을 하게 될 것이다.

송금 애플리케이션이 각광 받고 있다. 이유는 인터넷뱅킹 등을 통해 현금이 아닌 온라인으로 송금했던 경험이 있고 문자나 카카오톡으로 통해 이모티콘 등을 보낸 경험이 있기 때문이다. 또한 간편결제시스템도 기존에 신용카드로 결제 했던 방법을 신용카드 대신 모바일(스마트폰)로 변화한 것으로

Chapter 5 4차 산업혁명시대 비즈니스모델

고객은 사용도구(신용카드에서 스마트폰으로)의 변화만 있어 사용에 부담감이 적었던 것이다. 고객은 그에 따른 시스템의 변화는 알지도 못하고 알 필요도 없다. 금융플랫폼에서는 가장 중요한 것은 고객이 부담 없이 사용할 수 있는 콘텐츠 제공이다.

고객이 금융플랫폼에서 이용에 거부감이 적은 분야가 손해보험이다. 손해보험에는 자동차보험이 있다. 인터넷 도입 초기 자동차보험 비교견적 웹사이트는 지금까지 사용되고 있어 사용에 익숙하고 경험이 풍부하다. 온라인을 통한 자동차보험 경험은 금융플랫폼에서 고객에게 거부감 없이 접근할 수 있는 금융상품이다. 자동차보험이 고객에게 거부감이 적은 상품인 것은 맞지만 이를 활성화하고자 한다면 자동차보험 상품 구성을 변경해야 한다.

손해보험의 판매조직에서 자동차보험을 취급하는 조직은 크게 설계사와 대리점(GA대리점 포함)이 있다. 이들 판매조직은 자동차보험을 판매하는데 전문가라 할 수 있다. 이들 자동차보험 전문가도 보험회사의 전산 시스템이 교체되거나 변경되면 적응하는데 한참 걸리는 경우가 많이 있다. 아무리 좋은 차세대 시스템으로 변경해도 화면이 눈에 익지 않고 사용 경험이 없는 경우 실수가 발생하기 때문이다. 이런 이유로 판매조직은 시스템이 바뀌는 것을 선호하지 않는다. 고객도 마찬가지이다. 아니 고객은 이보다 심하다. 자동차보험의 전문가도 아니고 고작 1년에 한 번 정도 온라인으로 보험가입 하는 고객은 사용에 낯설 수밖에 없다. 이런 고객에게 금융플랫폼에서 설계사, 대리점들이 사용하는 정보를 입력하게 하고 사용하게 한다면 어떤 고객도 이를 쉽게 사용할 수는 없다. 금융플랫폼에서 금융상품은 단순화하여야 한다. 정보에 대한 입력을 최소화, 단순화 하여야 한다. 그리고 상품을 표준화하여 누구나 명확하게 보상범위를 인지할 수 있도록 하고 이에 대한 정보가 전달될 수 있도록 하여야 한다.

금융플랫폼을 런칭하는 경우 단계별로 오픈 하는 것이 필요하다. **금융플랫폼은 금융관련 서비스를 제공해야 하는데 고객이 원하거나 필요한 콘텐츠 위주로 단계별로 오픈 하는 것이다.** 시장과 고객의 요구가 적시에 제공될 수 있게 단계적으로 접근하는 전략이 필요하다. 초기 금융포털플랫폼은 판매 가능한 금융상품을 1차로 오픈 하고 커뮤니티를 중심으로 구성하게 한다. 금융플랫폼에서 중요한 것은 참여 금융기업의 수와 내용이다. 아무리 사용자수가 많아도 참여 금융기업의 수가 적다면 제공되는 금융상품과 서비스에 한계가 있을 것이고 그렇다면 고객은 굳이 계속 남아 있지 않을 것이다. 처음부터 모든 금융기업을 금융플랫폼에 제휴하기는 불가능하다. 하지만 사용자수가 증가하면 참여 금융기업은 저절로 증가 할 것이다. 이렇게 선순환 구조를 만드는 것이 중요하다. 이런 선순환 구조가 가능한지에 의문을 제기하는 사람들이 있다. 그런 문제 제기에 동감한다. 모든 금융플랫폼을 지향하는 기업이 이런 선순환 구조를 만들 수는 없다. 하지만 분명한 것은 시장에 먼저 참여한 기업이 후발로 참여한 기업보다 선순환 구조를 만들 확률이 높다는 것은 확신한다.

금융플랫폼에서 중요한 것은 시장선점이지 완벽한 시스템 제공이 아니다. 완벽한 시스템을 구축하느라 진입시기를 놓지는 우를 범해서는 안 된다. **완벽한 시스템 제공은 현실적으로 불가능하다. 고객은 움직이는 생물이다. 이런 움직임에 대응하는 적절한 시스템을 적기에 제공하는 것이 중요하다.**

Chapter 5 4차 산업혁명시대 비즈니스모델

"금융플랫폼은 상품, 서비스, 컨설팅, 커뮤니티가 모두 포함 되어야 한다. 이는 전문성, 편리성, 정보의 비대칭이 모두 해결되는 것이다."

금융플랫폼을 구성하는데 있어 크게 3개 부분으로 제안하고자 한다. 첫째는 금융상품쇼핑몰이고 둘째는 고객맞춤금융컨설팅(재무설계), 셋째는 커뮤니티 구축이다. 이렇게 구성하는 이유는 고객의 관점에서 보면 전문성, 편리성, 정보의 비대칭 해소이다. 고객에 대한 전문성은 고객의 자산에 대한 관리를 온라인을 통해 제공하고 고객의 편리성은 금융상품을 한 자리에

(금융 플랫폼 비즈니스 모델)

서 비교 할 수 있게 하고 은행, 보험, 주식, 카드 등 금융관련 업무와 정보가 한자리에서 해결될 수 있게 하는 것이다. 정보의 비대칭 해소는 커뮤니티를 통해 다양한 정보와 이에 대한 검증이 될 수 있도록 제공하는 것이다. 금융플랫폼 관점에서는 수익이다. 금융플랫폼도 기업으로 이에 대한 수익이 있어야 한다. 금융포털플랫폼의 수익모델은 금융상품 판매에 따른 수수료, 유료 컨설팅(콘텐츠), 광고 수익 등 다양하게 만들 수 있다.

금융상품쇼핑몰이 있어야 한다.

"고객은 금융상품과 서비스를 한 장소에서 원스톱으로 이용할 수 있어야 하고 금융플랫폼기업은 수익을 얻는 수익모델이 필요한데 이 두 가지의 접점에 금융상품쇼핑몰이 있다."

금융플랫폼에는 금융상품과 서비스를 제공하는 금융상품쇼핑몰이 있어야 한다. 고객은 금융상품과 서비스를 한 장소에서 원스톱으로 이용할 수 있어야 하고 금융플랫폼기업은 수익을 얻는 수익모델이 필요한데 이 두 가지의 접점에 금융상품쇼핑몰이 있다. 금융상품쇼핑몰이 가져야 할 전제 조건이 있다. 첫째 한 금융회사의 상품과 서비스만을 제공해서는 절대 안 된다. 둘째 고객이 알고 싶어하는 정보를 모두 오픈 해야 한다. 셋째 고객의 사용에 최적화를 제공해야 한다. 넷째 커뮤니티를 통한 자유로운 소통이 되어야 한다.

첫째 한 금융회사나 금융그룹의 상품과 서비스만을 제공해서는 절대 안

된다. 한 금융회사, 금융그룹의 상품과 서비스만을 제공할 경우 금융플랫폼이 아닌 한 금융기업의 판매채널(웹사이트, 모바일 애플리케이션 등)로 전락한다. 플랫폼이 거대기업의 마케팅 채널보다 경쟁력이 있는 이유는 공급자가 하나가 아닌 다수라는 점이기 때문이다. 예를 들어 TV을 구매하려는 고객이 온라인쇼핑몰을 이용할 지, TV기업 전용 판매 채널을 이용할 지를 예상해보면 답이 나온다. 고객은 반드시 특정 TV기업 제품을 사용하겠다고 하지 않는다면 굳이 기업 전용 채널을 이용하지 않을 것이다. 만약 이를 이용한다면 다른 전자회사 제품을 알아보기 위해서는 다른 전자회사 채널을 방문하여 제품의 정보나 가격들을 확인해야 하기 때문이다. 금융상품도 마찬가지다. 한 금융기업 또는 금융그룹으로 한정할 경우 고객은 다른 상품 또는 금융기업과 비교가 불가능하고 선택의 폭이 한정 될 수 밖에 없기 때문이다.

둘째 고객이 알고 싶은 모든 정보를 공개해야 한다. 고객은 상대적으로 금융정보에 취약하다. 금융상품은 무형의 상품이고 서비스이다. 무형의 금융상품(서비스)은 원가를 산정하기 매우 어려운 구조를 가진다. 하지만 고객은 자기가 지불하는 금액이 적정한지에 대한 의문을 갖는다. 이러한 의문은 해소되어야 한다. 온라인은 오프라인에 비해 상대적으로 가격이 저렴할 것이라는 선입견이 있다. 동일한 상품이라면 당연히 온라인에서 가격이 저렴할 것이다. 금융상품에서 약간의 상품 구성의 차이가 가격의 차이로 직결되므로 이런 차이에 대한 정보가 없는 경우 오해가 발생 하고 신뢰에 문제를 일으킬 수 있다.

금융서비스에서 중요한 비용은 수수료이다. 수수료는 고객의 서비스에 대한 만족도에 따라 적정성에 의문을 제기하게 된다. 이런 문제를 해소하기 위해서는 최대한 고객이 이해할 수 있을 정도의 충분한 정보를 공개하라는 것이다. 이런 정보 공개가 혹시 경쟁기업이 이를 카피(모방)하여 상품을 출시할거라는 염려를 가질 수 있다. 금융산업 특성 상 금융상품에 대해서 상대기업이 카피가 용이하여 보호 받기 어려운 구조임은 사실이다. 하지만 IT기술을 이용한다면 보호받을 수 있다. 금융플랫폼은 IT기술을 기반으로 한다. IT기술은 특허로 기술을 보호 받을 수 있고 비즈니스모델 역시 특허로 보호 받을 수 있다.

셋째 고객사용에 최적화가 되어야 한다. 고객사용의 최적화는 고객위주의 시스템으로 접근해야 한다. 금융기업이 상품을 판매하기 위해서는 여러 가지 서류를 필요로 한다. 법적으로 필요한 서류도 있지만 관행적으로 또는 책임을 회피하고자 받는 서류도 있다. 금융기업은 대출심사를 하기 위해 여러 가지 서류를 징구해야 하고 확인하고 승인하도록 되어 있다. 금융플랫폼에서 이러한 업무절차를 동일하게 해야 한다면 어느 고객도 이용하지 않을 것이다. 금융기업이 동일한 업무절차를 하려고 하는 것은 위험에 대한 책임을 회피하려는 습성 때문이다. 반대로 금융기업이 가지는 위험을 감소시키면 그에 따른 업무절차도 감소하게 될 것이다. 예를 들어 초기 소액 대출을 통해 위험(리스크)을 감소시키고 경험을 토대로 대출 규모를 늘리는 방법을 단계적으로 고려하는 것도 대안이 될 것이다.

넷째 고객소통을 위한 커뮤니티 제공이다. 금융플랫폼은 금융상품(서비스)을 판매만을 목적으로 한다면 고객은 외면할 것이다. 고객은 자신이 구매한 상품이나 서비스가 적절한지 또는 구매 전 자신이 선택한 상품이 자신에게 적합한지에 대한 고민을 갖게 된다. 이런 자신의 선택에 대한 검증을 받기 원하고 더 나은 정보를 얻기 위해 커뮤니티를 원하게 된다. 이런 커뮤니티를 적극적으로 제공해야 한다. 커뮤니티를 적극적으로 제공하여 정보에 대한 소통이 가능하면 금융플랫폼의 신뢰도가 증가하고 이용자는 만족하고 지속적으로 이용하게 될 것이다.

"금융상품쇼핑몰은 다양한 금융상품 또는 서비스를 제공하는 오픈 마켓 형태가 바람직하다

금융플랫폼에서 금융상품쇼핑몰은 많은 금융기업의 참여를 유도하고 많은 금융상품을 판매할 수 있도록 해야 한다. 아무리 경쟁력 있는 전자상거래 쇼핑몰도 모든 기업의 상품을 취급할 수 없다. 금융플랫폼도 마찬가지이다. 하지만 될 수 있으면 많은 금융기업의 참여를 유도해야 한다. 고객은 모든 금융기업이나 상품을 비교하지 않는다. 하지만 자신이 선택한 상품이 비교가 잘 되었는지 확인하고자 한다. 이렇듯 고객은 선택과 비교가 가능할 정도의 참여가 없다면 금융플랫폼을 신뢰하지 않을 것이다. 금융기업(공급자)이 상품(서비스)을 제공하되 고객(수요자)이 다양한 선택을 할 수 있도록 많은 제휴 금융기업을 확보해야 하고 금융기업들이 자유롭게 진·출입이 가능하도록 오픈 마켓 형태 구조가 되야 하는 것이 바람직하다. 국내 금융기업은 경쟁 금융기업에 대해 배타적인 성향이 있다. 금융플랫폼에서 해당 금융기업 실적이 저조하거나 상대적으로 비교되는 것에 대한 부담이 있다. 이를 극복하기 위해서 해당 금융기업은 단순화된 상품과 해당 금융기업에 특화된 상품을 중심으로 제공하는 것이 타당하다. 금융기업은 다른 금융기업과의 비교 또는 검증에 대해 두려워할 경우 생존할 수 없게 된다는 점을 인정해야 한다.

고객맞춤형 포트폴리오(Portfolio)를 제공하라.

"온라인에 익숙한 고객이 금융상품(서비스)을 오프라인에서 구입할 것이라는 생각을 버려라."

고객이 금융에서 가장 중요하게 생각하는 부분은 고객자산에 대한 보호와 증식이다. 여기서 고객이라함은 개인뿐 아니라 기업까지 포함한다. 또한 자산에 대한 보호와 증식을 안정적이고 지속적으로 이루어 지기를 원한다. 금융고객은 이런 자신의 자산과 관련된 여러 금융서비스를 받기를 원한다. 또한 금융기업들은 PB을 대상으로 금융상품과 서비스를 제공하고 있다. 하지만 이런 금융서비스를 받기 위해서는 비용이 수반된다. 해외에서는 금융컨설팅에 대한 인식이 확고하다. 컨설팅은 곧 비용이라는 생각을 가지고 있고 비용에 대한 지불을 하게 된다. 국내에서는 은행과 증권사를 중심으로 PB(금융컨설팅)조직을 통해 서비스를 제공하고 있다. 하지만 국내에서는 금융컨설팅 서비스에 대해 비용으로 지불하기를 꺼려하고 금융기업도 컨설팅을 통한 비용보다 금융상품판매를 통한 수수료로 비용을 충당하려고 한다. 그럼에도 국내 금융고객은 서비스에 대한 대가로 비용을 지불해야 한다는 인식으로 많이 바뀌고 있다. 금융서비스는 고객에게 있어 매우 중요하다. 정보의 비대칭이 큰 금융산업에서 정확한 자산관리를 위해 전문가의 서비스는 매우 중요한 내용이다.

금융플랫폼이 발전하면 할수록 금융서비스에 대한 수요는 증가한다. 이런 수요증가를 오프라인에서 모두 해소하기는 어렵다. 고액자산가들은 고액의 자산을 기반으로 비용을 지불해도 수익을 통해 비용이 충당되지만 소

Chapter 5 4차 산업혁명시대 비즈니스모델

액자산가인 경우 서비스 제공에 대한 비용을 수익으로 대체하기는 어렵다. 금융서비스 비용의 상당부분은 인건비가 될 것이다. 금융전문가의 임금은 계속 상승할 것이고 이런 비용을 지불하기 위해서는 상당한 자산을 요구하게 될 것이다. 결국 금융서비스도 온라인과 오프라인으로 구분되어 발전하게 된다. 고액자산가들을 위한 금융서비스는 오프라인 조직을 통해 금융컨설팅으로 발전되지만 대부분 사람들은 온라인을 통한 서비스 수요로 이어져 온라인 수요가 증가 하게 될 것이다.

금융서비스가 온라인으로 이동하는 이유가 단지 비용의 문제만이 아니다. 온라인에 익숙한 고객들이 오프라인을 이용하기를 꺼리게 된다. 일상생활 대부분을 온라인으로 하는 세대가 금융서비스에 대해서만 오프라인 서비스를 이용하지는 않을 것이다. 여행을 가기 위해 숙박, 교통편 등 모든 일정과 서비스를 온라인으로 구매하고 일상생활에 필요한 용품을 온라인으로 구매하고 명품도 온라인으로 구매하는 등 온라인이 일상생활화 되고 있는 고객들이 금융 서비스와 금융상품 구매를 오프라인으로만 하지는 않을 것이다. 이는 온라인에 익숙한 고객이 온라인으로 이동하는 것은 현실이다. 이렇기 때문에 금융플랫폼에 고객맞춤 서비스가 필요한 것이다.

"고객의 성향, 선호 자산을 분석하여 고객에게 적합한 고객맞춤형 포트폴리오(portfolio)를 제공한다"

고객자산에 대한 금융서비스는 매우 개인적인 영역에 속한다. 고객의 성향, 소득수준, 자산수준 등 다양한 변수를 가지고 있고 미래에 대한 예상수익도 모두 다르기 때문이다. 이렇기 때문에 금융서비스는 고객에 대한 맞춤서비스가 되어야 한다. 고객이 원하는 투자방법, 안정성 등을 고려하여 고객에 맞는 포트폴리오를 제공해야 한다. 인터넷 초기만 해도 이런 프로그램은 거의 없었고 이를 제공하기 어려웠다. 하지만 4차 산업기술로 이런 요구는 해결되고 있다. 재무설계와 연동하여 고객의 필요자금과 조성단계별 금융상품 등 금융컨설팅을 제공하고 로보어드바이저 등 인공지능기술을 통한 금융서비스가 개발되고 있는 등 고객맞춤컨설팅이 가능한 기술들이 날로 발전하고 있다. 금융플랫폼에서 금융서비스 솔류션을 제공하는 기업과 제휴하는 것도 방법이다. 금융플랫폼은 비 대면을 통한 금융거래 및 서비스이다. 이런 비 대면채널은 사람이 직접 대면하지 않기 때문에 고객에 적합한 포트폴리오(portfolio)를 제공하는데 어려움이 있다. 대면채널인 경우 사람의 경험을 바탕으로 고객에게 적합한 금융상품을 안내하지만 비 대면채널은 고객에 적합한 포트폴리오 구성이 워낙 다양하게 나올 수 있어 이를 정형화하기는 어렵다. 이렇듯 금융 플랫폼에서 고객에게 개별로 적용하는 서비스는 어려운 반면 서비스를 받기를 원하는 고객은 최고의 서비스를 요구 할 것이다. 이런 부분을 해결하기 위해 고객의 성향과 상황에 적합한 최적의 금융상품을 제공할 수 있도록 포트폴리오를 구성해야 한다. 포트폴리오를 구성하는 것은 수익률을 높이고 위험(risk)을 분산하는데 초점이 있다고 하겠다. 수익률을 높이기 위해서는 과거 금융데이터 분석을 통해 관련 상품의 최고 수익률을 제공할 수 있도록 한다. 위험은 한 곳에 집중 될수록 위험이 가중된다. 위험이 가중된다는 것은 고객의 자산을 보호하기 어렵다는 의미이다. 위험을 가중시키는 것보다 위험의 분산을 통해 고객의 자산을 보호할 수 있도록 해야 한다. 수익성과 위험을 분산하고 보호하는 포트폴리오를 제공하는 비즈니스모델이 필요하다고 할 수 있다. 이런 금융플랫폼을 통한 금융서비스가 가능한 이유는 4차 산업기술이 있기 때문이다.

2) 새로운 개념의 공장 마이크로팩토리

"다품종 소량생산체계를 구축하는 Distributed manufacturing"

4차 산업혁명은 패러다임의 변화이다. 패러다임의 변화는 기존 방식이 변화한다는 것인데 공장의 패러다임을 바꾸는 것이 Distributed Manufacturing(분산제조시스템)이다. 이유는 전통적인 제조방식을 뒤집는 방식이기 때문이다. 기존 제조방식은 대량생산을 기본으로 하기 때문에 그에 맞는 장치시설과 대량의 원료를 투입하도록 하는 생산방식이다. TV공장을 보면 TV공장을 위해 거대공장을 건설하고 많은 재료로 많은 인력이 투입되어 라인을 두고 생산하는 시스템이다. 만약 TV공장이 내부적 이유든 외부적 이유로든 생산을 하지 못하게 되면 그 공장은 고철덩어리에 지나지 않는다. 하지만 분산제조시스템은 이런 기존 공장의 개념을 바꾸는 것이다.

분산제조시스템은 제품의 제조와 유통을 소비자와 긴밀하게 연계하는 것이다. 이 방식은 기존 대량생산 제조과정인 대형공장에서 집중생산방식과는 대비되는 것으로 최종생산물을 최종소비자에게 직접 전달이 가능하도록 하는 방식이다. 분산제조시스템의 본질은 최대한 많은 공급망을 디지털 정보화 하는 것이다. 미국의 AtFAB이라는 가구회사는 나무를 구매하고 기존 대형공장에서 가구를 제작하는 대신 가구의 부품과 공급을 디지털화 해서 각 지역에 있는 허브(Hub)공장에 배포하여 소비자가 조립하거나 완제품을 만들어 배포하는 방식이다. 이는 쉽게 설명하면 하나의 대형공장에서 가구를 만들어 유통하는 것이 아니라 지역별로 허브공장을 만들어 주문된 내용이나 생산계획 등을 디지털 기술로 허브공장에 적정한 부품을 공급하여 현장에서 가구를 생산하는 개념의 공장이다.

분산제조시스템은 대량생산체계에서 만들어지는 것이 아닌 나에게 맞는 용도와 디자인 등 맞춤형이라는 점이다. 이런 맞춤형 생산 방식은 다품종 소량생산체계가 가능한 시스템으로 4차 산업시대 공장의 패러다임을 주도할 것이다. 그리고 오픈 소스(공개된 프로그램이나 디자인 등)를 통해 다양한 디자인과 제작과정으로 진화할 것이다. 분산제조시스템은 중앙집중식 공장보다 적은 용량으로 자원을 보다 효율적으로 사용할 수 있게 한다. 또한 프로토타입(Prototype) 및 제품을 제작하는 데 필요한 자본을 줄임으로써 시장진입장벽을 낮추게 하는 계기가 된다. 그리고 여기서 중요한 점은 제조의 전반적인 환경 영향을 줄일 수 있다는 것으로 분산제조시스템에서 디지털 정보는 부품 조달 및 유통에 필요한 자원을 줄일 수 있게 한다. 분산제조시스템에 3D프린터를 접목한 공장 형태가 마이크로팩토리(Micro Factory)이다.

"소비자는 나만의 상품(서비스)을 요구하고 상품의 가치는 디자인에 있다."

소비자는 같은 기능을 하는 상품이어도 다양한 디자인의 제품을 경험하게 된다. 옷걸이 하나에도 기능성, 재료 등 다양한 디자인이 있고 가격도 다양하게 책정되어 공급되고 있다. 이는 기업들이 제품의 차별화를 통해

Chapter 5 4차 산업혁명시대 비즈니스모델

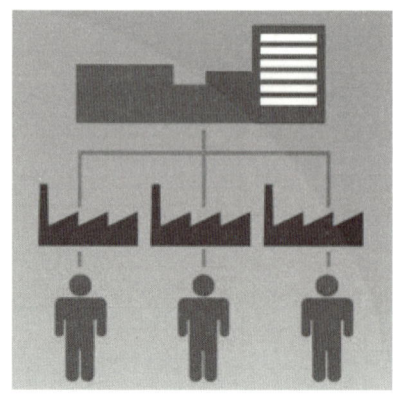

(출처: https://www.weforum.org/agenda/2015/03/top-10-emerging-technologies-of-2015-2/)

시장을 확보하기 위한 전략이기도 하다. 특히 명품으로 인정받는 제품들은 디자인에 큰 의미를 두고 있고 디자인 차별화에 방향을 두는 기업들이 많이 있다. 소비자 역시 같은 디자인을 많은 사람과 같이하기 보다 나만이 가지고 있는 제품, 나를 위한 디자인 상품 등 다른 사람들과 차별화된 디자인 제품을 가지고 싶어한다. 하지만 대량생산체계에서는 이런 나만의 제품을 가지게 된다는 것은 불가능하다. 명품으로 인정받는 대부분의 제품들은 개인의 개성을 중요시 하며 제품생산 수량을 한정하여 디자인의 가치를 극대화하고자 하는 것이다.

　한동안 '샤테크'란 말이 유행한적이 있다. 샤테크는 명품가방을 생산하는 샤넬 가방을 구입해서 시간이 지날수록 구매한 당시의 가치보다 시간이 지날수록 가치가 높아져 이를 재테크(財-Tech) 수단으로 사용한다고 하는 말이었다. 명품인지 아닌지 구분하는 방법에 대해 비올 때 가방을 머리에 쓰고 가면 명품이 아니고 옷안에 넣고 가면 명품이라는 우스갯소리가 있다. 또한 기업은 이런 고객의 심리를 이용하여 리미티드 에디션(한정판)을 만들고 판매를 한다. 기업은 이렇게 제품의 희귀성과 디자인 차별화를 마케팅에 이용하는 것이다.

소비자는 가성비(가격대비성능)를 중요시 하는 것도 사실이지만 자기를 위한 특별한 제품이 있다면 가격에 마다하지 않고 구매를 하는 것도 사실이다. 이렇듯 소비자는 자기만을 위한 디자인을 선호하는 추세는 분명하다. 디자인 차별화는 대량생산체계에서는 불가능하다. 대량생산체계는 많은 사람들이 선호하는 디자인을 생산하는 것은 가능하나 소비자 개개인이 요구하는 디자인을 제공하기는 불가능하다. 그리고 기업은 디자인을 변경하거나 수정하는 것도 결코 쉽지 않다. 디자인을 변경하거나 수정하려면 부분일지라도 새롭게 디자인을 해야 하고 목업(Mockup, 완제품을 만들기 전에 실물크기로 만들어 보는 모형)과 금형을 새롭게 만들어야 하고 생산프로세스도 수정해야 한다. 이렇게 수정하거나 변경하려고 하면 비용이 소요되고 시간도 필요로 한다. 이런 프로세스는 기업이 디자인을 수정 또는 변경하기 위한 의사결정을 어렵게 만드는 것이다.

마이크로팩토리는 소비자가 원하는 디자인을 제공할 수 있다. 예를 들어 휴대전화 케이스를 생산한다고 가정한다. 시중에 휴대전화 케이스 가격은 2만원 대 전후이다. 이런 가격대의 휴대전화 케이스는 대량생산을 하지 않으면 단가를 맞추기 어려운 품목이다. 휴대전화 케이스는 기호제품이고 소비자 연령이 낮아 아무리 좋은 디자인이어도 가격이 높으면 판매가 어렵게 된다. 그래서 기업은 다양한 디자인으로 소비자의 기호를 맞추려 해도 최소 수량을 생산하지 않으면 단가를 맞출 수가 없다. 결국 기업은 소비자가 원하는 다양한 디자인을 만들고 싶어도 포기할 수 밖에 없는 것이다. 이런

Chapter 5 4차 산업혁명시대 비즈니스모델

문제를 해결하는 것이 3D프린터와 마이크로팩토리이다. 마이크로팩토리는 3D프린터를 이용해 휴대전화 케이스를 만들면 금형을 만들 필요가 없고 도면만 있으면 제작할 수 있는 시스템이다. 이 공정에서 소비자는 모니터를 통해 다양한 디자인을 확인하고 원하는 디자인을 선택하고 출력하면 원하는 디자인의 제품을 만들 수 있게 된다. 만약 여기에 이름을 새기거나 기존 디자인에 수정을 해서 출력하게 되면 세상에 하나뿐인 나만의 핸드폰 케이스를 가지게 되는 것이다.

"다품종 소량생산체계의 경쟁력을 가져라."

4차 산업시대 공장의 특징은 소품종 대량생산체계에서 다품종 소량생산체계로의 변화이다. 이런 변화는 **공장의 구조를 바꾸는 것으로 매우 중요한 의미를 갖는다.** 고객들의 다양한 요구는 기술혁신을 통해 새로운 제품을 나오게 한다. 휴대전화에 카메라 기능이 추가 되고 컴퓨터 기능이 추가된 스마트폰이 나오고, 자동차도 내연기관뿐 아니라 전기자동차, 수소자동차, 하이브리드자동차 등 다양한 형태의 자동차에 자율주행기능을 더하게 하기도 한다. 이렇듯 소비자의 다양한 요구는 빠르게 늘어나고 있고 이에 따라 제품의 수명주기도 짧아질 수 밖에 없게 된다. 이렇게 단축된 제품의 생명주기와 소비자의 다양한 요구를 충족하기 위해서는 다품종 소량생산체계가 필수적이다. 기업이 대량생산체계를 지속하게 되면 재고문제가 필연적으로 발생할 것이다. 제품 주기가 짧아진 상태에서 유통이 조금이라도 늦어지거나 문제가 생기면 고스란히 재고로 쌓일 확률이 높아진다. 이런 재고는 소위 말하는 '땡처리'를 통해서 처리한다고 해도 결국 기업에게는 부담이 될 수 밖에 없다.

다품종 소량생산체계에서 기업이 고민하게 되는 것은 비용이다. 대량생산체계시스템에 최적화된 생산시스템에 다품종 소량생산체계를 적용하면 당연히 비용에 문제가 발생할 수 밖에 없다. 하지만 조금 관점을 달리해서 방법을 찾아보면 가능하다. 휴대전화케이스 사례에서 디자인은 다양하게 만들 수 있다고 하면 다음은 가격이 문제가 된다. 아무리 소비자가 나만의 디자인이 있다고 해도 소비자가 생각하는 한계효용 금액이 넘어가면 구매를 하지 않을 것이다. 3D프린터 개발 초기 소재의 가격은 매우 비쌌다. 하지만 소재가 다양하고 소비가 늘면서 소재 가격은 저렴하게 되었다. 최근 전자상거래를 통해 PLA(Poly Lactic Acid) 1Kg이 3만원 미만에 판매가 되고 있다. 보통 1개의 휴대전화케이스를 만드는데 100g미만의 재료가 소요되므로 나만의 휴대전화케이스를 만드는데 들어가는 재료비는 3,000원 남짓이 된다. 도면, 3D프린터, 재료비를 감안해도 충분한 가격 경쟁력을 갖는다고 할 수 있다.

다품종 소량생산체계는 나만의 디자인뿐 아니라 나만의 맞춤 제품도 만들 수 있다. 예를 들어 주전자 주둥이가 2개인 주전자를 원하는 소비자가 있다고 해도 주둥이가 2개인 주전자를 만들어 줄 기업이나 상품은 없다. 설령 있다고 해도 가격은 매우 비쌀 수 밖에 없다. 이는 수작업을 하거나 특별히 하나의 제품을 만들기 위해서는 비용이 증가할 수 밖에 없는 것은 당연하다. 마이크로팩토리는 이런 문제를 해결할 수 있다. 주둥이가 2개인 도면만 있으면 3D프린터를 통해 출력하고 사용하면 되기 때문이다. 이렇듯 마이크로팩토리는 다양한 디자인과 맞춤상품을 생산할 수 있는 시스템을 갖추게 되는 것이다.

| Chapter 5 | 4차 산업혁명시대 비즈니스모델

"생산하는 제품의 한계는 없다."

다품종 소량생산체계공장에서 다품종이라 함은 한 업종의 제품만을 생산하는 것을 의미하지 않는다. 이는 한 업종의 제품뿐 아니라 다른 업종의 제품까지 생산하는 것을 의미하며 그만큼 다품종 소량생산공장에서 만들어 지는 제품은 다양해 진다는 것이다. 이는 한 공장에서 한 업종의 제품을 생산하는 것이 아니라 다양한 업종의 제품을 생산해야 하는 것으로 특정한 업종의 공장이 아니다. 3D프린터를 이용해서 전기자동차, 신발, 의자 등 다양한 제품을 생산할 수 있다. 이렇게 되면 자동차공장, 신발공장, 가구공장 같은 이름이 사라진다. 단지 제품을 생산하는 공장으로 남는 것이다. 4차 산업시대의 공장에서는 자동차도 생산하고 신발도 생산하고 의자도 생산하는 마이크로팩토리가 된다.

3) 업의 본질을 바꾼다: 도면을 사고 파는 시대이다

"기업의 생존에 가장 크게 영향을 미칠 패러다임의 변화는 도면의 유통이다."

4차 산업기술은 어디까지 진화할지는 아무도 모른다. 단지 우리가 상상하는 이상으로 변화된다는 사실에는 크게 이견(異見)이 없다. 이 중에서 기업의 생존에 가장 크게 영향을 미칠 패러다임의 변화는 도면의 유통이다. 기업은 제품을 생산하고 판매를 본질로 하고 있다. 하지만 4차 산업시대에는 제품을 생산하고 판매하는 것이 아니라 도면을 생산하고 판매를 하는 구조로 변화하게 된다면 공장과 기업의 본질을 변화시키는 것이다. 이 변화가 의미하는 것은 기업의 변화를 요구하는 것이다. 제조업의 본질인 제품을 생산하고 판매를 하지 못하면 제조업은 사라지게 되는 것이다. 이런 시대가 4차 산업시대이다. 전자상거래가 나타나기 시작할 때만 해도 전자상거래는 유통의 다른 채널이었고 현물이 거래되는 방법이어서 제조업에는 큰 변화가 없었다. 제조업은 존재하고 단지 판매 채널(Channel)이 다양화되는 변화 이상의 의미는 없었다. 전자상거래는 통신기술의 발전으로 규모와 영향력이 커지면서 제조업이 시장에 대한 영향력이 줄어들기는 했지만 제조업 본질에는 크게 영향을 끼치지는 않았다. 하지만 도면을 사고 파는 4차 산업시대는 의미가 완전히 다르다. 도면을 사고 판다는 것은 결국 공장이 필요 없다는 얘기가 되고 생산을 구매자가 직접 하게 되는 것이다. 이는 **생산자는 없고 구매자가 구매와 생산을 동시에 한다는 것이다.**

"디자인 데이터를 축적해야 한다."

4차 산업시대 제조기업의 생존은 너무 불확실하다. 4차 산업기술혁신은 어떤 새로운 패러다임을 만들어 낼지 짐작하기 어렵기 때문이다. 하지만 확실한 점은 예측 가능한 범위 내에서 전략을 세우고 준비해야 한다는 것이다. 지금도 도면을 거래하는 시스템이 있고 확대 되고 있는 것이 사실이다. 아직은 효과가 기업이 체감할 정도의 시장은 아니라고 하지만 기업이 체감할 정도가 되면 기업은 생존 할 수 없는 단계에 이르게 된다. 중요한 것은 기업은 생존하기 위한 경쟁력을 가져야 하는 것이다. 현물이 아닌 도

Chapter 5 4차 산업혁명시대 비즈니스모델

면을 사고 파는 4차 산업시대에 제조기업의 본질을 제조, 생산이 아닌 설계, 디자인으로 변화를 준비해야 한다. 단순히 설계도면이나 디자인 도면을 의미하는 것이 아니라 기술적으로 구현이 될 수 있어야 하고 결과물을 축적해 있어야 한다. 4차 산업시대에 설계도면이나 디자인은 제조기업의 경쟁력이 될 것이다. 단순히 대표 제품의 설계도면이나 디자인이 아닌 개발과정에서 만들어진 데이터, 제품화는 안되었지만 준비하면서 만들어진 도면 또는 디자인들도 최대한 저장되어 있어야 한다.

"생산자는 물건을 생산하는 것이 아니라 도면을 생산하고 구매자가 수요자인 동시에 생산자가 된다."

도면을 사고 파는 것도 플랫폼(시스템)에서 이루어진다. 플랫폼은 다수의 수요자가 있지만 다수의 공급자도 있다. 다수의 공급자는 경쟁자가 되는 것이고 경쟁자가 다수라는 것은 경쟁이 심화된다는 것이다. 데이터가 많고 다양한 제품을 공급할 수 있다고 하면 플랫폼에서 강자가 될 수 있고 플랫폼에 참여하는 것보다 플랫폼을 가지고 있으면 경쟁력은 훨씬 강하게 되는 것이다.

플랫폼은 중요한 비즈니스모델 중 하나이다. 이런 플랫폼을 어떻게 보호해야 하느냐는 기업의 몫이기도 하다. 이런 플랫폼을 보호하기 위해서는 반드시 특허 등록이 필요하다. 4차 산업기술이 발달하게 되면 기존의 패러다임이 변화하게 된다. 이런 패러다임 변화 중에서 한가지를 꼽으면 상거래의 패러다임 변화이다. 이는 3D프린터기술, 분산제조시스템 기술, 환경문제 대응, 물류 방식의 변화 등 다양한 4차 산업기술이 결합 된 결과로 '도면을 사고 파는 시대'가 올 것이다. 현재 시장은 현물(물건)을 온라인이나 오프라인에서 거래한다. 오프라인에서 거래를 하는 것은 물건은 매장에 있고 고객이 현물을 보고 거래하는 방법이고 온라인에서 거래하는 것은 컴퓨터(모바일 포함)에서 물건을 주문하고 받는 방법이다. 하지만 4차 산업혁명에서는 이러한 물건의 거래도 있지만 **도면을 거래**(사고 파는)**하는 새로운 방식이 추가되고 이를 위한 새로운 시스템이 나타나게 된다. 이 시스템이 도면거래시스템**(플랫폼)**이다.**

전자상거래는 소비자와 판매자가 현물을 거래 했다면 도면거래시스템은 소비자와 판매자가 현물 대신 도면을 거래하는 것이다. 나사와 볼트를 예로 들면 전자상거래 플랫폼에서는 판매자는 나사와 볼트를 팔고 소비자는 나사와 볼트를 구매하는 것이다. 하지만 도면거래시스템은 판매자는 나사와 볼트의 '도면을 팔고' 소비자는 나사와 볼트의 '도면을 구입'해서 자기 3D프린터로 출력을 하든지 다른 3D프린터로 출력해서 사용하면 된다. 이렇게 되면 물건의 이동이 사라지고 도면만 거래 되면서 구매자는 구매자인 동시에 생산을 하는 공장(분산제조 형태)의 역할을 하게 되는 것이다. 이렇듯 도면거래시스템은 완전히 경제 거래의 새로운 패턴을 만들어 내는 결과로 나타난다.

"도면거래시스템'도 특허등록이 되어 있다."

국내 특허관련 검색 사이트인 '특허정보넷 키프리스(www.kipris.or.kr)'에서 검색하면 이와 관련된 비즈니스모델 특허가 등록되어 있다. 특허 내용은 도면거래시스템과 3D프린터로 도면을 출력할 수 있게 하는 네트워크 시스템이 특허로 등록되어 있다. 도면거래 시스템 특허는 말 그대로 도면을 거래하는 시스템에 대한 특허이고 3D프린터로 출력할 수 있게 하는 네트워크시스템 특허는 3D프린터로 출력할 수 있는 네트워크를 구성하고 필요한 지역에서 출력하도록 하는 시스템에 대한 특허이다. 예를 들어 서울에 살고 있는 내가 대구에 있는 친구에게 피규어를 선물하고자 하면 나는 도면거래시스템을 이용하여 피규어 도면을 구매하고 이를 대구에 있는 출력 네트워크에 보내면 자동으로 대구에서 출력되고 친구는 그것을 받아서 찾아가면 되는 구조이다. 이런 구조는 현물 거래 없이 도면을 통해 세계 어디든지 물건을 전달하고 생산하는 패러다임으로 변화하는 것이다. 이렇게 되면 대량생산 공장은 필요가 없게 되고 거대한 컨테이너선박에 물건을 싣고 항해하는 물류 체계도 완전히 변화하게 된다. 유통도 물건을 유통하는 것이 아니라 소재만 유통하게 되는 변화를 맞게 된다. 여기서 중요한 것은 이러한 변화가 있다는 것을 인정하고 기업은 전략을 수정하고 대응해야 한다는 것이다.

특허등록번호 : 10-170785 (3D프린터 상품판매시스템 및 정보처리장치)
발명인/특허권자 : 김현재

초록 : 본 발명은 구매자 단말기, 상기 구매자 단말기와 네트워크로 연결되고, 판매자가 판매할 3D프린터 도면을 게재 전시하며, 상기 구매자 단말기로부터 구매 신청을 받은 경우 해당 3D프린터 도면을 판매 처리하는 3D프린터 도면 판매 정보처리장치를 포함하고, 상기 3D프린터 도면 판매 정보처리장치는 상기 구매 신청을 받은 경우 3D프린터 도면 수정 여부를 디폴트 하고, 상기 구매자 단말기로부터 3D프린터 도면 수정을 요청받은 경우, 상기 요청받은 3D프린터 도면의 설계인자와 기설정된 정상작동 설계인자 간의 차이 정보를 기반으로 상기 수정 요청받은 3D프린터 도면의 타당성 여부를 검증하여, 상기 검증 결과 3D프린터 도면이 타당한 경우 수정을 허락하고 상기 검증 결과 3D프린터 도면이 미타당한 경우 수정을 거부 처리하며, 상기 처리된 수정검증 결과를 상기 구매자 단말기로 제공하는 것을 특징으로 하는 3D프린터 상품 판매 시스템에 관한 것으로, 최근 3D 프린터가 각광받고 있는데 3D 프린터의 보급으로 실물에 대한 수요보다 도면을 통한 직접 생산의 수요가 많을 것으로 예상되며, 그로인해 도면의 수요가 증가할 상황에서 구매자가 필요한 상품의 3D프린터 도면을 판매하거나 구매자가 올린 3D프린터 도면의 타당성 여부를 검증하고 또는, 구매자의 수정 요청 사항에 상응하여 3D프린터 도면을 수정 처리 등을 함으로써, 개인이나 기업 등이 손쉽게 3D 프린터 도면을 얻을 수 있도록 한다.

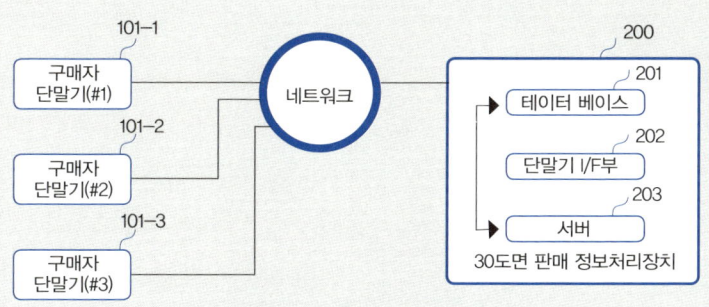

(출처 : 특허정보넷 키프리스(www.kipris.or.kr))

Chapter 5 4차 산업혁명시대 비즈니스모델

특허등록번호 : 10-1400875(3D 도면 통합 출력 네트워크 시스템)
발명인/특허권자 : 김현재

초록 : 본 발명은 고객 단말기, 여러 장소 또는 지역에 각기 분산 배치된 소속 3D 프린터 정보를 등록 관리 운영하고, 고객 단말기로부터 설계 도면을 입력받아 해당 고객이 요청한 배송 위치와 가장 가까운 소속 3D 프린터가 있는 장소를 검출하여 상기 검출된 장소에 위치한 소속 3D 프린터로 상기 고객 단말기로부터 입력받은 설계 도면의 3D 출력물이 출력되도록 제어하는 3D 프린터 통합 정보처리장치 및, 상기 3D 프린터 통합 정보처리장치가 관할하는 여러 지역(또는, 장소)에 각기 분산 배치되어, 상기 3D 프린터 통합 정보처리장치의 제어하에 상기 고객 단말기로부터 입력된 설계 도면에 따른 3D 출력물을 현장에서 출력시키는 소속 3D 프린터를 포함하여 이루어진 3D 도면 통합 출력 네트워크 시스템에 관한 것으로, 아직까지 현재 3D프린터가 고가이고 가정이나 기업에서 보유하기가 쉽지 않아, 개인이 3D 프린터를 이용해 직접 물건을 만들어 쓰기 원하더라도 쉽지 않은 상황에서, 3D 출력을 원하는 고객(개인, 공장, 기업 등)이 어디서나 3D 출력을 의뢰하면, 해당 고객이 신청한 배달 또는, 수거해갈 수 있는 위치와 가장 가까운 지역(전국 또는 전세계 포함)이나 장소에 3D 출력물이 출력되도록 하여, 고객이 쉽게 3D 출력물을 얻을 수 있도록 하는 효과가 있다.

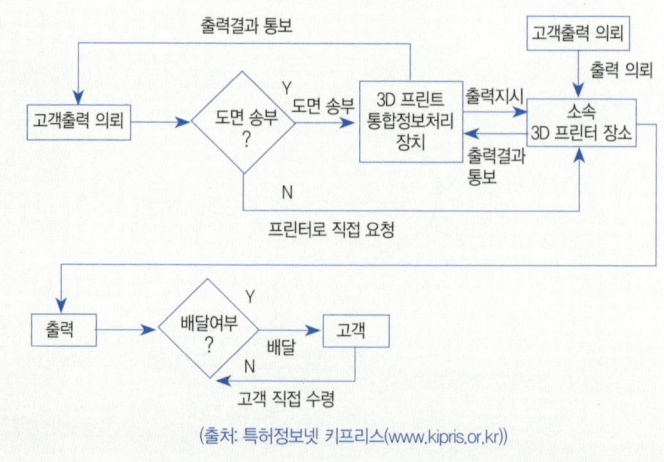

(출처: 특허정보넷 키프리스(www.kipris.or.kr))

에필로그

"패러다임의 변화는 시작되었다."

4차 산업혁명시대 우리 생활에는 엄청난 변화가 나타날 것이다. 과거 영화나 만화 속에서 상상하던 일들이 현실이 되는 시대이다. 4차 산업혁명이라는 용어는 기술혁신을 통해 일자리 변화를 예상하며 생기게 된 용어이다. 이는 단순히 일자리의 변화만을 화두로 던진 것이 아니고 사회의 패러다임 변화시킨다는 화두를 던진 것이기도 하다. 이렇듯 4차 산업혁명에서의 패러다임 변화는 단순히 사회나 생활의 변화에 그치지 않고 기업에게도 변화를 요구할 것이며 기업은 패러다임의 변화를 인정하고 변화하지 않으면 생존할 수 없게 된다.

"4차 산업혁명의 본질은 기술혁신이 아닌 변화이다"

4차 산업혁명의 기본은 기술혁신이다. 4차 산업기술은 인공지능 사물인터넷, 무인자율주행자동차, 빅데이터, 3D 프린터, 로봇공학, ICT(정보통신기술) 등 다양하다. 하지만 4차 산업시대 기술혁신은 단순히 한가지 기술만 가지고 이루어 지는 것이 아니라 기술과 기술, 기술과 시스템, 시스템과 시스템 등 다양한 기술과 시스템이 결합하여 우리가 생각하지도 못하는 기술과 시스템으로 발전하고 진화하게 되는 것이다. 이런 기술혁신이 4차산업혁명을 만드는 것이다.

    4차 산업혁명은 단순히 기술의 진보에 한정되는 것이 아니고 기술혁신을 기반으로 우리 삶의 패러다임을 변화시키고 있다. 이런 변화는 공장의 개념, 상거래시스템의 변화, '소유경제'에서 '공유경제'로의 이동, 소품종 대량생산체계에서 다품종 소량생산체계의 변화 등 많은 패러다임의 변화로 나타나고 있다. 여기서 중요한 것은 패러다임의 변화는 명백한 사실이고 진행 중이라는 것이다. 이런 변화를 인지하지 못하거나 우리기업에게는 해당되지 않을 것이라는 막연한 기대감 등으로 준비하지 않는 기업은 생존할 수 없다. 4차 산업혁명이 본질은 기술혁신을 통한 패러다임의 변화이다.

    "기업은 지속가능해야 한다."

    기업이 생존하기 위해서는 패러다임의 변화를 인정해야 한다. 기업이 패러다임의 변화를 인정하는 것은 기존의 개념을 파괴하고 변화하는 개념을 기업에 도입하고 실행해야 하는 것이다. 사회의 패러다임이 변화하는데 기업이 변화하지 않으면 생존할 수 없기 때문이다.

    기업은 단순히 기술혁신이 아닌 새로운 기술을 만들어야 한다. 이를 다른 말로 하면 '하이브리드(융·복합)'하라는 것이다. 이 의미는 제품(서비스)의 성능개선에만 기술혁신을 해서는 안되고 새로운 기술의 제품을 만들어야 한다는 것이다. 새로운 기술은 한 가지 기술로 완성될 수 없고 하이브리드해야만 이룰 수 있다. 성능개선이 기술혁신의 본질이라고 판단하는 순간 다른 기술의 제품이 나타나면 그 기업은 시장에서 도태된다.

    가지고 있는 자원을 공유해야 한다. 4차 산업시대는 한 기업이 모든 것을 해결할 수 없다. 특히 다양한 고객의 요구와 짧아지는 제품 수명을 한 기업이 모두 충족할 수 없다. 이를 해결하기 위해서는 공유해야 한다. 내가 가지고 있는 기술을 공유하고 공유를 통해 기술혁신과 새로운 기술로 진화할 수 있도록 해야 한다.

기술혁신을 기반으로 경쟁력있는 플랫폼을 구축해야 한다. 플랫폼은 단순히 제품을 사고파는 기능의 플랫폼이 아니다. 기술을 기반으로 다양한 사람, 기업 등이 모여 새로운 환경(생태계)을 만들어 낼 수 있는 공간이 되어야 한다.

4차 산업혁명은 미래형이 아닌 현재형이다. 어떤 분야는 태동기를 지난 성숙기에 들어간 분야도 있고 어떤 분야는 지금 막 태동하는 태동기인 분야도 있다. 하지만 어떤 분야도 완전히 성숙기에 들어간 분야는 없다. 태동기에 있는 분야(기술)도 다른 분야(기술)와 결합하는 순간 엄청난 시너지가 나타날 수 있기 때문이다. 4차 산업시대는 기술혁신이 기반이 되고 기술혁신은 패러다임의 변화를 만들어 낸다. 결국 이는 기술혁신은 기업이 하고 기업이 세상을 변화한다는 것이다.

"4차 산업시대 비즈니스모델"

내가 책을 마무리 하면서 비즈니스모델을 제안했다. **내가 제안하는 비즈니스모델은 플랫폼이다.** 플랫폼이라고 하면 기술분야, 서비스분야, 유통분야, 금융분야 등 범위가 넓고 모든 분야에 해당된다. 나는 이 중에서 금융분야의 플랫폼을 만들었다. 금융산업은 더 이상 금융기업의 시장이 아니다. 금융시장은 IT기업뿐 아니라 모든 기업이 참여하여 경쟁하는 시장으로 변화하게 된다. 이런 미래 금융시장에서 생존하기 위해서는 절대적으로 플랫폼이 필요하다.

공장의 구조가 변화할 것이라 확신한다. 이유는 많이 있다. 3D프린터와 같은 생산도구의 발전, 고객들의 다양한 요구 등 이런 요구와 변화는 공장이 가지는 기존 방식으로는 해결할 수 없다. 이런 변화에 맞는 공장이 마이크로팩토이다. **마이크로팩토리는 단순히 작은 공장이 아니고 본질을 바꾸는 공장인 것이다.**

4차 산업시대 가장 큰 변화는 공급자와 수요자의 구조가 변화한다. 공급자와 수요자의 구조가 변화한다는 것은 기존 공장의 개념을 완전히 바꾸는 것이다. 공급자는 공장을 가지고 제품을 만들어 수요자에게 공급하는 것으로 생산자와 공급자는 동일한 것이다. 하지만 4차 산업시대에는 생산자와 공급자가 동일한 것이 아닌 생산자와 수요자가 동일하게 되는것이다. **생산자와 수요자가 동일하다는 것은 공급자가 제품을 생산할 필요가 없다는 것이다. 이는 제조업의 본질을 완전히 뒤집는 변화인 것이다.** 이런 변화에 "도면거래시스템(플랫폼)"을 준비해야 한다.

"기업은 준비해야 한다."

기업이 변화에 대응하고 생존하기 위해서는 명확한 비즈니스모델을 개발하고 준비해야 한다. 비즈니스모델을 개발하고 준비하지 못한 기업은 생존할 수 없지만 4차 산업시대에 맞는 비즈니스모델을 개발하고 준비한 기업은 생존할 수 있다. 나는 이 책에서 기업의 생존전략과 비즈니스모델을 제시하였다. 이는 **업무경험과 사업가적 입장에서 접근한 것으로 기업의 생존**

전략 수립에 반드시 도움이 될 것이다. 그리고 내가 제안한 비즈니스모델로 기업이 4차 산업시대에 중심이 되고 주인공이 된다면 금상첨화인 것이다.